管理学基础

主　编　陈飞霞　宋　伟　钟静磊
副主编　彭　燕　梁玥悦　张书芳
　　　　梁　文　付　伟
编　委　田　晓　胡　涛　王泓哲
　　　　欧清华　蒙　夺　黎章燕

中国商业出版社

图书在版编目（CIP）数据

　　管理学基础/陈飞霞，宋伟，钟静磊主编. -- 北京：中国商业出版社，2021.8
　　ISBN 978-7-5208-1653-3

　　Ⅰ.①管… Ⅱ.①陈… ②宋… ③钟… Ⅲ.①管理学 Ⅳ.①C93

中国版本图书馆 CIP 数据核字（2021）第 113788 号

责任编辑：李　飞　蔡　凯

中国商业出版社出版发行
010-63180647　www.c-cbook.com
（100053　北京广安门内报国寺 1 号）
新华书店经销
中闻集团山东印务有限公司印刷

787 毫米×1092 毫米　16 开　15 印张　312 千字
2021 年 8 月第 1 版　2021 年 8 月第 1 次印刷
定价：56.00 元
＊　＊　＊　＊
（如有印装质量问题可更换）

前言

"管理学基础"作为高等院校经济、管理等相关专业的一门重要专业基础课程,旨在为学生后续课程学习准备基本的管理知识,为未来从事管理岗位工作奠定通用管理能力基础,在人才培养体系中发挥着越来越重要的作用。

本教材基于教学改革要求,根据《关于组织开展"十三五"职业教育国家规划教材建设工作的通知(教职成司函〔2019〕94号)》的精神要求,"将专业精神、职业精神和工匠精神融入教材内容;强化行业指导、企业参与,广泛调动社会力量参与教材建设",本书在编写过程中融入了课程思政内容,联合企业共同开发课程内容,以更好地顺应新时代、新职教的教学需要。本教材具有以下特色:

(1)课程体系进行了精简整合。本教材的编写是在对经济管理类专业应用型人才应具备的素质、能力和知识结构进行系统研究的基础上进行的,坚持"理论够用为度,知识注重运用,突出能力养成"的原则,充分考虑知识的基础性和实用性,在沿用管理四大基本职能的基础上,将伴随管理过程始终的决策、沟通、激励职能整合渗透到四大职能之中,精简整合课程体系,更好地适应应用型人才培养对管理学知识的要求。

(2)教材内容融入了课程思政。在每个项目的学习目标明晰思政目标,在每个项目的最后设置思政园地栏目,将中国发展过程中的卓越管理实践与经典管理理论相结合,将思想政治教育、职业素养的学习与熏陶融入管理知识的教学过程之中,更好发挥课堂教学主渠道的思政育人作用。

(3)教材编排方式形成系统的学习指导体系。为了帮助学生更好地学习和掌握管理学基础知识,教材在编排方式上,借鉴国内外优秀教材的优点,图文并茂,案例丰富,形成了"学习目标(知识目标/能力目标/思政目标)—管理情境—任务分析—管理知识—管理案例/管理思考—项目小结—课后习题—项目实训—思政园地"完整系统的学习指导体系,便于学生学习、拓展、提升。

本教材在编写过程中,得到了广西嘉钰纸巾电子商务有限公司董事长王泓哲、广西鑫天物流有限公司副总经理欧清华、广西交通实业有限公司党群工作部主任蒙夺、广西南天物流集团有限公司人力行政部经理黎章燕等企业专家的大力支持。他们从企业对管理人才的素质能力、工匠精神、职业素养要求的角度，对书中的教学内容的选取、案例的选择等提供了宝贵的意见和建议，在此表示衷心的感谢！

在本教材编写过程中，我们直接或间接地参阅了大量的相关著作、教材、报刊或网络文献资料，书中引用的地方没有完全进行标注，而是采用了书后列出参考书目的方式，在此向被参考和引用文献的原作者表示衷心的感谢！尽管编者认真编著，但书中仍难免有不当和疏漏之处，敬请广大读者对内容的不足之处提出批评和建议，以便我们不断改进和完善。

编　者

2021年3月

目录

项目一　管理基础知识 …………………………………………………… 1
　学习目标 ……………………………………………………………………… 1
　任务一　管理与管理学 ……………………………………………………… 2
　任务二　管理者 ……………………………………………………………… 6
　项目小结 ……………………………………………………………………… 13
　课后习题 ……………………………………………………………………… 14
　项目实训 ……………………………………………………………………… 15
　思政园地 ……………………………………………………………………… 15

项目二　管理思想发展 …………………………………………………… 18
　学习目标 ……………………………………………………………………… 18
　任务一　古典管理理论 ……………………………………………………… 19
　任务二　行为科学理论 ……………………………………………………… 28
　任务三　现代管理理论 ……………………………………………………… 32
　项目小结 ……………………………………………………………………… 39
　课后习题 ……………………………………………………………………… 39
　项目实训 ……………………………………………………………………… 40
　思政园地 ……………………………………………………………………… 40

项目三　决策与计划 ……………………………………………………… 42
　学习目标 ……………………………………………………………………… 42
　任务一　决策与决策方法 …………………………………………………… 43
　任务二　计划与计划编制 …………………………………………………… 60
　任务三　目标与目标管理 …………………………………………………… 75
　项目小结 ……………………………………………………………………… 81
　课后习题 ……………………………………………………………………… 82
　项目实训 ……………………………………………………………………… 83
　思政园地 ……………………………………………………………………… 83

项目四　组织与沟通 ……………………………………………………… 84
　学习目标 ……………………………………………………………………… 84

任务一　组织设计 ………………………………………………………… 85
　　任务二　组织运行 ………………………………………………………… 97
　　任务三　组织变革 ………………………………………………………… 109
　　任务四　组织沟通 ………………………………………………………… 114
　　项目小结 …………………………………………………………………… 126
　　课后习题 …………………………………………………………………… 127
　　项目实训 …………………………………………………………………… 128
　　思政园地 …………………………………………………………………… 129

项目五　领导与激励 ……………………………………………………… 132
　　学习目标 …………………………………………………………………… 132
　　任务一　领导与领导者 …………………………………………………… 133
　　任务二　领导理论 ………………………………………………………… 140
　　任务三　激励理论 ………………………………………………………… 151
　　项目小结 …………………………………………………………………… 170
　　课后习题 …………………………………………………………………… 171
　　项目实训 …………………………………………………………………… 172
　　思政园地 …………………………………………………………………… 173

项目六　控制与纠偏 ……………………………………………………… 177
　　学习目标 …………………………………………………………………… 177
　　任务一　控制与控制系统 ………………………………………………… 178
　　任务二　控制的过程 ……………………………………………………… 186
　　任务三　控制的方法 ……………………………………………………… 191
　　项目小结 …………………………………………………………………… 197
　　课后习题 …………………………………………………………………… 198
　　项目实训 …………………………………………………………………… 199
　　思政园地 …………………………………………………………………… 200

项目七　管理职能新发展 ………………………………………………… 202
　　学习目标 …………………………………………………………………… 202
　　任务一　战略管理 ………………………………………………………… 202
　　任务二　管理创新 ………………………………………………………… 208
　　任务三　危机管理 ………………………………………………………… 218
　　项目小结 …………………………………………………………………… 228
　　课后习题 …………………………………………………………………… 229
　　项目实训 …………………………………………………………………… 229
　　思政园地 …………………………………………………………………… 230

参考文献 …………………………………………………………………… 234

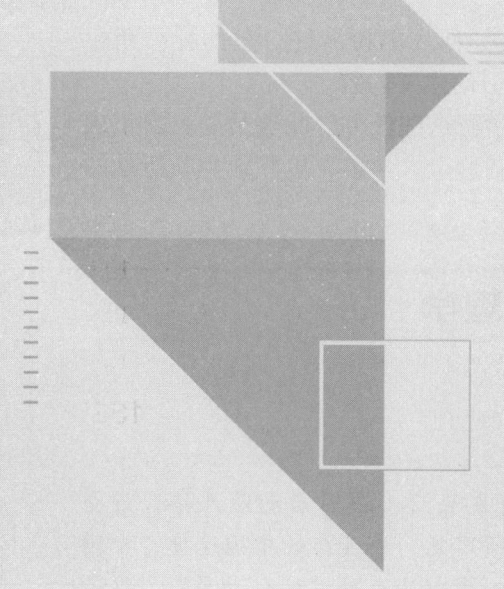

项目一
管理基础知识

 学习目标

知识目标：
1. 理解管理的概念；
2. 掌握管理的四大职能；
3. 准确定位管理者的十大角色；
4. 掌握管理者的基本素质与技能要求。

能力目标：
1. 能够意识到管理的重要性；
2. 能够区分管理者和领导者；
3. 能够在不同场合扮演不同角色的管理者。

思政目标：
1. 了解中国治国理政管理实践，增强学生理论自信和制度自信；
2. 培养学生具有德才兼备、社会责任意识强的优秀管理者素质。

管理，是一个永恒的话题。有人类的地方，就有管理。不管是国家还是家庭，都离不开管理，没有管理，各项工作就无法有序开展，组织将乱套、社会将不可想象。

从我们来到这个世界起，我们就有可能扮演管理与被管理的角色，但不管怎样，管理活动时时刻刻都伴随着我们：为了迎接新生命的到来，医院的医生与护士要做好孕妇的分娩工作；等我们到了学校，老师们肩负着让学生能够成才的教学管理工作；我们作为学生，不管是小学、初中、高中还是大学，都要学会自我管理和时间管理；进入职场后，从基层做起，如何协调各类事务性工作、人际交流等……如何才能扮演好自己的社会角色呢？到底什么情况才算"管理"呢？这就是本项目要学习的主要内容。

本项目包括管理与管理学、管理者两大任务，通过学习这些任务，能够帮助大家正确理解管理的含义，了解学习管理学的重要性，掌握管理者的十大角色，更好地判断所处的环境。

任务一　管理与管理学

 管理情境

2020年的中国战"疫"，注定让人刻骨铭心。疫情发生后，中国启动最严格、最全面、最彻底的疫情防控，行动速度之快、规模之大，世所罕见，展现出的中国速度、中国力量、中国效率，让世卫组织总干事谭德赛赞叹，"我一生中从未见过这种动员""这是中国制度的优势，有关经验值得其他国家借鉴"。

火神山、雷神山医院建设大会战就是一个最鲜活的样板。10天内先后建成两个功能齐全、技术先进的传染病医院，总建筑面积超过11万平方米，属于从无先例的"不可能完成的任务"。为了把不可能变成可能，中国建筑举全系统之力上阵——火神山医院项目，由中建三局牵头承建，3家武汉国企、6家中建三局在汉单位参与建设；雷神山医院项目由中建三局总承建，12家中建集团所属子企业和6家中建三局在汉单位参与建设。4000余名管理人员、35000余名工人、3500多台（套）机械设备披星戴月轮班作业，在两个战场上"饱和式"推进施工。

在24小时"云监工"的注视下，火神山医院、雷神山医院拔地而起——这是与疫情赛跑的"中国速度"。这就是中国的工程管理科学的高水平见证，也是世界唯一的案例。

请思考：为何中国可以在短时间之内建成火神山、雷神山医院？

（案例来源：根据网络资料整理）

 任务分析

"集中力量办大事。这是我们成就事业的重要法宝。"不论是快速构建重工业体系、研制"两弹一星"国防利器，还是改革开放以来"以经济建设为中心"和新时代的全面深化改革、精准脱贫等攻坚战，新中国从百废待兴到走向富强的每一步跨越式发展都走得蹄疾步稳，动力源泉就在于"全国一盘棋"的大协同。

集中力量办大事，面对突发事件时的比较优势更加凸显。比如防控传染病疫情、减灾救灾这样的大事，无论是中国还是西方国家，都需要集中力量去应对，关键在于又快又好。2008年，中国抗击雪灾、汶川地震抢险救灾的表现已让世人惊叹；12年后的今天，面对新冠疫情，"一省包一市"对口支援湖北，各类应急物资生产企业快速复工，各行各业放弃假期坚守岗位……从武汉到全国各地，从城市到乡村，从生产到物流，从单位到个人，一道道阻击疫情蔓延的封锁线，无一不是集中力量办大事的生动体现，让西方国家自叹弗如。

管理知识

一、管理的概念

有人的地方就有管理,管理可以说无处不在,无时不在。不管从事何种职业、人人都参与到了各类管理活动当中。那么到底什么是管理呢?从管理学诞生至今,中外学者从不同的研究视野出发,以不同的观点对管理做出了不同的解释。

(一)国外学者对管理的定义

弗雷德里克·温斯洛·泰勒:管理要科学化、标准化。

亨利法约尔:管理的基本职能是计划、组织、指挥、协调、控制。

玛丽·派克·福莱特:管理就是通过其他人来完成工作的艺术。

哈罗德·孔茨:有效的管理总是一种随机制宜的,或因情况而异的管理。

彼得·德鲁克:管理是一种实践,重在成果。

小詹姆斯·H. 唐纳利:管理是一种在正式组织内由一个或更多的人来协调其他人的活动过程。

(二)国内学者对管理的定义

周三多:管理是指组织中通过信息获取、决策、计划、组织、领导、控制和创新等职能活动的发挥来分配、协调包括人力资源在内的一切可以调用的资源,以实现个人无法实现的目标。

徐国华:管理是通过计划、组织、控制、激励和领导等环节来协调人力、物力和财力资源,以期更好地达到组织目标的过程。

张俊伟:管理就是合理的疏和堵,管理就是变无把握为有把握。

(三)本书对管理的定义

结合国内外学者的观点,本书将管理定义为:在特定的组织环境下,管理者通过计划、组织、领导和控制等职能活动,将各类资源进行协调,带领团队成员有效实现组织目标的活动过程。

该定义包含以下几个内涵:

1. 谁来管理:管理的主体是管理者。
2. 管理对象:管什么——管理的客体是各类资源,包括人、财、物、时间、信息、空间等。
3. 管理目的:为什么要进行管理——有效实现组织目标。
4. 管理职能:如何管理——计划、组织、领导、控制。
5. 组织环境:什么情况下进行管理——组织所处的内、外环境。

二、管理的性质

从管理的定义来看,管理有两层含义:一是组织活动(或者劳动);二是指挥、监督活动(或者劳动)。劳动具有同生产力、社会化生产相联系的自然属性和同生产关系、社会制度相联系的社会属性,这就使得管理具备了自然属性和社会属性,简称管理二重性。

从管理活动过程的要求来看，既要追寻管理过程中客观规律的科学性要求，又要体现灵活协调的艺术性要求，所以管理具有科学性和艺术性。

（一）管理的二重性

马克思在《资本论》当中最早提出了管理二重性："凡是直接生产过程具有社会结合过程的形态，而不是表现为独立生产者的孤立劳动的地方，都必然会产生监督劳动和指挥劳动，不过它具有二重性。"

1. 自然属性

自然属性是管理的第一属性。管理是保证社会化大生产顺利进行的必要条件，是合理组织生产过程的一般要求。管理的自然属性就是合理组织生产力的一般属性，它由生产力与社会化大生产所决定，只要是社会化的大生产，只要是集体劳动，就需要管理。

2. 社会属性

管理总是在一定的生产关系下进行，不同的历史阶段、不同的社会制度、不同的社会文化都会使管理呈现出一定的差别，管理具有特殊性和个性，这就是管理的社会属性，即在一定生产关系形式下体现的阶级特殊属性，它是由社会制度、生产关系所决定的。

管理二重性的关系是辩证的。一方面，管理的自然属性总是在一定的社会形式、社会生产关系条件下发挥作用；同时，管理的社会属性也不可能脱离管理的自然属性而存在，否则管理的社会属性也就成为没有内容的形式。另一方面，二者又是相互制约的，管理的自然属性要求具有一定的社会属性的组织形式和生产关系与其相适应；同样，管理的社会属性，必然对管理的自然属性产生影响。

管理思考

> 老子曾曰"人法地，地法天，天法道，道法自然""道生一，一生二，二生三，三生万物"。这其中蕴含了什么管理思想？

（二）管理的科学性与艺术性

1. 管理的科学性

人们经过长期的探索和经验总结，形成了关于管理的一般规律的科学知识体系及管理学。因此管理学是从客观实际出发，研究人类社会中各种组织的管理活动及其规律性的学科，这些规律是客观存在的，是不以人的意志为转移的。在管理过程中，管理者应依据管理的客观规律，以科学为原则，按照严密的程序使用先进的技术与方法搞好管理，提高管理效率。切忌拔苗助长、杀鸡取卵等做法，我们做事时要讲求科学，尊重客观规律，违背客观规律就必然会遭到客观规律的惩罚。

2. 管理的艺术性

管理是一门艺术。管理的对象除了"物"，更多的还是"人"。不同于机器，人是有思想、有感情的，对人的管理更要注重"以人为本"，这就要求管理具有艺术性。不会做"人"的管理者即使理论学习再好，一旦遇到真正的任务或者困难时，往往不能充分调动"人"的积极性，使得工作变得死板、枯燥、事与愿违；而有的管理者可能管理理论学得并不是那么深入，但是懂得思考，具有丰富的实践经验，能够与周围人打成一片，调动周围人的积极性，达到了最终的结果或者目标。这就是管理的艺术性所在。管理的艺术性是指管理者依靠人格魅力、灵感与创新，因地制宜地将管理知识与具体管理活动相结合，采用灵活机动的管理方法和管理艺术追求管理的最佳效果。

在管理中，科学性与艺术性不是相互排斥的，而是相互补充的，如果说管理的科学理论是"知"，那么管理的艺术就是"行"，二者是"知行"的结合。

管理案例

发放年终奖金

受疫情的影响，2020年很多餐饮企业的业绩出现了大幅度下滑，一些企业通过裁员来渡过危机。到了2020年底，经济有所回暖，某餐饮公司渡过了难关。财务通过测算年终奖金还可以多发一个月的工资，不过这比往年少很多。如果按照常规做法，很可能会打击员工士气。在这两难的时刻，公司高层作出决策：与其预期过高而造成最大的失望，不如用最坏的打算迎来意外惊喜。

没过两天公司传来小道消息："公司由于今年业绩不佳，年底要裁员。"顿时人心惶惶，每个人都在猜测会不会裁到自己头上。

这时公司高层宣布："再怎么艰苦公司也绝不愿牺牲同甘共苦的同事，只是年终奖金可能无力发放了。"高层的一席话使员工们安稳了心，只要不裁员，没有奖金就没有吧。人人都做好了过个穷年的打算。

除夕将至，高层忽然宣布："今年每人都有年终奖金，整整一个月的工资，马上发下去，让大家过个好年！"顿时整个公司爆发出一片欢呼。

同样是发一个月的奖金，按照常规做法，可能会打击士气，但是换一种做法，竟然激励了士气，这就是管理的艺术。

三、管理的职能

管理是一项实践活动，在组织里，为了实现组织的目标，管理者会通过一些措施、开展一些活动，引导团队成员一起向目标努力。在实际操作过程中，渐渐形成了运用一定的程序，使用某种共性的内容来进行管理，比如在行动之前要做计划，进行人员分工，如果出现了偏差及时进行纠正等。将这些行为进行归纳总结，于是就有了"管理职能"这一概念。管理职能是管理系统所具有的职责和功能。目前大部分管理学者归纳的管理职能有四种：计划职能、组织职能、领导职能、控制职能（图1-1）。

1. 计划职能

计划职能是指管理者预测未来、确定目标、制定实现这些目标的行动方针的过程，它涉及原因与目的、活动与内容、人员安排、时间安排、空间安排以及手段与方法的选择等问题，是管理的首要职能。

2. 组织职能

组织职能是指所确定的任务由谁来完成以及如何管理和协调这些任务的过程。管理者要根据组织的战略目标和经营目标来设计组织结构、配备人员和整合组织力量，以提高组织的应变能力。

3. 领导职能

领导职能是指管理者通过行使所拥有的权力，引导、影响和激励组织成员为实现既定

图1-1 管理的四大职能

目标而努力的过程。领导工作的重点在于调动相关人员的积极性，协调相关人员之间的关系。

4. 控制职能

控制职能是管理者要对组织的运行状况加以监督，通过控制可发现当初的计划与实际的偏差，采取有力的行动纠正偏差，保证计划的实行，确保原来的目标得以实现。

以上四大职能相辅相成，密不可分，所有职能都是为了使组织活动能够更有效地进行下去，使组织实现目标的有效手段。

任务二 管理者

管理情境

北京H公司章总，工龄有30多年，在行业内也算是前辈，工作态度非常严谨仔细。尽管有专门的培训部，但对公司组织的培训工作非常重视，从培训课程内容设置、培训讲师选聘、培训酒店场地签订到培训证书印制、培训现场条幅悬挂、培训期间餐饮定单等，事无巨细，从头抓到尾。并且他经常亲自蹲点在培训教室现场，中间还不时打断讲师指正讲授内容。由于公司人员排队签字，他不时召唤秘书奔走往返培训现场办理公文处理文件。

一次，章总突然指示培训部下周举办经销商销售顾问培训班和市场经理培训班，完全脱离培训工作实施规划。培训部不得不马上开始确定培训讲师、拟制培训日程表、商谈培训教室、拟订培训通知等事项。由于某种原因，实际报到人数没有达到理想状态，章总在培训报到现场，果断指示将两个班合并为一个班举办，以节省开销。尽管前期已经安排妥当，培训老师林教授也强调培训对象不同，培训内容侧重点不一样，最关键报到时间也不同。章总置之不理。结果经销商参训学员得知突然变更，怨声载道，全部怪罪培训部。章总竟然也在众人面前大声斥责培训部负责人，为什么培训工作做得一塌糊涂，然后命令公司其他所有部门负责人全部到场蹲点，这下更热闹了，培训工作不光章总亲自指导，各部门负责人也不时指东道西，甚至连总经理秘书也插手指挥。可想而知，一个简单的培训活动最终搞得乱七八糟。培训结束第二天，培训部负责人打了辞职报告。

请思考：培训部负责人为什么会打辞职报告？公司管理者的角色定位是什么？

任务分析

该案例反映出公司管理者存在的诸多问题：管理者角色定位不明确、工作计划性不强、管理跨度不合理、企业文化建设不成功、管理监控不力等。

公司管理者应该懂得授权的必要性，明确作为公司管理者的角色定位。有人说，一流的公司管理者能够发挥下属的聪明才智，二流公司管理者只会凭借下属的体力，三流的公司管理者就只得事必躬亲。公司管理者应把更多注意力放在自己角色范围内，把握住"要事第一"的原则；高层管理者，管大局、战略、目标、过程，应把更多注意力放在不紧急但重要的事情上来；中层管理者，管人、管事情，处理那些紧急也重要的事情。

作为公司管理者，应该知人善任，根据员工的爱好、特长安排合适的岗位。否则，人才也会变成庸才，毫无利用价值，甚至反而成为公司发展的障碍。这也是对人力资源的极大浪费。公司管理者应该合理配置人力资源，实现人尽其才，才尽其用，发挥人才最大效能，促进公司经营目标的实现。通过建立科学的人才评估机制，对引进或发掘的人才进行科学的鉴别与选择，再给予适宜的岗位，或直接让人才自己选择合适的岗位，然后进行科学评估，如此才能达到理想的人才配置效果。

一、管理者概述

（一）管理者的概念

管理者是管理行为过程的主体，管理者一般由拥有相应的权力和责任，具有一定的管理能力，从事现实管理活动的人或人群组成。

管理者及其管理技能在组织管理活动中往往起决定性作用，管理者通过协调团队成员的工作来实现组织活动中的目标。

随着社会的发展，作为管理活动主体的管理者，在组织中的地位也越来越重要。一个组织的生存发展、兴衰存亡，在很大程度上取决于管理者的决策，特别是高层管理者的战略决策。

（二）管理者的分类

按照不同的划分标准，可以将管理者分为以下几种类型。

1. 按照在组织中的位置

按照管理者在组织中所处的管理层次，可以把管理者分为高层管理者、中层管理者、基层管理者（图1-2）。

（1）高层管理者

高层管理者是指组织中居于顶层或接近于顶层的人。对组织负全责，主要侧重于沟通组织与外部的联系和决定组织的大政方针。比如总裁、副总裁、行政长官、总经理、首席运营官、首席执行官、董事会主席等。

（2）中层管理者

中层管理者是指处于高层管理人员和基层管理人员之间的一个或若干个中间层次的管理人员，他们的主要职责是贯彻执行高层管理人员所制定的重大决策，监督和协调基层管理人员的工作。职务根据组织大小决定，比如项目经理、地区经理、部门经理、门店经理等。

（3）基层管理者

基层管理者是指那些在组织中直接负责非管理类员工日常活动的人。基层管理者主要职责是直接指挥和监督现场作业人员，保证完成上级下达的各项计划和指令。比如督导、团队主管、教练、各部门主管、轮值班长、系主任、部门协调人、部门组长等。

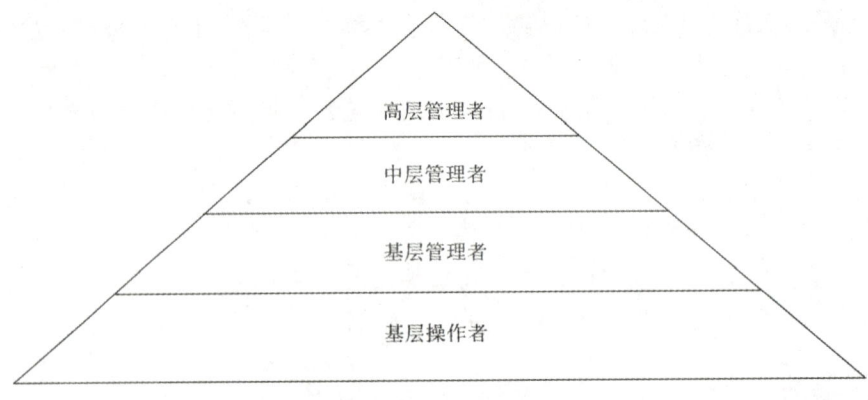

图 1-2 管理者层次

对于所有管理者，都要履行管理的基本职能，但由于所处的层次不同，管理职能履行的重点和程度也是有所区别的，如表 1-1 所示。

表 1-1 不同管理层次履行管理职能所占的比重　　　　单位:%

职能	高层管理者	中层管理者	基层管理者
计划职能	28	18	15
组织职能	36	33	24
领导职能	22	36	51
控制职能	14	13	10

 管理思考

请举例说说在学校当中的高层管理者、中层管理者和基层管理者都是谁？他们的职责有哪些？

2. 按照从事的专业领域

按照所从事的专业领域，可以将管理者分为综合管理者和专业管理者两大类（图 1-3）。

（1）综合管理者是指负责管理整个组织或组织中某个事业部的全部活动的管理者，例如总监、总经理等。

（2）专业管理者是指仅负责管理组织中某一类活动的管理者，例如财务主管、人事主管、行政主管等。

3. 按照职权关系的性质

按照职权关系的性质，管理者可分为以下两类：

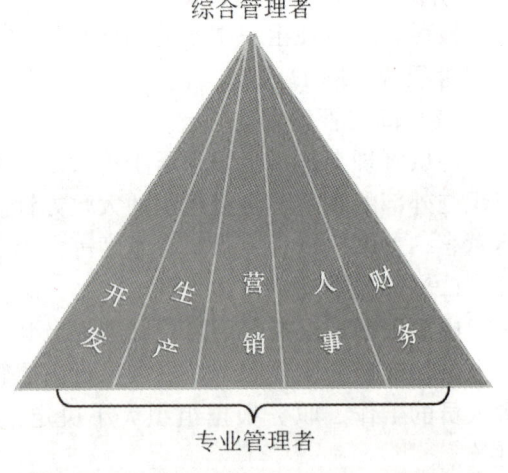

图 1-3 综合管理者与专业管理者关系

（1）直线管理人员。直线管理人员也叫一线管理人员，是指有权指挥下属工作的管理人员，负责实现组织的基本目标。一般指直属领导，比如市场经理负责市场调研、开发、寻找客户人群等工作。

（2）参谋人员。参谋人员指对上级提供咨询、建议，可为下级提供专业指导的管理人员。参谋人员一般作为上级的参谋和顾问，与下级是一种非领导的指导关系。

二、管理者的角色

在一个组织中，管理者到底应该做哪些工作，应当扮演什么角色？对于这一问题，加拿大管理学教授亨利·明茨伯格（Henry Mintzberg）经过长期的研究发现，管理者在一个组织中要扮演十种不同的，但又高度相关的经理角色。这十种角色可以进一步组合成三个方面：人际交流方面的角色、信息处理方面的角色、决策制定方面的角色（图1-4）。

（一）人际交流方面的角色

人际交流角色直接产生自管理者的正式权力的基础。管理者所扮演的三种人际角色是：

1. 代表人角色
作为管理理必须行使一些具有礼仪性质的角色。

2. 领导者角色
管理者和员工一起工作并通过员工的努力来确保组织目标的实现。

3. 联络者角色
与组织内个人、小组一起工作，与外部利益相关者建立良好的关系所扮演的角色。

（二）信息处理方面的角色

管理者负责确保和其一起工作的人具有足够的信息，从而能够顺利完成工作。整个组织的人依赖于管理结构和管理者以获取或传递必要的信息，以便完成工作。

1. 监督者角色
持续关注内外环境的变化以获取对组织有用的信息，接触下属或从个人关系网中获取信息，依据信息识别工作小组和组织潜在的机会和威胁。

2. 传播者角色
分配作为监督者获取的信息，保证员工具有必要的信息，以便切实有效地完成工作。

3. 发言人角色
把信息传递给单位或组织以外的个人，让相关者（股东、消费者、政府等）了解并感到满意。

（三）决策制定方面的角色

管理者以决策让工作小组按照既定的路线行事，并分配资源以保证计划的实施。

1. 企业家角色
对作为监督者发现的机会进行投资以利用这种机会。

2. 干扰对付者角色
处理组织运行过程中遇到的冲突或问题。

3. 资源分配者
决定组织资源（财力、设备、时间、信息等）用于哪些项目。

4. 谈判者角色
花费大量时间，对象包括员工、供应商、客户和其他工作小组，进行必要的谈判，以确保小组朝着组织目标迈进。

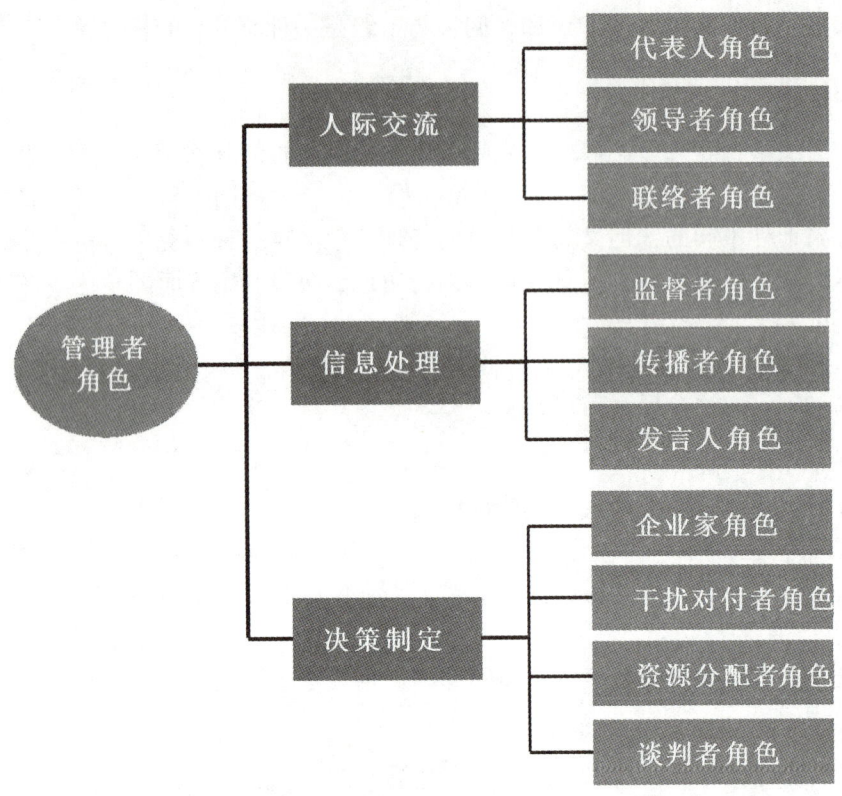

图1-4 管理者所扮演的角色

管理思考

当你作为团队管理人员,有员工遇到难题,想不到好办法,来问你。你会怎么做?
启示:很多初级管理人员,经常会直接告知员工该如何做,但有时候这并不是最好的方式。作为一名合格的管理者,切不可马上告诉他答案,鼓励他多想几个解决方案后,再帮助他分析各方案的利弊,具体用哪个方案还是由他自己选择。也就是说,不要替团队成员完成他的工作,而是要培养团队成员自主完成任务的能力。而且下属自己作的选择和决定,更会对他的选择全力以赴。

三、管理者的素质

要想成为一名优秀的管理者,必须修身养性,德才兼备,具备较好的能力与素质。
优秀的管理者应具备以下素质:

(一)政治思想素质

管理者是政策的传播者与实施者。管理者是组织的代言人,是组织的化身,其言行举止会对员工产生影响,所以管理者应具有坚定的政治立场,自觉维护国家和集体利益,明确服务宗旨,维护员工的主人翁地位和权益,切实帮助员工解决困难。

(二)良好的职业道德

俗话说"做事先做人",没有良好的职业道德,根本没有担任管理者的资格。可以说,职业道德对管理者具有一票否决的作用。管理者必须具备强烈的责任心，如对企业负责、对部门负责、对员工负责、对消费者负责。我国近年来频发的食品安全事件，就是管理者责任心缺失所造成的严重后果。

（三）身心素质

俗话说"身体是革命的本钱""商场如战场"，无论是风平浪静的时候，还是危机四伏的紧急关头，管理者都要运筹帷幄，审时度势，作出决策，如果没有良好的身体素质，导致心有余而力不足，可能会留下遗憾。因此，管理者应当保养好身体，注意身体健康，及时排解心理压力，方能堪担此任。

（四）"十字形"知识结构

"十字形"的知识结构，即管理者一方面拥有宽广的知识面；另一方面在某一领域具有很深的造诣。如前文所述，管理是一项自然科学和社会科学综合而成的复杂社会工作，因此要求管理者具备广博的知识，如经济学与管理学、社会学与心理学、哲学与自然科学等，而每一个组织都有其特定的活动领域，如果缺乏对该活动领域较为艰深的造诣就很难承担组织的管理工作，历史经验已经无数次证明"外行领导不了内行"。

管理案例

管理大师德鲁克：作为管理者，你要理解4个境界

想知道自己属于管理中的哪个境界，首先要明白管理者的定义究竟是什么？

管理大师德鲁克对管理者的定义："在一个现代组织里，如果一位知识工作者能够凭借其职位和知识，对该组织负有贡献的责任，因而能实质地影响该组织的经营能力及达成的成果，那么他就是一位管理者"，是"对影响自己业绩的所有人的业绩负责的人"。

有下属的人不一定是管理者，而没有下属的人却有可能是管理者。

比如一些知识工作者，他们尽管没有下属，但是做出的决策可能极大地影响公司。德鲁克比较两家竞争企业的市场研究员，一位可能有200个下属，另一位可能只有一个秘书，"然而就这两位市场研究员做出的贡献来说，却无太大差别"，因此都是管理者。

管理者的四层境界

第一层境界：职位与职权。

实际上是狭义的管理角色，这些人"心中有事，目中无人"，不讲人际关系，不留情面。但是，事是人做的，下属的眼里也只有"事"。所以，下属因为你是上级所以听你的，如果你不是上级他们就不听你了。这样的人缺乏情商，但职业精神尚可，应该从事主要对事的基础管理工作。

第二层境界：能力。

本质还是对事，员工的能力强是做事能力强。下属在做事上会听你的，听的是做事的方法；他们会佩服你的能力，却未必佩服你的品德。一旦你的能力不是下属所需要的能力，下属就不需要你了。我们平常所说的专家型的领导者，实际上也是不够的，只有既懂做事又懂做人的人才能成为真正的领导者。

第三层境界：尊重与培养下属。

你没把下属当作做事的工具，下属因为能力提高而尊重你。他们的心里不仅有事还有人，所以下属眼里也是有事又有人，有人就有"领导"了。我们说，下属就是领导干部的一面镜子，领导者有什么，下属也有什么。

第四层境界：人格魅力。

有部分领导者强调自身的修为，往往以身作则。这样的领导者是下属的楷模，下属因为你的为人而由衷地敬重你。

因此，管理者追求的不应该是权力和职位，而是责任和成果。那些身处所谓的"管理层"的经理人，如果不承担责任，没有创造成果，也不是管理者。

（案例来源：管理大师德鲁克：作为管理者，你要理解4个境界 – 知乎 https://zhuanlan.zhihu.com/p/59998733）

四、管理者的技能

对于管理者的能力要求，目前管理学界普遍认可的是20世纪50年代美国著名管理学家罗伯特·李·卡茨（Robert L. Katz）提出的高效管理者应具备的三种基本技能。具体如表1-2所示。

表1-2 管理者的三种基本技能

技能类型	主要含义	主要作用
技术技能	完成具体工作的特定技能如信息技术技能、财务分析技能等，也包括方法性技能，如决策技术、协作技术等	完成具体工作
人际技能	主要指与人共处、沟通以达到协调与协作的技能	部门内部协作 部门间协调
概念技能	构建概念的技能，即在复杂环境中能够洞察环境变化，将复杂问题简化并寻找正确发展方向的能力	应对复杂事件 制定正确的发展战略

（一）技术技能

技术技能是指管理者掌握与运用某一专业领域内的知识、技术和方法的能力。如一名人力资源经理应该熟悉人力资源管理制度、招聘、薪酬设计和绩效考核的方法。技术技能对基层管理者非常重要，对中、高层领导者，技术技能的重要性稍小。

（二）人际技能

人际技能是指管理者处理人事关系的能力，即理解激励他人并与他人共事的能力，主要包括领导能力、影响能力和协调能力。人际技能要求管理者了解他人的信念、思考方式、感情、个性及态度。

（三）概念技能

概念技能是指一种洞察既定环境复杂程度的能力和减少这种复杂性的能力。具体地说，概念技能包括理解事物的相互关联性，从而找出关键影响因素的能力，确定和协调各方面关系的能力以及权衡不同方案优劣和内在风险的能力等。

以上三种技能对于不同层次的管理者来说都是必备技能，不过管理者所在的层次不同，每种技能的侧重也不同。高层管理者由于要制定战略，更注重概念技能；中层管理者要承上启下，更注重人际技能；基层管理者要实现最基本的目标，是直接工作的负责人，因此更注重技术技能（图1－5）。

概念技能
人际技能
技术技能
高层管理者
中层管理者
基层管理者

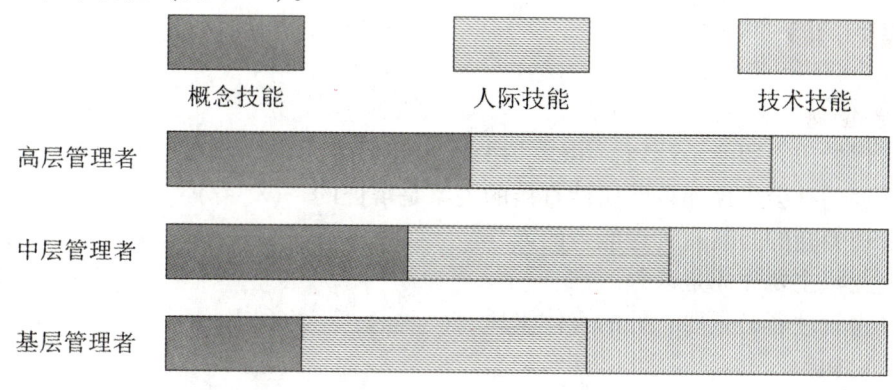

图1－5　不同层次管理者的技能要求

管理思考

基层管理者、中层管理者和高层管理者各自而言，你认为上述三种技能哪种最重要？

项目小结

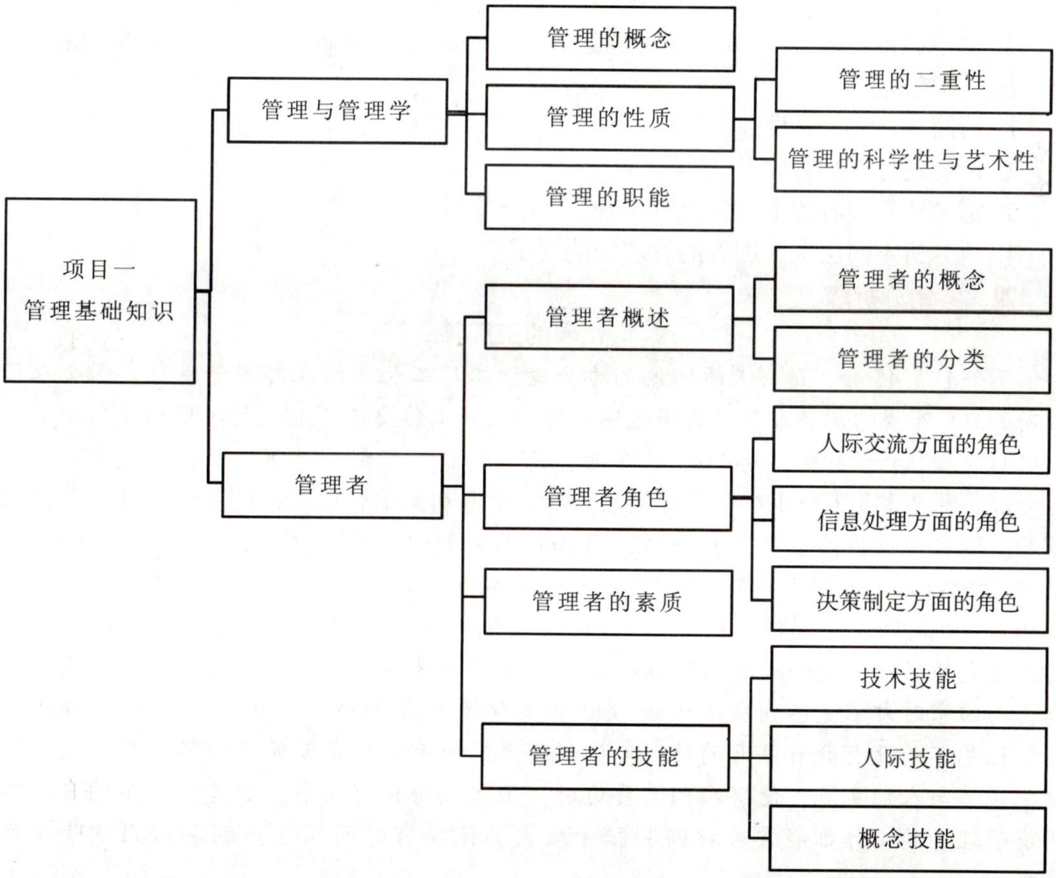

项目一
管理基础知识
管理与管理学
管理的概念
管理的性质
管理的职能
管理的二重性
管理的科学性与艺术性
管理者
管理者概述
管理者的概念
管理者的分类
管理者角色
人际交流方面的角色
信息处理方面的角色
决策制定方面的角色
管理者的素质
管理者的技能
技术技能
人际技能
概念技能

课后习题

一、判断题
1. 管理的四大职能是计划、组织、协调、控制。（   ）
2. 管理的社会属性和自然属性直接的关系是辩证的。（   ）
3. 管理者指的是具有管理能力的人。（   ）
4. 企业家主要作用是谈判。（   ）
5. 身为管理者必须要有好的身体素质。（   ）

二、选择题
1. 管理的二重性指的是(　　)。
   A. 自然属性　　　　B. 社会属性　　　　C. 科学性　　　　D. 艺术性
2. 按照不同的划分标准，可以将管理者分为(　　)。
   A. 高层管理者　　　B. 中层管理者　　　C. 基层管理者　　D. 基层职员
3. 按照职权关系的性质，管理者可分为(　　)。
   A. 综合管理者　　　B. 专业管理者　　　C. 直线管理人员　D. 参谋人员
4. 信息处理角色包括(　　)。
   A. 监督者　　　　　B. 传播者　　　　　C. 发言人　　　　D. 联络者
5. 中层管理者更注重(　　)技能。
   A. 概念技能　　　　B. 人际技能　　　　C. 技术技能　　　D. 模仿技能

三、简答题
1. 请简述什么是管理。
2. 请简述什么是管理者。
3. 请简述管理者的十大角色有哪些。
4. 请分析不同层次管理者的管理技能要求。

四、案例分析题

忙碌的王厂长

下午1点45分，陈厂长返回他的办公室，工厂工长已经在那里等着他。两个人仔细检查了工厂布置的调整方案以及周边环境的绿化等工作要求。会议的时间持续得较长，因为中间被三个电话打断。到3点35分时，王厂长和工厂副厂长穿过大厅来到会议厅。例行会议通常只需要1个小时，不过讨论工人工资和利益分配以及输送系统问题的时间拖得很长。这次会议持续了3个多小时，当王厂长回到他的办公室时，他已经精疲力竭了。12个小时以前，他还焦急地盼望着一个富有成效的工作日，现在一天过去了，王厂长不明白："我完成了哪件事？"当然，他知道他干完了一些事，但是本来有更多的事他想要完成的。是不是今天有点特殊？王厂长承认不是的，每天开始时他都有着良好的打算，而回家时却不免感到有些沮丧。他整日就像置身于琐事的洪流中，中间被经常打断。他是不是没有做好每天的计划？他说不准。他有意使每天的日程不要排得太满，以使他能够与人们交流，使得人们需要他时，他能抽出时间来。但是，他不明白是不是所有管理者的工作都经常被打断和忙于救火，他能有时间用于计划和防止意外事件发生吗？

1. 王厂长在该分厂属于(　　)。
   A. 基层管理人员　　　　　　　　　　B. 中层管理人员
   C. 高层管理人员　　　　　　　　　　D. 专业管理人员
2. 王厂长应该履行的主要职责是(　　)。
   A. 贯彻执行分厂的重大决策，并监督和协调基层管理者的工作
   B. 负责制定组织的大政方针，沟通组织与外界的交往联系等
   C. 抓部下解决不了或无力解决的重大问题，部门间的协调等
   D. 直接指挥和监督操作者，保证上级下达的各项计划和任务的完成
3. 根据卡茨的三大技能，在本案例中，对于王厂长来说，(　　)更重要。
   A. 概念技能比技术技能　　　　　　　B. 技术技能比概念技能
   C. 技术技能比人际技能　　　　　　　D. 人际技能比概念技能
4. 根据明茨伯格的管理者角色理论，王厂长打算计划下一年度的资本设备预算时所扮演的管理者角色是(　　)。
   A. 挂名代表人　　　B. 谈判者　　　C. 领导者　　　D. 资源分配者
5. 王厂长疲于奔命，忙碌了一天，效果却不尽如人意，对其工作最恰当的评价是(　　)。
   A. 重效率、轻效果　　　　　　　　　B. 轻效率、重效果
   C. 重效率、重效果　　　　　　　　　D. 轻效率、轻效果

 项目实训

项目名称：管理者角色扮演

一、实训目的

1. 通过模拟扮演，理解管理者角色含义；
2. 了解不同场合、不同层次管理者应担任的角色和应具备的技能有哪些。

二、实训内容

1. 按照管理者十大角色设定十个不同的场景和管理者角色；
2. 每个小组进行抽签，扮演所抽中管理者的角色；
3. 让其他小组进行观察每个小组扮演的角色是什么，并说明原因；
4. 每个小组在其他小组评审完成后说明对所扮演的角色的理解。

三、标准及评价

1. 标准：所扮演的角色必须要求有50%的同学能看懂。
2. 评价：（1）现场表演占50%；（2）同学们的评价占30%；（3）教师对其理解进行评价占20%。

 思政园地

（一）9小时改造福建龙岩火车站

9小时能干什么？

对于中国，完成一场惊心动魄的铁路大改造9小时足矣！

1月19日的傍晚，随着现场总指挥的一声令下，1500多名中国工人开始了一场"战役"：福建龙岩站的大改造，完成新老站房之间的线路转场大施工。

　　这是一次非常少见的铁路Ⅰ级施工，并且施工时间异常紧张，从下午18：30开始，不到9小时的时间里，工人们要完成道岔拆铺、垄口拨接、信号换装等所有作业。

　　数十台施工机器同时运转，1500余名铁路人不眠不休，一场铁路站大改造奇迹般完成了！

　　这次施工也为南平—龙岩铁路的开通打下基础，开通后，两地通行时间将由7个多小时缩短至1.5小时。

　　眼见这样卓越的"中国效率""中国速度"，英国媒体不禁感叹：这才是高铁啊！

　　思考题：请结合案例，运用所学理论，说说在这场改造中，高层、中层、基层管理者需要肩负哪些职责。

　　（案例来源：福建龙岩火车站：1500人耗时9小时改造完成 – 258头条　https：//toutiao.258.com/info/5959.html）

（二）中国为什么被称为"基建狂魔"？
——盘点中国创造的基建"奇迹"

　　中国一直有着"基建狂魔"的称号，中国的基础建设的厉害在世界上都是闻名的。而中国之所以能得到这个称号，是中国人民一次次创造奇迹般的基础建设，让世界人民震惊。中国的基础建设的厉害不仅是那些奇迹般的高难度工程，而是体现在方方面面，很多看似普通日常的事情，其实是政府花了非常大的功夫才实现的。比如中国的电就是如此，印度到现在为止都有接近五分之一的人处于没有电的生活，而中国是一个人口14亿的大国，却能做到全民通电，这是一个伟大却经常被人忽视的奇迹工程。今天就让我们来盘点一下中国的那些基建上的"奇迹"。

　　先来说一个不引人注目，但其实也是一个非常伟大的基础建设，中国的公路里数。大家应该都听过一句话：要想富，先修路。这句话并不是一句口号而已。中国幅员辽阔，很多地方的地形都是不一样的，尤其是南方多山，很多偏远的村落连出村都非常困难，更不要说发展经济了，但现在即使是村庄基本上也都有了自己的公路，而这就是中国基建的奇迹。在1978年的时候，中国的公路里程只有12万千米，经过这么多年的建设，在2018年的时候，中国的公路里数达到了405万千米，在短短的40年时间里，中国的公路里数增加了40多倍，无疑是一个伟大的奇迹。

　　这是中国花费时间和人力物力创造的奇迹，而在技术上，中国也创造了一个又一个奇迹。世界上最长的桥在中国，世界上最高的桥也在中国，世界上最长的跨海大桥也在中国，世界上最复杂的立交桥在中国，在所有人都在质疑中国基建技术的时候，中国的建筑师们，让世界看见中国基建的实力，中国基建并不是只会蛮干。

　　中国基建史上最伟大的一项奇迹——港珠澳大桥，是世界上最长的跨海大桥，全长达到了55千米。之所以港珠澳大桥的建成震惊世界，这是因为这座大桥的建筑难度非常高，在最开始的时候，中国也是想找外国团队合力建造，但是对方开出了天价，让中国团队决定自主建立，最开始没有人看好中国真的能建造好这座大桥，但是中国人做到了，这座大桥的技术难度几乎包括交通工程的所有领域，创造了1000多项专利，被誉为"现代世界七大奇迹之一"，让世界看见了中国基建的技术。

　　中国的基建非常厉害，创造了很多奇迹。有港珠澳大桥这种技术难度非常高的，有北盘江大桥、丹昆特大桥这些打破世界纪录的。更让人动容的则是全民通电、全民通公路，这样利国利民的基础建设。而中国的基础建设也不会止步于此，现在中国的高铁技术的发展一直都是非常好的，中国的高铁里数也是世界第一，相信未来，中国高铁也会不断创造奇迹。

（案例来源：中国为什么被称为"基建狂魔"？盘点中国创造的基建"奇迹"https：//new.qq.com/omn/20190827/20190827A0NB9H00.html）

项目二
管理思想发展

 学习目标

知识目标：
1. 掌握古典管理理论的主要内容及其代表人物；
2. 掌握行为科学理论的主要内容及其代表人物；
3. 掌握现代管理理论的主要内容及其代表人物；
4. 了解现代管理理论的发展趋势。

能力目标：
1. 能够运用管理科学理论观点正确地观察和判断各类管理行为；
2. 掌握主动更新管理理念意识。

思政目标：
1. 了解中国传统管理思想，培育学生文化自信和民族自信心；
2. 理解管理理论内涵，培养学生以人为本的管理意识和管理理念。

  从古埃及的金字塔、苏伊士运河到我国长城的建造和京杭大运河的开通，人类历史上大型并辉煌的历史项目无一不在彰显着古人的智慧，体现着古代劳动人民的创造力、想象力、执行力。不过受当时生产力发展以及社会体制的限制，人们对于"管理"并未进行深入的研究以及总结。直到近代，人们在总结了大量的管理经验后，逐渐形成了管理思想，人们将这些思想进一步归纳和总结，形成了管理理论。同时，不少人将这些管理理论运用于实际工作的指导当中，在实践中进一步论证和完善这些理论。
  本项目包括古典管理理论、行为科学理论、现代管理理论三大任务，通过学习西方管

理思想，使我们能够了解现代管理理论体系的来源，掌握事物发展的规律，更好地处理实际问题，为今后的学习工作管理奠定良好的基础。

任务一　古典管理理论

 管理情境

永和豆浆的标准化管理和成功之道

"永和"是中国台湾省新北市永和区的地名。20 世纪 50 年代初期，一群祖籍大陆远离家乡的退役老兵迫于生计，聚集在台北与永和间的永和中正桥畔，搭起经营快餐早点的小棚，磨豆浆、烤烧饼、炸油条，渐渐形成了一片供应早餐的摊铺。因为这些老兵手艺地道，磨出的豆浆新鲜营养香浓可口，做出的烧饼油条色泽金黄松软酥脆，以至于以豆浆为代表的永和地区的各种小吃店声名远播，传遍中国台湾全岛。至今，在中国台湾还有四海豆浆、世界豆浆等源自永和老兵的豆浆店。

然而，由于这些传统小吃全部都是手工作坊式生产，随着老兵们的相继离去，后来的产品常常出现名不副实的现象，虽然岛内各地自称源自永和地区的早餐店越开越多，但永和豆浆的影响已日渐式微，在人们的印象里，永和豆浆已与街头巷尾的豆浆摊贩毫无二致。林炳生想到做到，立即着手这一经营思路的实际运作。为区别于市面上五花八门打着各种招牌的豆浆产品，真正重焕永和老兵豆浆的声名，林炳生决定以"永和"为品牌来经营他的豆浆事业。因为，"永和"两个字不仅是他重振永和老兵豆浆、发扬传统小吃的初衷，也代表着中国人向往安居乐业、幸福美满的朴素心愿。于是，1985 年，他在中国台湾取得"永和"豆浆类商品的注册商标，同年设立食品厂成立弘奇公司，开始机械化批量生产各种浓缩的、袋装的、罐装的"永和"豆浆。渐渐地，由半自动化生产到全自动化生产，生产数量逐日上升。后来，每天早晨弘奇公司的货车都按时把豆浆送到全岛各处豆浆店、学校、超市、便利店、卖场。永和豆浆在中国台湾家喻户晓，恢复了它往日的神采。然而，林炳生没有停止他的追求，他又把目光投向了国际市场。在随后的几年里，永和豆浆陆续打入日本、美国、加拿大、泰国等 20 余个国家和地区并广受欢迎，发展成为国际品牌。至此，永和豆浆作为弘奇公司的品牌事业，已逐渐超脱当初永和老兵的街头小店，成为中华民族传统美食的代名词，在世界各地发扬光大。

（案例来源：百度文库 https：//wenku.baidu.com/view/acc6177e69eae009591bec01.html）

 任务分析

实现制作标准化是中式快餐产业化、规模化的前提。中国美食世人皆知，但形成规模走向全国乃至世界的却寥寥无几，根源就在于没有实现标准化、规模化。从营销策略来讲，没有标准化，就不可能形成工业化的快餐食品，也就不可能实现连锁化、规模化；从内部管理来讲，没有标准化的操作规程，就不可能培养出合格的员工。由于缺少量化标准，厨师操作全凭经验，很难保证统一的标准质量，使菜肴质量呈现出极大的不稳定性，既影响了对传统烹饪技艺的继承和发展，又影响了中国餐饮业步入现代化的轨道。作业标准化策略是连锁企业的又一重要经营基础，其流程是由连锁总部制定标准化的作业流程，由各门店复制、实施。

标准化制作是快餐的重要标志。永和豆浆作为中式快餐连锁加盟的餐饮业，要保持高度的产品的一致性，遇到的难题就是如何进行标准化的操作。作业标准化策略的核心是作业岗位标准化。即在连锁系统作业流程中，各工作岗位上的业务活动尽可能简单、简化、标准、规范，便于掌握，利于操作。一般由总部制作一本简明扼要的员工操作手册，使所有员工均依手册的规定来完成各自的工作。为了让每个店都遵循同一流程，区域总部都要对其进行专门的培训。

管理知识

一、早期管理思想

（一）中国古代管理思想

中国古代的管理思想极为丰富，可谓"百家争鸣"，理论丰富多彩，这之中以儒家、法家、道家为主要代表。

1. 儒家管理思想

儒家首先提出人性本善的基本假设，进而提出仁政、德治、礼制的管理方法，最后提出要实现齐家治国平天下的管理目标。

儒家思想是指儒家学派的思想，由春秋末期思想家孔子所创立。孔子创立的儒家学说在总结、概括和继承了夏、商、周三代亲亲尊尊传统文化的基础上形成的一个完整的思想体系。

司马迁在《史记·孔子世家》中说："孔子乃因史记作春秋，上至隐公，下讫哀公十四年，十二公。据鲁，亲周，故殷，运之三代。"

儒家学派的创始人孔子说过："述而不作，信而好古"是自己的思想本色。儒家思想基本分为"内圣"与"外王"，即个人修养与政治主张两类。

2. 法家管理思想

法家首先提出人性本恶的基本假设，进而提出法治、刑治的管理方法，最后提出要达到崇尚君权和富国强兵的管理目标。

法家，是先秦诸子中的另类。在先秦诸子诸家当中，唯独法家的思想，是必须献出性命来实践，流出鲜血来祭奠，是血染的思想。这里面流血的、付出生命的，不但有当时许多有罪或者无辜的贵族和贫民，还有法家学派的代表人物，比如商鞅和韩非。

法家思想和我们现在所提倡的民主形式的法治具有根本的区别，最大的区别就是法家极力主张君主集权，而且是绝对的。

3. 道家管理思想

道家首先提出人性自然的主张，进而提出无为而治的管理方法，最后指出要实现的管理目标是至德之世。

道家主张"齐物""逍遥"，对万物的态度是"无所恃"。

道家以"道"为核心，认为大道无为、主张道法自然，提出道生法、知雄守雌、刚柔并济等政治、经济、治国、军事策略，具有朴素的辩证法思想，是"诸子百家"中一门极为重要的哲学流派，存在于中华各文化领域，对中国乃至世界的文化都产生了巨大的影响。

（二）西方早期管理理论

18世纪中叶，西方国家开始了工业革命，西方国家的工商业发展以及社会关系发生了巨大的变化。由珍妮纺织机开始的变革，最终引起工业革命，劳动效率大幅度提升。由于生产专业化程度提高，逐渐由手工业演变为机器大工业，分工与协作显得尤为重要，不少企业在生产活动中出了管理问题。为了解决这些管理问题，一些学者或者企业管理者从各自原有的学科出发，开始有针对性地进行研究，并形成了相关的理论知识体系。

1. 亚当·斯密

亚当·斯密（Adam Smith，1723年6月5日—1790年7月17日），英国经济学家、哲学家、作家，经济学的主要创立者。亚当·斯密强调自由市场、自由贸易以及劳动分工，被誉为"古典经济学之父"，主要著作为《国民财富的性质和原因的研究》（以下简称《国富论》）。亚当·斯密因《国富论》被认为是古典经济学的"开山鼻祖"。《国富论》首次系统地阐述了古典政治经济学，在书中对劳动分工的作用与经济效益有相当严谨的论述，对管理思想的发展有重大贡献。

亚当·斯密在《国富论》中的观点是"自由放任"，这是早期资本主义发展的特征。主张由市场这只"看不见的手"来调节私人经济，主张国家充当"守夜人"的角色。成为19世纪早期和中期自由市场经济学的同义词。自由放任主义反对政府对经济的干涉，并且反对政府征收除了足以维持和平、治安和财产以外的税赋。在欧洲和美国早期的经济学理论中，自由放任的经济政策通常与重商主义经济政策相对立。劳动分工的思想，成为管理学诞生的直接原因。

2. 罗伯特·欧文

罗伯特·欧文（Robert Owen，1771年5月14日—1858年11月17日）是一位英国的空想社会主义者，也是一位企业家、慈善家，现代人事管理之父，人本管理的先驱者。

欧文对管理学中的贡献是，摈弃过去那种把工人当作工具的做法，着力改善工人劳动条件，诸如提高童工参加劳动的最低年龄；缩短雇员的劳动时间；为雇员提供厂内膳食；设立按成本向雇员出售生活必需品的模式，从而改善当地整个社会状况。

3. 查尔斯·巴贝奇

查尔斯·巴贝奇（Charles Babbage，1791年12月26日—1871年10月18日）是一名英国发明家，科学管理的先驱者，出身于一个富有的银行家的家庭，曾就读于剑桥大学三一学院。

他进一步发展了亚当·斯密关于劳动分工利益的思想，分析了分工能提高劳动生产率的原因。他还探讨了能使投资效率更高的大工厂的优越性，以及这些工厂对原料来源的恰当位置；工艺过程和制造成本的分析（如在制针业中）；在同一领域中各个企业的比较研究（如著作《各种人寿保险机构的比较观点》）等。

（三）早期管理思想特点

由于没有系统的管理理论做指导，因此早期的管理工作有以下几个特点：

1. 管理的重点主要是解决劳动分工与协作的问题。
2. 管理的内容主要局限在生产管理、工资管理和成本管理。

3. 管理的方法主要是经验管理，即个人经验，管理的成败主要取决于管理者个人的能力、经验和个人作风等。

4. 企业管理工作主要由企业所有者承担。

尽管各位学者从不同角度提出了一些管理思想，但是由于时代受限，没有形成理论体系。当时社会普遍关注生产组织、减少浪费、增加产量、追求利润最大化等目标，人们更关心具体的方法而不是理论。不过，这些研究对后来的科学管理理论的产生和发展奠定了良好的基础。

二、古典管理理论

（一）泰勒的科学管理理论

1. 泰勒的生平

弗雷德里克·温斯洛·泰勒（Frederick Winslow Taylor，1856—1915），美国著名管理学家，经济学家，被后世称为"科学管理之父"，其代表作为《科学管理原理》。

泰勒出身于美国费城一个富有的律师家庭，中学毕业后考上哈佛大学法律系，但因眼疾而不得不辍学。1875 年，他进入一家小机械厂当徒工，1878 年转入费城米德瓦尔钢铁厂（Midvale Steel Works）当机械工人，他在该厂一直干到 1897 年。在此期间，由于工作努力，表现突出，很快先后被提升为车间管理员、小组长、工长、技师、制图主任和总工程师，并在业余学习的基础上获得了机械工程学士学位。泰勒的这些经历，使他有充分的机会去直接了解工人的种种问题和态度，并看到提高管理水平的极大的可能性。泰勒的研究是从"车床前的工人"开始，重点内容是提高劳动生产率。

他的著作包括《计件工资制》（1895 年）、《车间管理》（1903 年）、《科学管理原理》（1911 年）。20 世纪以来，科学管理在美国和欧洲大受欢迎。100 多年来，泰勒的科学管理思想仍然发挥着巨大的作用。

2. 泰勒的三个主要实验

（1）金属切削试验

1898—1901 年，泰勒受雇于伯利恒钢铁公司（Bethlehem Steel Company），为了解决工人的怠工问题，泰勒进行了金属切削试验。他自己具备一些金属切削的作业知识，于是他对车床的效率问题进行了研究。在用车床、钻床、刨床等工作时，要决定用什么样的刀具、多大的速度等来获得最佳的加工效率。金属切削试验前后共花了 26 个月的时间，实验三万多次，耗费 80 万吨钢材和 15 万美元。最后在巴斯和怀特等十几名专家的帮助下，取得了重大进展。这项试验还获得了一个重要的副产品——高速钢的发明并取得了专利。

试验结果发现了能大大提高金属切削机工产量的高速工具钢，并取得了各种机床适当的转速和进刀量以及切削用量标准等资料。

（2）搬运生铁块试验

1898 年，泰勒在伯利恒钢铁厂开始他的实验。这个工厂的原材料是由一组记日工搬运的，工人每天挣 1.15 美元，这在当时是标准工资，每天搬运的铁块重量有 12～13 吨，对工人的奖励和惩罚的方法就是找工人谈话或者开除，有时也可以选拔一些较好的工人到车间里做等级工，并且可得到略高的工资。后来泰勒观察研究了 75 名工人，从中挑出了 4 个工人，又对 4 个工人进行了研究，调查了他们的背景、习惯和抱负，最后挑了一个叫施密特的人，这个人非常爱财并且很小气。泰勒要求这个人按照新的要求工作，每天给他

1.85 美元的报酬。通过仔细的研究，使其转换各种工作因素，来观察他们对生产效率的影响。例如，有时工人弯腰搬运，有时他们又直腰搬运，后来他又观察了行走的速度，持握的位置和其他的变量。通过长时间的观察试验，并把劳动时间和休息时间很好地搭配起来，工人每天的工作量可以提高到 47 吨，同时并不会感到太疲劳。他也采用了计件工资制，工人每天搬运量达到 47 吨后，工资也升到 1.85 美元。这样施密特开始工作后，第一天很早就搬完了 47.5 吨，拿到了 1.85 美元的工资。于是其他工人也渐渐按照这种方法来搬运了，劳动生产率提高了很多。

（3）铁锹试验

铁锹试验是泰勒在伯利恒钢铁厂期间做的另外一个著名实验。早先工厂里工人干活是自己带铲子。铲子的大小也就各不相同，而且铲不同的原料时用的都是相同的工具，那么在铲煤沙时重量如果合适的话，在铲铁砂时就过重了。泰勒研究发现每个工人的平均负荷是 21 磅，后来他就不让工人自己带工具了，而是准备了一些不同的铲子，每种铲子只适合铲特定的物料，这不仅使工人的每铲负荷都达到了 21 磅，也是为了让不同的铲子适合不同的情况。为此他还建立了一间大库房，里面存放各种工具，每种工具的负重都是 21 磅。同时他还设计了一种有两种标号的卡片，一张说明工人在工具房所领到的工具和该在什么地方干活，另一张说明他前一天的工作情况，上面记载着干活的收入。工人取得白色纸卡片时，说明工作良好，取得黄色纸卡片时就意味着要加油了，否则的话就要被调离。将不同的工具分给不同的工人，就要进行事先的计划，要有人对这项工作专门负责，需要增加管理人员，但是尽管这样，工厂也是受益很大的，据说这一项变革可为工厂每年节约 8 万美元。①

泰勒因这项实验提出了新的构想：将实验的手段引进经营管理领域，计划和执行分离、标准化管理、人尽其才、物尽其用，这是提高效率的最好办法。

金属切削试验、搬运生铁块试验、铁锹试验为他的科学管理思想奠定了坚实的基础，使管理成了一门真正的科学，这对以后管理学理论的成熟和发展起到了非常大的推动作用。

3. 科学管理的主要内容

（1）工作定额：通过科学的观察、记录和分析，致力于"时间动作研究"，探讨提高劳动生产率的最佳方法，制定出合理的日工作量。

（2）能力与工作相匹配：挑选和培训一流的工人。所谓一流的工人，是指适合某种工作并且愿意努力工作的工人。

（3）标准化：使工人掌握标准化的操作方法，使用标准化的工具、机器和材料，在标准化的工作环境中操作。

（4）差别计件工资制：采用刺激性的工资报酬制度激励工人努力工作。完成任务正常报酬，未达到标准低酬，超标准高酬，根据工作表现衡量等基本措施实现。

（5）计划职能与执行职能相分离：以科学工作方法取代经验工作方法。

（6）管理控制中实行例外原则：即日常事务授权部下负责，管理人员只对例外事项或重大事项保留处置权。

---

① 张守纪．泰罗的"铁锹试验"［J］．《企业改革与管理》，1998 年（4）．

4. 对科学管理理论的评价

（1）创新性

泰勒的科学管理思想，奠定了现代管理理论的基础。现代管理科学学派可以说是科学管理思想的必然延伸，对现代管理理论产生了巨大的影响。

①首先采用实验方法确定管理问题，开创实证式管理研究先河。

②开创单个或局部工作流程的分析，为流程过程管理学奠定了基础。

③率先提出工作标准化的思想，是标准化管理的创始人。

④将管理者和被管理者的工作区分开来，使管理首次被视为一门可独立研究的科学。

⑤首次提出管理转变必须考虑人性。

（2）局限性

①科学管理理论的一个基本的假设就是，人是"经济人"。在泰勒和他的追随者看来，人最为关心的是自己的经济利益，企业家的目的是获取最大限度的利润，工人的目的是获取最大限度的工资收入，只要使人获得经济利益，他就愿意配合管理者挖掘出他自身最大的潜能。这种人性假设是片面的，因为人的动机是多方面的，既有经济动机，也有许多社会和心理方面的动机。

②科学管理理论的诸项原则在实际推行过程中，并没有得到很好的贯彻。科学管理的本意是应用动作研究和工时研究的方法来进行分析，以便发现和应用提高劳动生产率的规律，但很多企业的工时研究没有建立在科学的基础上，往往受到企业主和研究人员主观判断的影响，由此确定的作业标准反映了企业主追求利润的意图，为工人确定的工资率也是不公正的。此外，泰勒主张的职能工长制和差别计件工资制，也没有得到广泛的应用。

③泰勒对工会采取怀疑和排斥的态度。在他看来，工会的哲理和科学管理的哲理是水火不相容的，工会通过使工人和管理部门不和，加紧进行对抗和鼓励对抗，而科学管理则鼓励提倡利益的一致性。所以泰勒认为，如果工人参加工会，组织起来，就容易发生共谋怠工的情况。但实际上，在通过工时研究和动作研究来确定作业标准和定额以及工资时，如果没有工会的参与，很难建立起真正协调的劳资关系。

（二）法约尔的一般管理理论

1. 法约尔的生平

亨利·法约尔（Henri Fayol，1841年7月29日—1925年12月），法国人，管理实践家、管理学家、地质学家、国务活动家，被后人尊称为"管理理论之父"，古典管理理论的主要代表人之一，也为管理过程学派的创始人。

1841年7月29日，出身于法国君士坦丁堡的一个富裕的小资产阶级家庭。1860年，法约尔毕业于圣艾蒂安国立矿业学院，同年进入高芒特里——福尔尚布德，任矿井工程师。1886年，任该矿井的管理人员。1888年，在该公司濒临破产时，被提升为公司总经理，经过他出色的管理，到1918年他退休时，该公司已在财务和经营上立于不败之地。他曾担任过法国陆军大学和海军学校的管理学教授，在邮政机关做过管理调查。1918年退休后，创立了管理研究中心，并亲自担任领导，该组织对法国企业、陆军和海军的管理有很大影响。

法约尔的研究则主要从"办公桌前的总经理"出发的，以企业整体作为研究对象。他认为，管理理论是指"有关管理的、得到普遍承认的理论，是经过普遍经验检验并得到论证的一套有关原则、标准、方法、程序等内容的完整体系"；有关管理的理论和方法不仅适用于公私企业，也适用于军政机关和社会团体。这正是其一般管理理论的基石。1908年，法约尔为矿业学会 50 周年纪念大会，发表论文《论管理的一般原则》，并提出管理的 14 项原则。1916 年，在《矿业学会公报》第 3 期刊物上发表《工业管理与一般管理》，提出"管理的要素"，该著作标志着一般管理理论的形成。

2. 一般管理理论的主要内容

法约尔在泰勒的科学管理理论的基础上，进一步充实和明确了管理的概念。他认为经营和管理是两个不同的概念，将两者进行了区分，管理只是企业经营活动的一部分，提出了企业的 6 项基本活动和管理的 5 项基本职能。

（1）企业的六项基本活动包括：
①技术活动（生产、加工、制造）；
②商业活动（购买、销售、交换）；
③财务活动（筹集和有效利用资本）；
④安全活动（保护财产和人员）；
⑤会计活动（财产清点、资产负债表、成本和统计等）；
⑥管理活动（计划、组织、指挥、协调和控制）。

（2）管理的五项基本职能

法约尔将管理活动分为计划、组织、指挥、协调和控制五大管理职能，并进行了相应的分析和讨论。

管理的五大职能并不是企业管理者个人的责任，它同企业经营的其他五大活动（除管理活动）一样，是一种分配于领导人与整个组织成员之间的工作。

3. 管理的 14 项原则

亨利·法约尔根据自己长期的经验提出了一般管理的 14 项原则，管理的 14 项原则的提出标志着其管理理论的形成。

（1）劳动分工：劳动分工是合理使用个人力量和集体力量的最好办法。
（2）权力与责任：权力和责任之间存在着一种因果关系。
（3）纪律：纪律是由领导者决定的，无论是哪个社会组织，纪律状况都取决于领导者的道德状况。
（4）统一指挥：统一指挥是指一个下属只应接受一个领导者的命令。
（5）统一领导：为了力求达到同一目的的全部活动，只能有一个领导人和一项计划。
（6）个人利益服从集体利益：在一个企业里，一个人或一些人的利益不能置于企业利益之上，个人利益必须服从集体利益。
（7）人员的报酬：人员的报酬是其服务的价格，应该合理，并尽量使企业同其所属人员（雇主和雇员）都满意。
（8）集中：该原则主要讨论集权和分权的问题。
（9）等级制度：等级制度就是从最高权力机构直至底层管理人员的领导序列。
（10）秩序：组织的秩序意味着在组织中的每一个人和每一种物都有一个位置，并且有一个恰当的位置，包括物的秩序和人的秩序。
（11）公平：公平是由善意与公道产生的，公道是实现已订立的协定。
（12）人员的稳定：企业管理人员的稳定尤其重要。
（13）首创精神：首创精神是指人们在工作中的主动性和创造性，是组织充满生气和活力的保证。

（14）团结精神：全体人员的团结是企业的巨大力量，为了实现团结，管理人员应避免使用可能导致分裂的分而治之的方法。

上述14项原则总的来看，都围绕一个中心，即社会组织或社会机构的设计和运行问题。社会组织的框架如何设计，首先要看如何分工，因此，明确劳动分工原则是设计组织结构的前提条件。把劳动分工加以具体化，就是要明确规定各个管理人员的权责范围，因此权力与责任原则又是劳动分工原则的发展和落实。等级制度、统一指挥、统一领导和集中等原则都是维护社会组织健康运行的必要条件。人员的报酬、公平、首创精神、团结精神等原则则是保证和提高组织发展的内部动力所必需的物质条件和精神条件。总之，把这14项原则联系起来，全面贯彻下去，才能保证社会组织合理地建立和顺利地运行。亨利·法约尔还认为，这些原则并不是固定不变的，而是灵活的，在管理上没有什么绝对死板的东西，只有尺度问题。①

4. 对一般管理理论的评价

（1）贡献

法约尔提出的一般管理原则与职能实际上奠定了以后在20世纪50年代兴起的管理过程研究的基本理论基础，许多管理论著在某种程度上可直接追溯到一般管理理论的研究。法约尔提出一般管理理论迄今已近百年，但经久不衰，至今仍有相当大的影响力，对现代管理仍然具有现实的指导意义。这主要是因为：

第一，法约尔对现代管理学研究提出了总框架，对管理内涵的概括体现了全局性和战略性的特点。直到现在，管理学教材内容安排在很大程度上都基本遵循他的理论构架。

第二，法约尔把管理同其他容易混淆的术语区分开来，更加体现了管理的独立性和专业性，这对管理者正确理解自己的特殊职业含义很重要。

第三，法约尔提出的14项原则至今仍然是规范现代管理活动的重要准则。

第四，法约尔澄清了高层管理中的混乱思想，给高层管理者提出了应注意的方面。

（2）局限性

法约尔的一般管理理论的局限性主要在于他的管理原则缺乏弹性，以至于有时实际管理工作者无法完全遵守。

以统一指挥原则为例，法约尔认为，不论什么工作，一个下属只能接受唯一一个上级的命令，并把这一原则当成一条定律。这和劳动分工原则可能发生矛盾。因为根据劳动分工原则，应将各种工作按专业化进行分工，才有助于提高效率，当某一层次的管理人员制定决策的时候，他就要考虑来自各个专业部门的意见或指示，但这是统一指挥原则所不允许的。例如，某一分厂的会计人员，在组织上隶属于这个分厂，按照统一指挥原则，总厂财务部门必然无法指挥分厂的会计人员。

管理思考

现今企业在管理上仍然用得上法约尔的14项原则吗？为什么？

---

① 方振邦．管理思想百年脉络：影响世界管理进程的百名大师［M］．北京：中国人民大学出版社，2012：32－37．

(三) 韦伯的行政组织理论

1. 韦伯的生平

马克斯·韦伯（德语：Max Weber, 1864—1920），德国著名社会学家、政治学家、经济学家、哲学家，是现代一位最具生命力和影响力的思想家。韦伯同泰勒和法约尔处于同一历史时期，并且对西方古典管理理论的确立做出杰出贡献，是公认的古典社会学理论和公共行政学最重要的创始人之一，被后世称为"组织理论之父"。

韦伯从小受过良好的教育，对社会学、宗教、经济学与政治学有着广泛的兴趣，这对他以后从事组织理论的研究工作打下了良好基础。他先后担任过大学教授、主编等工作。韦伯行政组织理论产生的历史背景，正是德国企业从小规模世袭管理，到大规模专业管理转变的关键时期，他的主要著作有《新教伦理与资本主义精神》《一般经济史》《社会和经济组织的理论》等，其中官僚组织模式（Bureaucratic Model）的理论（行政组织理论），对后世产生了最为深远的影响。有人甚至将他与杜克海姆、马克思奉为社会学的三位"现世神明"。

2. 理想的行政组织体系理论的基础

韦伯认为，任何组织都必须以某种形式的权力作为基础，没有某种形式的权力，任何组织都不能达到自己的目标。通过研究，韦伯归纳出人类社会存在三种为社会所接受的权力：

（1）传统权力：传统惯例或世袭得来；

（2）超凡权力：来源于别人的崇拜与追随；

（3）法定权力：理性——法律规定的权力。

对于传统权力，韦伯认为：人们对其服从是因为领袖人物占据着传统所支持的权力地位，同时，领袖人物也受着传统的制约。但是，人们对传统权力的服从并不是以与个人无关的秩序为依据，而是在习惯义务领域内的个人忠诚。领导人的作用似乎只为了维护传统，因而效率较低，不宜作为行政组织体系的基础。

而超凡权力的合法性，完全依靠对于领袖人物的信仰，他必须以不断的奇迹和英雄之举赢得追随者，超凡权力过于带有感情色彩并且是非理性的，不是依据规章制度，而是依据神秘的启示。所以，超凡的权力形式也不宜作为行政组织体系的基础。

韦伯认为，只有法定权力才能作为行政组织体系的基础，其最根本的特征在于它提供了慎重的公正。原因在于：第一，管理的连续性使管理活动必须有秩序地进行；第二，以"能"为本的择人方式提供了理性基础；第三，领导者的权力并非无限，应受到约束。

3. 理想的行政组织体系的特征

有了适合于行政组织体系的权力基础，韦伯勾画出理想的行政组织体系具有下列特征：

（1）组织中的人员应有固定和正式的职责并依法行使职权。组织是根据合法程序制定的，应有其明确目标，并靠着这一套完整的法规制度，组织与规范成员的行为，以期有效地追求与达到组织的目标。

（2）组织的结构是一层层控制的体系。在组织内，按照地位的高低规定成员间命令与服从的关系。

（3）人与工作的关系。成员间的关系只有对事的关系而无对人的关系。

（4）成员的选用与保障。每一职位根据其资格限制（资历或学历），按自由契约原则，经公开考试合格予以使用，务求人尽其才。

（5）专业分工与技术训练。对成员进行合理分工并明确每人的工作范围及权责，然后通过技术培训来提高工作效率。

（6）成员的工资及升迁。按职位支付薪金，并建立奖惩与升迁制度，使成员安心工作，培养其事业心。

韦伯认为，凡具有上述6项特征的组织，可使组织表现出高度的理性化，其成员的工作行为也能达到预期的效果，组织目标也能顺利地达成。

4. 对行政组织理论的评价

（1）韦伯当初对权力的分析对我们今天仍然具有一定的启发意义。可以看出，一些民营企业在发展到一定程度以后，就很难跳过一个关隘。当然这可能有各种原因，但一个比较普遍的现象就是，当发展到一定规模以后，这些民营企业家不能及时地使自己的管理制度化，还是过度地依赖个人的权力，依赖过去的传统或者超凡的权力来进行管理，而这种传统的或者超凡的权力相对来讲，是不具有连续性的。要使企业能够具有连续性，就必须以职权为基础。

（2）韦伯对理想的行政组织体系的描绘，为行政组织指明了一条制度化的组织准则，这是他在管理思想上的最大贡献。

韦伯的理想行政组织体系模式与我们今天的行政机构是否一样？为什么？

 任务二　行为科学理论

"现在的年轻人可了不得！那天因为工作中的失误，我批评了一个刚进公司的90后员工，没想到他和我当场吵了起来，第二天就辞职了，说在公司内从未得到过成就感，顿时让我无语了。他为我工作，我支付他薪水，这难道不是成就感吗？"一位企业老总向《中国青年报》记者抱怨。

北京盛心阳光咨询有限公司资深EAP（员工帮助计划）专家梁朝晖告诉《中国青年报》记者，虽然不能得到具体的数据，但是公司内每年都要挽救一二十个因工作问题而选择自杀的年轻人。"很多时候年轻人晚上思考职场困惑睡不着，在下半夜拨打了EAP热线，甚至他就站在天台上，向我们寻求帮助"。

85后、90后的心理健康不仅关乎个人的成长，同时直接影响着企业的发展，如何让这一批员工在工作中获得成就感，或是调整员工因裁员、换岗等带来的心理不适，成为企业新的挑战。

任务分析

面对越来越快的生活节奏和越来越大的工作压力，很多刚从校园出来的新员工不适应企业的文化，经常与前辈发生口角，或者不适应工作强度和节奏，动不动就把"辞职"挂在嘴边。这个时候，企业可以尝试从员工角度考虑，改变思维的解决问题方式。人力资源部有关负责人在处理一起辞退事件时不一定选择硬来，可以与员工进行约谈，帮助员工进行分析，如果继续留在岗位的好处，同时提升员工再就业的竞争力，对比辞职方式或者提出赔偿条件，最终得到了完美解决。

管理知识

一、梅奥与霍桑实验

霍桑实验

（一）梅奥的生平

乔治·埃尔顿·梅奥（1880—1949），美国管理学家，原籍澳大利亚，早期的行为科学——人际关系学说的创始人，美国艺术与科学院院士。他出生在澳大利亚的阿得雷德，20岁时在澳大利亚阿福雷德大学获得逻辑学和哲学硕士学位，应聘至昆士兰大学讲授逻辑学、伦理学和哲学。

1922年在洛克菲勒基金会的资助下，埃尔顿·梅奥移居美国，在宾夕法尼亚大学沃顿管理学院任教。其间，埃尔顿·梅奥曾从心理学角度解释产业工人的行为，认为影响因素是多重的，没有一个单独的要素能够起决定性作用，这成为他后来将组织归纳为社会系统的理论基础。1923年，埃尔顿·梅奥在费城附近一家纺织厂就车间工作条件对工人的流动率、生产率的影响进行实验研究。1926年，他进入哈佛大学工商管理学院专事工业研究。梅奥亲自参与并指导了霍桑实验，总结了几个适应的初步成果，并于1933年出版了代表作《工业文明的人类问题》。在该书中，梅奥阐述了人际关系学说的主要思想，从而为提高生产效率开辟了新途径。

（二）霍桑实验

霍桑工厂所属西方电气公司，是一个制造电话交换机的工厂，具有较完善的娱乐设施、医疗制度和养老金制度，但工人们仍愤愤不平，生产成绩很不理想。为找出原因，美国国家研究委员会组织研究小组赴霍桑工厂开展实验研究，这项研究被称为"霍桑实验"。研究从1924年开始，但未取得实质性进展，直到1927年梅奥和哈佛大学的同事应邀参加霍桑实验和研究才有了突破性进展。

在人际关系学派以前，各种管理理论主要强调管理的科学性和严密性，轻视人的作用，把工人看作机器的附属品。霍桑实验是一项以科学管理的逻辑为基础的实验，整个实验前后经过了四个阶段，由四个实验组成。

1. 照明实验（1924—1927）

当时关于生产效率的理论占统治地位的是劳动医学的观点，认为也许影响工人生产效率的是疲劳和单调感等，于是当时的实验假设便是"提高照明度有助于减少疲劳，使生产效率提高"。可是经过两年多实验发现，照明度的改变对生产效率并无影响。具体结果是：当实验组照明度增大时，实验组和控制组都增产；当实验组照明度减弱时，两组依然都增产，甚至实验组的照明度减至0.06烛光时，其产量亦无明显下降；直至照明减至如月光一般、实在看不清时，产量才急剧降下来。研究人员面对此结果感到茫然，失去了信心。

从1927年起，以梅奥教授为首的一批哈佛大学心理学工作者将实验工作接管下来，继续进行。

2. 福利实验（1927—1929）

福利实验是继电器装配测试室研究的一个阶段，实验目的总的来说是查明福利待遇的变换与生产效率的关系。但经过两年多的实验发现，不管福利待遇如何改变（包括工资支付办法的改变、优惠措施的增减、休息时间的增减等），都不影响产量的持续上升，甚至工人自己对生产效率提高的原因也说不清楚。

霍桑效应有多可怕？

后经进一步的分析发现，导致生产效率上升的主要原因有以下两个方面：

（1）参加实验的光荣感。实验开始时6名参加实验的女工曾被召进部长办公室谈话，她们认为这是莫大的荣誉。这说明被重视的自豪感对人的积极性有明显的促进作用。

（2）成员间良好的相互关系。

3. 大规模访谈实验（1928—1931）

研究者在工厂中开始了访谈计划。此计划的最初想法是要工人就管理当局的规划和政策、工头的态度和工作条件等问题作出回答，但这种规定好的访谈计划在进行过程中却大出意料之外，得到意想不到的效果。工人想就工作提纲以外的事情进行交谈，他们认为重要的事情并不是公司或调查者认为意义重大的那些事。访谈者了解到这一点，及时把访谈计划改为事先不规定内容，每次访谈的平均时间从30分钟延长到1~1.5个小时，多听少说，详细记录工人的不满和意见。访谈计划持续了两年多。工人的产量大幅提高。

工人们长期以来对工厂的各项管理制度和方法存在许多不满，无处发泄，访谈计划的实行恰恰为他们提供了发泄机会。发泄过后心情舒畅，士气提高，使产量得到提高。

4. 继电器绕线组的工作室实验——"群体实验"（1931—1932）

群体实验是银行电汇室研究。梅奥等在这个试验中选择14名男工人在单独的房间里从事绕线、焊接和检验工作。对这个班组实行特殊的工人计件工资制度。

实验者原来设想，实行这套奖励办法会使工人更加努力工作，以便得到更多的报酬。但观察的结果发现，产量只保持在中等水平上，每个工人的日产量平均差不多，而且工人并不如实地报告产量。深入的调查发现，这个班组为了维护他们群体的利益，自发地形成了一些规范。他们约定，谁也不能干得太多，突出自己；谁也不能干得太少，影响全组的产量，并且约法三章，不准向管理当局告密，如有人违反这些规定，轻则挖苦谩骂，重则拳打脚踢。进一步调查发现，工人们之所以维持中等水平的产量，是担心产量提高，管理当局会改变现行奖励制度，或裁减人员，使部分工人失业，或者会使干得慢的伙伴受到惩罚。

这一试验表明，为了维护班组内部的团结，可以放弃物质利益的引诱。由此提出"非正式群体"的概念，认为在正式的组织中存在着自发形成的非正式群体，这种群体有自己特殊的行为规范，对人的行为起着调节和控制作用。同时，加强了内部的协作关系。

二、梅奥人际关系学说主要观点

霍桑实验的研究结果否定了传统管理理论对于人的假设，表明了工人不是被动的、孤立的个体，他们的行为不仅仅受工资的刺激，影响生产效率最重要的因素不是待遇和工作条件，而是工作中的人际关系。据此，梅奥提出了自己的观点：

（一）人是"社会人"而不是"经济人"

梅奥认为，人们的行为并不单纯出自追求金钱的动机，还有社会方面的、心理方面的需要，即追求人与人之间的友情、安全感、归属感和受人尊敬等，而后者更为重要。每一个人都有自己的特点，个体的观点和个性都会影响个人对上级命令的反应和工作的表现。因此，应该把职工当作不同的个体来看待，当作社会人来对待，而不应将其视作无差别的机器或机器的一部分。因此，不能单纯从技术和物质条件着眼，而必须首先从社会心理方面考虑合理的组织与管理。

（二）企业中存在着非正式组织

企业中除了存在着为了实现企业目标而明确规定各成员相互关系和职责范围的正式组织之外，还存在着非正式组织。这种非正式组织的作用在于维护其成员的共同利益，使之免受其内部个别成员的疏忽或外部人员的干涉所造成的损失。为此非正式组织中有自己的核心人物和领袖，有大家共同遵循的观念、价值标准、行为准则和道德规范等。

梅奥认为任何一个机构里，在正式的法定关系掩盖下都存在着大量非正式群体构成的更为复杂的社会关系体系。非正式组织对于生产效率，工作满意度都具有强大的影响。无论正式的还是非正式的组织系统，对于一个团体的活动都是不可或缺的。

（三）新的领导能力在于提高工人的满意度

在决定劳动生产率的诸因素中，置于首位的因素是工人的满意度，而生产条件、工资报酬只是第二位的。职工的满意度越高，其士气就越高，从而生产效率就越高。高的满意度来源于工人个人需求的有效满足，不仅包括物质需求，还包括精神需求。

三、对人际关系学说的主要评价

（一）创新性

霍桑试验对古典管理理论进行了大胆的突破，第一次把管理研究的重点从工作上和从物的因素上转到人的因素上来，不仅在理论上对古典管理理论作了修正和补充，开辟了管理研究的新理论，还为现代行为科学的发展奠定了基础，而且对管理实践产生了深远的影响。

1. 强调改变对工人的态度和监督方式。
2. 提倡下级参与企业的各类决策，改善企业内部人际关系，提高士气。
3. 设立意见箱，鼓励上下级之间进行意见交流。
4. 重视和具有管理干部自身的人际关系及协调人际关系的能力。
5. 重视、利用和倡导各种非正式组织。

（二）局限性

1. 过分强调非正式组织的作用。
2. 过多强调感情的作用，似乎员工的行动主要受感情和关系的支配。
3. 过分否定经济报酬、工作条件、外部监督和作业标准的影响。

四、行为科学理论

行为科学理论的发展初期被称为"人际关系"学说，后期才被称作"行为科学"。该学说主要是对工人在生产中的行为以及这些行为产生的原因进行分析。其研究内容包括人的本性、需要、行为、动机，特别是生产中的人际关系等方面。

现行的行为科学管理理论主要包括以下四个问题：

①人性假设是行为科学管理理论的出发点。其中各个时期、管理者对管理对象的认识可以分为六种基本类型：工具人假设，经济人假设，社会人假设，自我实现人假设，复杂人假设，决策人假设。

②激励理论是行为科学的核心内容，具体而言，从需要层次理论、行为改造理论、过程分析理论三个方面进行的。

③群体行为理论是行为科学管理理论的重要支柱，掌握群体心理是研究群体行为的重要组成部分。

④领导行为理论是行为科学管理理论的重要组成部分，包括对领导者的素质、领导行为、领导本体类型、领导方式等方面的研究。

 任务三　现代管理理论

 管理情境

海尔以人单合一模式创物联网生态品牌

2018年5月6日，第二届世界智能大会在天津举行。本届大会以"智能时代：新进展、新趋势、新举措"为主题。海尔集团董事局主席、CEO张瑞敏发表了主题为"海尔以人单合一模式创物联网生态品牌"的演讲。

张瑞敏以引领的模式、引领的标准和引领的品牌三个重点谈了人单合一模式，他举例说，我们过去的模式主要学习西方和日本，但是他们的理论已经不适合今天了，福特说要把每辆车的售价降到500美元以下，他是大规模制造，但我们现在要的是大规模定制，他的理论过时了，他还指出，人单合一的管理模式可以概括为组织的颠覆和薪酬的颠覆。

而薪酬则是以用户价值为导向，如果这个团队没有产生用户价值，没有市场，那他就可以解散了，但如果做得好，薪酬就会提升，因为薪酬是员工的原动力。

在张瑞敏看来，他们的"人单合一"模式已经被越来越多的西方学者和企业们接受和学习，这个模式正在帮助中小企业转型升级，而且海尔参与各项标准的制定，此外，这个模式是以用户为中心的，比如"不入库率"，海尔的很多产品生产出来都不需要入库，就直接被送到用户手上，这是很多企业做不到的。

关于品牌引领，人单合一模式之下，应运而生的是生态品牌，张瑞敏指出，一般的品牌是边际效益递减，而生态品牌是要实现逆向的生态品牌递增。他将品牌分为三大类：传统品牌、互联网平台品牌和物联网生态品牌。传统品牌又分为品牌企业和为品牌代工的企业，互联网品牌分为拥有平台的企业和被平台拥有的企业，而生态品牌是不断进化的，借用美国最有名的预言家凯文·凯利的话："所有的公司都难逃一死，所有的城市都近乎不朽"。就像他所说的，做生态品牌的企业就要不断进化、优化，像是热带雨林一样。生态内的事物有增有减，生态内的环境日新月异，而整个生态在不断扩大不断进化，这就是物联网品牌的生生不息。他认为未来不能复制的产品是最有价值的，而不能复制的东西是"用户信任"，这将是对生态系统的考验。

最后，他认为企业一定要与时俱进，不断地颠覆自己，找到最合适的模式进行发展，让中国企业引领全球企业。

（案例来源：张瑞敏：西方模式已过时，他们在学海尔的"人单合一"＿网易科技 https://tech.163.com/18/0516/15/DHUHI59400098IEO.html）

请思考：面对竞争日益激烈的国际环境，中国的企业要想走出国门，需要掌握哪些知识？

任务分析

中国企业要走出国门，就一定要抱着与时俱进的态度，尊重对方国家文化习俗，同时不忘以消费者需求为目标，注重知识产权保护、不断创新技术技能，不断学习、拓展眼界，以一个负责任有担当的企业形态参与到国际市场竞争中，才能立于不败之地。

管理知识

一、管理理论"丛林"

（一）管理过程学派

管理过程学派又叫管理职能学派或经营管理学派。这个学派在西方是继古典管理理论学派和行为科学学派之后影响最大、历史最久的一个学派。古典管理理论的代表人物之一法约尔就是这个学派的创始人，这个学派后来经美国的管理学家哈罗德·孔茨等的发扬光大，成为现代管理理论丛林中的一个主流学派。

管理过程学派是以管理的职能及其发挥作用的过程为研究对象，认为管理就是通过别人或同别人一起完成工作的过程。管理过程与管理职能是分不开的，管理的过程也就是管理的诸职能发挥作用的过程。以这一认识为出发点，管理过程学派试图通过对管理过程或管理职能的研究，把管理的概念、原则、理论和方法加以理性概括，从而形成一种"一般性"的管理理论。在研究方法上，这一学派一般是首先把管理人员的工作划分为各种职能，然后对这些职能进行分析研究，并结合管理实践探索管理的基本规律和原则。管理过程学派认为，运用这种研究方法，可把管理工作的一切主要方面加以理论的概括，从而建立起可指导管理实践的管理理论。[1]

（二）经验主义学派

经验主义学派又称为经理主义学派，是研究实际管理工作者的管理经验教训和企业管理的实际经验，强调用比较的方法来研究和概括管理经验的管理学派。创始人是彼得·德

---

[1] 郭咸纲. 西方管理思想史；世界图书出版公司北京公司/后浪出版咨询（北京）有限责任公司，2010.

鲁克，代表人物有欧内斯特·戴尔、艾尔弗雷德·斯隆等。

这一学派认为，古典管理理论和行为科学都不能完全适应企业发展的实际需要。有关企业管理的科学应该从企业管理的实际出发，以大企业的管理经验为主要研究对象，以便在一定的情况下把这些经验加以概括和理论化，把实践放在第一位，以适用为主要目的。对实践经验高度总结是经验主义学派的主要特点。

（三）系统管理学派

社会系统学派的代表人物巴纳德最早提出了协作系统的概念，并指出管理的职能就在于保持组织同外部环境的平衡。在20世纪30年代，福莱特也明确地提出了管理的整体性思想，他把企业组织视为一个不断运动着的统一整体，指出管理必须着眼于整体内部的协调。此后，管理科学学派也把系统分析作为一种基本方法用于解决某些工程项目的规划和复杂管理问题的决策。但是，应用一般系统理论建立一种管理理论并形成为一个学派，则是20世纪60年代的事情。

（四）决策理论学派

决策理论学派是在第二次世界大战之后发展起来的，以社会系统论为基础，吸收了行为科学和系统论的观点，运用电子计算机技术和统筹学的方法而新兴的一门管理学派。

决策理论的主要内容有以下几个方面：

1. 管理就是决策。组织中经理人员的重要职能就是作决策。任何作业开始之前都要先做决策，制订计划就是决策，组织、领导和控制也都离不开决策。

2. 系统阐述了决策原理。决策过程包括四个阶段：收集情况阶段，拟订计划阶段，选定计划阶段，评价计划阶段。这四个阶段中的每一个阶段本身就是一个复杂的决策过程。

3. 在决策标准上，用"令人满意"的准则代替"最优化"准则。以往的管理学家往往把人看成是以"绝对的理性"为指导，按最优化准则行动的理性人。"管理人"假设代替"理性人"假设，"管理人"不考虑一切可能的复杂情况，只考虑与问题有关的情况，采用"令人满意"的决策准则，从而可以做出令人满意的决策。

4. 一个组织的决策根据其活动是否反复出现可分为程序化决策和非程序决策。经常性的活动的决策应程序化以降低决策过程的成本，只有非经常性的活动，才需要进行非程序化的决策。

（五）管理科学学派

管理科学学派又称为数量学派，是第二次世界大战时兴起的，将数学引入管理领域，运用科学的计量方法来研究和解决管理问题，使管理问题的研究由定性分析发展为定量分析的管理学派。该学派正式成立于1939年由英国曼切斯特大学教授布莱克特领导的运筹学小组，代表人物有埃尔伍德·斯潘赛·伯法，霍勒斯卡·文森，希尔。

从管理科学的名称来看，似乎它是关于管理的科学。其实，它主要不是探求有关管理的原理和原则，而是依据科学的方法和客观的事实来解决管理问题，并且按照最优化的标准为管理者提供决策方法，设法把科学的原理、方法和工具应用于管理过程，侧重于追求经济和技术上的合理性。

就管理科学的实质而言，它是泰勒的科学管理的继承与发展，因为他们都力图抛弃凭经验、凭主观判断来进行管理，提倡采用科学的方法，探求最有效的工作方法或最优方案，以达到最高的工作效率，以最短的时间、最小的支出，得到最大的效果。不同的是，管理科学的研究，已经突破了操作方法、作业研究的范围，而向整个组织的所有活动方面扩展，要求进行整体性的管理。

（六）人际关系学派

人际关系学派形成于 20 世纪 20 年代。主要代表人物有梅奥、罗特利斯柏格、马斯洛、赫茨伯格等。该学派认为，以前的各种管理理论主要强调管理的科学性和严密性，轻视人的作用，把工人看作机器的附属品。主张重视人的因素，研究人的个体行为和群体行为，强调满足职工的社会需求。

基本观点：①工人是"社会人"，是复杂的社会系统的成员。②企业中除了"正式组织"之外，存在着"非正式组织"。③新型的领导能力表现在通过提高工人的满足度，激励工人的"士气"，从而达到提高劳动生产率的目的。人是社会中的人，他们不仅有追求物质利益的欲望，还有追求人与人之间的友情以及安全、归属等方面的社会和心理欲望。新型的领导能力就是要在"正式组织"的经济需求和工人的"非正式组织"的社会需求之间保持平衡。关于人的代表性的研究主要有马斯洛的"需要层次理论"和赫茨伯格的"双因素理论"。

（七）群体行为学派

群体行为学派形成于 20 世纪 30 年代。最早研究活动是霍桑实验。该学派从人际关系学派中分化出来，两者关系密切，其关心的主要是群体中人的行为，而不是人际关系。主要代表人物有梅奥、卢因、阿吉里斯等。以社会学、人类学和社会心理学为研究基础，提出"团体动力学"概念，强调群体中人的行为，包括小群体的文化和行为方式，以及大群体的行为特点。把大型群体的行为称为"组织行为"。其中"组织"一词被用来表示公司、企业、政府机关、医院以及任何一种事业中一组群体关系的体系和类型。

（八）经理角色学派

经理角色学派形成于 20 世纪 70 年代。主要代表人物为加拿大管理学家明茨伯格。以对经理所担任角色的分析为中心来考察经理的职务和工作，以求提高管理效率。该学派采取的方法是，一方面采用日记的方法对经理的工作活动进行系统的观察记载；另一方面又在观察的过程之中及观察结束以后对经理的工作内容进行分类，从而更深入地了解经理工作的实质。该学派认为，经理要担任十个方面的角色，这十种角色可分为三类：①人际交流方面的角色，包括挂名代表人角色、联络者的角色和领导者的角色；②信息处理方面的角色，包括监督者的角色、传播者的角色和发言人的角色；③决策制定方面的角色，包括企业家的角色、干扰对付者的角色、资源分配者的角色和谈判者的角色。

管理思考

> 请结合自己接触过的实践工作或者所知道的企业，谈谈哪一个学派的理论更适合指导当下企业的发展？为什么？

二、当代管理理论的发展

（一）波特与企业竞争力理论

第二次世界大战以后，随着全球化进程的加快以及科学水平的迅速提高，跨国企业、跨国公司不断地出现，一些国家和地区的经济进入突飞猛进的发展阶段，企业面临着前所未有的环境变化。

1. SOWT 分析框架

在这种环境背景下，20 世纪 60 年代，钱德勒、安索夫、安德鲁、克里斯藤森等著名学者共同开创了企业战略学，安德鲁和克里斯藤森等学者提出的 SWOT 分析框架堪称经典，至今仍是企业战略分析中最常用的工具。

所谓 SWOT 分析，即基于内外部竞争环境和竞争条件下的态势分析，就是将与研究对象密切相关的各种主要内部优势、劣势和外部的机会和威胁等，通过调查列举出来，并依照矩阵形式排列，然后用系统分析的思想，把各种因素相互匹配起来加以分析，从中得出一系列相应的结论，而结论通常带有一定的决策性。

运用这种方法，可以对研究对象所处的情境进行全面、系统、准确的研究，从而根据研究结果制定相应的发展战略、计划以及对策等。

S（strengths）是优势、W（weaknesses）是劣势，O（opportunities）是机会、T（threats）是威胁。按照企业竞争战略的完整概念，战略应是一个企业"能够做的"（组织的强项和弱项）和"可能做的"（环境的机会和威胁）之间的有机组合（图 2-1）。

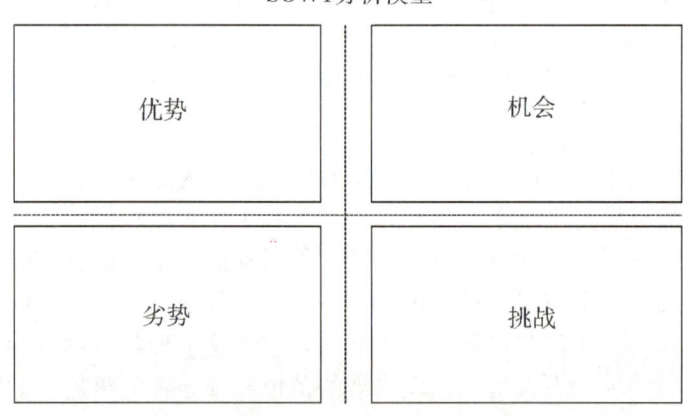

图 2-1　SOWT 模型

2. 波特理论与五力竞争模型

当代战略大师迈克尔·波特秉承 SWOT 分析"内外结合"的思想，丰富了该模型的框架内涵和实用性，通过战略定位、五力模型、砖石模型等理论分析企业外部因素，通过价值链理论分析企业内部因素。波特认为，企业竞争优势虽然是由企业所处产业的状况及其在产业内的位置所决定，但是企业竞争优势的生成是在企业价值链中完成的。

他认为行业中存在着决定竞争规模和程度的五种力量，这五种力量综合起来影响着产业的吸引力以及现有企业的竞争战略决策。五种力量分别为同行业内现有竞争者的竞争能力、潜在竞争者进入的能力、替代品的替代能力、供应商的讨价还价能力与购买者的议价能力（图 2-2）。

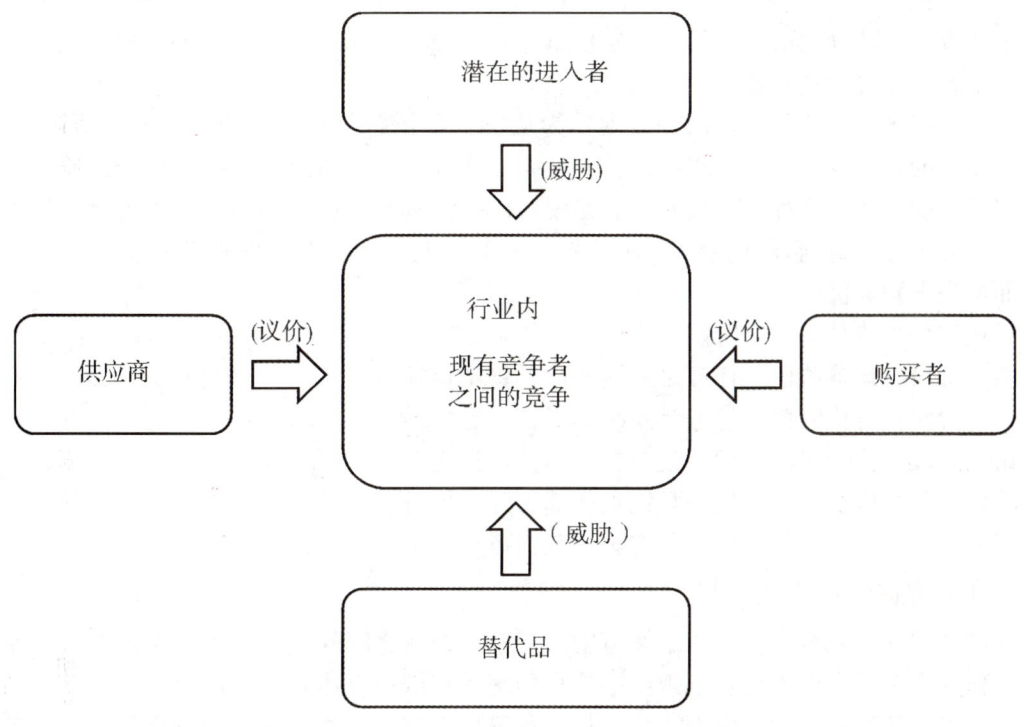

图 2-2　波特五力竞争模型

（二）核心竞争力理论

核心竞争力是指能够为企业带来比较竞争优势的资源，以及资源的配置与整合方式。随着企业资源的变化以及配置与整合效率的提高，企业的核心竞争力也会随之发生变化。凭借着核心竞争力产生的动力，一个企业就有可能在激烈的市场竞争中脱颖而出，使产品和服务的价值在一定时期内得到提升。

在美国学者普拉哈拉德（C. K. Prahalad）和美国学者哈默（G. Hamel）看来，核心竞争力首先应该有助于公司进入不同的市场，它应成为公司扩大经营的能力基础。其次，核心竞争力对创造公司最终产品和服务的顾客价值贡献巨大，它的贡献在于实现顾客最为关注的、核心的、根本的利益，而不仅仅是一些普通的、短期的好处。最后，公司的核心竞争力应该是难以被竞争对手所复制和模仿的。

企业核心竞争力的识别标准有以下四个：

1. 价值性。这种能力首先能很好地实现顾客所看重的价值，如能显著地降低成本，提高产品质量，提高服务效率，增加顾客的效用，从而给企业带来竞争优势。

2. 稀缺性。这种能力必须是稀缺的，只有少数的企业拥有它。

3. 不可替代性。竞争对手无法通过其他能力来替代它，它在为顾客创造价值的过程中具有不可替代的作用。

4. 难以模仿性。核心竞争力还必须是企业所特有的，并且是竞争对手难以模仿的，也就是说它不像材料、机器设备那样能在市场上购买到，而是难以转移或复制。这种难以模仿的能力能为企业带来超过平均水平的利润。

（三）企业流程再造理论

企业流程再造理论由美国的 Michael Hammer 和 Jame Champy 提出，在 20 世纪 90 年代达到了全盛的一种管理思想。

流程设置再造是一种企业活动，内容为从根本重新而彻底地去分析与设计企业程序，并管理相关的企业变革，以追求绩效，并使企业达到戏剧性的成长。流程再造的核心是面向顾客满意度的业务流程，而核心思想是要打破企业按职能设置部门的管理方式，代之以业务流程为中心，重新设计企业管理过程，从整体上确认企业的作业流程，追求全局最优，而不是个别最优。

企业流程再造分为五个阶段：

第一阶段：预备阶段。任务是搭建团队，锁定目标。
第二阶段：自检阶段。任务是系统诊断，判定症结。
第三阶段：设计阶段。任务是营造环境，设计方案。
第四阶段：推行阶段。任务是以点带面，强力推行。
第五阶段：调校阶段。任务是完善规范，持续改进。

（四）虚拟组织与无边界组织

经济全球化促使企业在全球市场范围内竞争，企业之间的关系也由原来的竞争关系转变为合作共赢关系。全球化要求组织必然从传统的官僚行政体系中脱离出来，演变为新的形态。在组织演变过程中，扁平化管理是一种不可逆转的趋势。扁平化管理是企业为解决层级结构的组织形式在现代环境下面临的难题而实施的一种管理模式。当企业规模扩大时，原来的有效办法是增加管理层次，而现在的有效办法是增加管理幅度。当管理层次减少而管理幅度增加时，金字塔状的组织形式就被"压缩"成扁平状的组织形式。当横向的管理幅度达到一定程度，就突破了传统意义上以资产为纽带的组织边界，出现了虚拟组织与无边界组织。

1. 虚拟组织

虚拟组织是一种区别于传统组织的以信息技术为支撑的人机一体化组织。其特征以现代通信技术、信息存储技术、机器智能产品为依托，实现传统组织结构、职能及目标。在形式上，没有固定的地理空间，也没有时间限制。组织成员通过高度自律和高度的价值取向共同实现在团队的共同目标。

2. 无边界组织

无边界组织是指其横向的、纵向的或外部的边界不由某种预先设定的结构所限定或定义的这样一种组织设计。在今天的环境中要最有效的运营，就必须保持灵活性和非结构化。无边界组织力图取缔指挥链，保持合适的管理跨度，以授权的团队取代部门。

（五）学习型组织

1990 年，当代管理大师彼得·圣吉在《第五项修炼——学习型组织的艺术与实务》中，提出"学习型组织"的概念。学习型组织是指通过培养弥漫于整个组织的学习气氛、充分发挥员工的创造性思维能力而建立起来的一种有机的、高度柔性的、扁平的、符合人性的、能持续发展的组织。这正是知识型组织的理想状态，是知识型组织的实践目标，这种组织具有持续学习的能力，具有高于个人绩效总和的综合绩效的效应。

项目小结

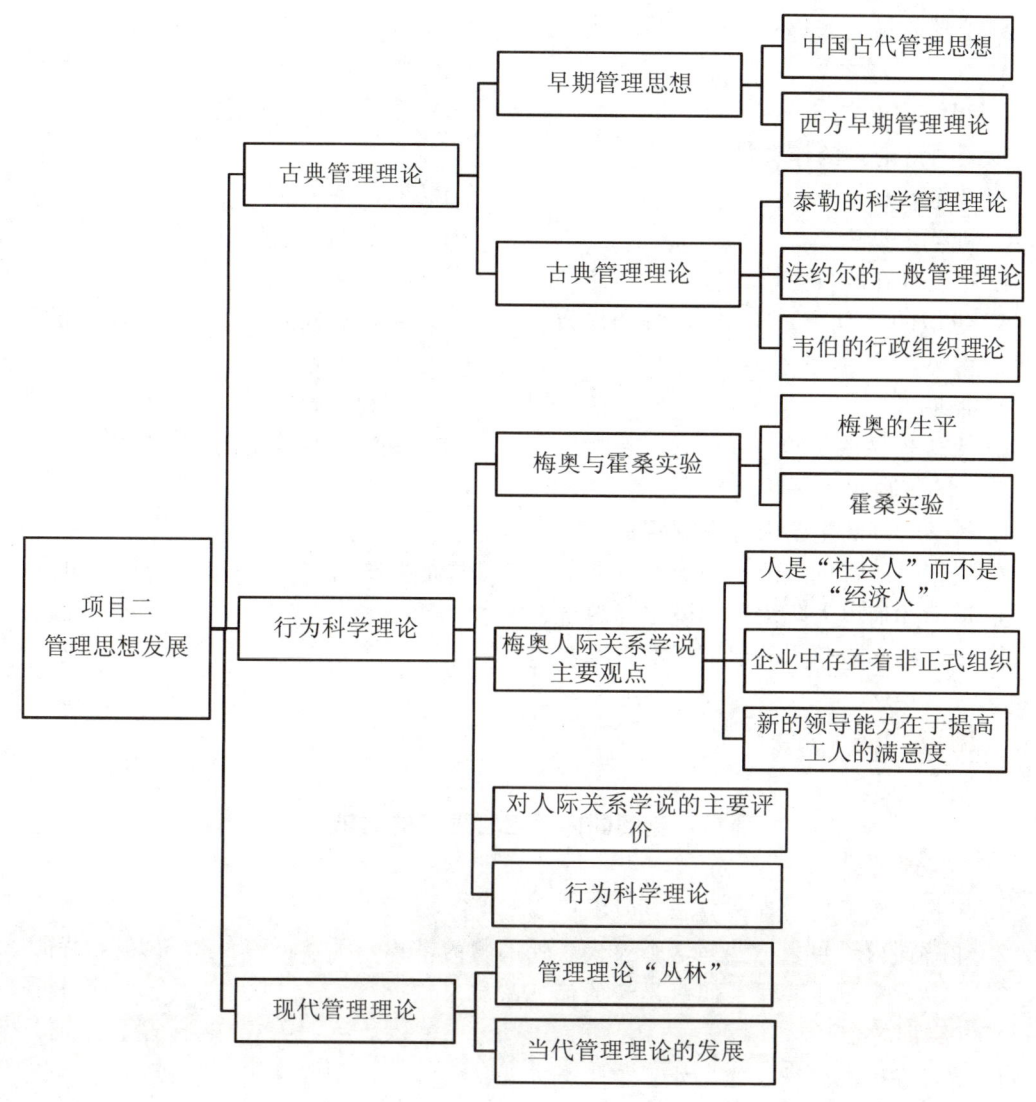

课后习题

一、判断题

1. "三人行,必有我师焉。"是老子说的。(   )
2. 泰勒的科学管理思想,奠定了现代管理理论的基础。(   )
3. 组织中的人员应有固定和正式的职责并依法行使职权。(   )
4. 在工作中,提高照明度有助于减少疲劳,使生产效率显著提高。(   )
5. 行为科学理论的发展初期被称为"人际关系"学说,后期才被称作"行为科学"。(   )
6. SWOT分析可以对市场外潜在进入者进行分析。(   )

二、选择题

1. 泰勒所做的主要几个实验是(　　)。
   A. 金属切削试验　　B. 搬运生铁块试验　　C. 铁锹试验　　D. 照明实验
2. 法约尔被后人尊称为(　　)。
   A. 科学管理之父　　　　　　　　　　B. 管理理论之父
   C. 组织理论之父　　　　　　　　　　D. 现代人事管理之父
3. 《国富论》的作者是(　　)。
   A. 泰勒　　　　　　　　　　　　　　B. 罗伯特·欧文
   C. 亚当·斯密　　　　　　　　　　　D. 查尔斯·巴贝奇
4. 社会存在的权力形式有(　　)。
   A. 组织的权力　　B. 传统的权力　　C. 超凡的权力　　D. 法定的权力
5. 霍桑实验由(　　)组成。
   A. 照明实验　　　　　　　　　　　　B. 福利实验
   C. 大规模访谈实验　　　　　　　　　D. 继电器绕线组的工作室实验

三、简答题

1. 科学管理的主要内容有哪些？
2. 根据一般管理理论，企业的六项基本活动包括哪些内容？
3. 请简述梅奥人际关系学说主要观点。
4. 企业核心竞争力的识别标准有哪些内容？

项目实训

项目：查阅国内著名管理者的文献资料

一、实训目的

1. 掌握文献资料的查阅方法与步骤；
2. 了解国内近年来一些知名企业代表性人物的事迹与贡献；
3. 培养学生勇于实践、积极思考的优良品质。

二、实训内容

1. 学习查阅文献资料的出处、步骤与方法；
2. 学习管理大师们的管理思想与实践精神；
3. 分析管理大师们成功的背景与原因。

三、成果及评价

1. 至少查阅1位国内著名企业管理者的资料，并撰写管理案例。
2. 教师进行评价。

思政园地

案例：中国企业为何可以建立起"文化自信"？

加里·哈默尔曾经多次和张瑞敏论道管理学。两人多次互相表达过对对方的认同。

2016年，加里·哈默尔接受《中欧商业评论》采访时曾提到，海尔的改革重点越来越多地放在每一个员工要能够直接接触用户或者反馈，并且要做出反应上。

很多组织当中，只有一小部分员工是直接面对用户的，而海尔的大多数人都开始接触用户。第二个变化是在海尔小微系统里面，小微企业可以从外部吸引风投，自由度非常高，我觉得这是新的东西。第三是我觉得海尔在建造与用户、与创客合作，吸引全球资源共同协作的平台，这对我来说也是新的发现。这三个发现是最重要的。

实际上，在国际舞台上得到世界管理大师的认可，正在表明，中国企业正在形成管理的"文化自信"。

中国企业之所以会形成"文化自信"，原因在于中国商业环境的变革以及企业的成功实践。

一、任何管理学都是建立在商业实践成功的基础上。

西方经典管理学之所以经典，是因为两次工业革命中诞生了无数成功的制造业企业，这些企业的管理理念滋养了西方经典管理学，但是在如今的商业环境中，中国无论是互联网企业还是制造业企业，显然已经具备了挑战欧美企业的实力，中国企业的管理理念，也应该到了总结的阶段，海尔的"人单合一"仅仅只是其中的一个代表。

二、企业存在的目的不是在于管理，管理的目的不是为了建立一个看起来精致完美的机器。

管理的目的是要推动企业的前进、用户的满意。也正如老话所说的，"不管黑猫白猫，抓到老鼠就是好猫"。在中国的新管理经验下，已经有海尔这类企业成功崛起，这说明中国管理理论同样适合最新商业环境。

三、海尔这类企业的管理理念已经经历了长期验证，是实践中好用、成功的管理，能够激发企业内部的活跃度。

这种方式适合互联网商业环境下的剧烈创新。英国"50大思想家"榜单网站今年10月刊就发了该网站联合创始人斯图尔特·克雷纳题为《变革正在进行》的文章。文章称海尔的模式已经发展出自己的特色，"人单合一"让企业解构成一个自由的、富有创业精神的"蜘蛛网"。在一次巨大的变革中，大批中层管理人员有机会在公司内部成为自身业务的CEO。这催生了数百个小微企业。收入与个人生产的价值直接挂钩。

从这几个维度来看，张瑞敏的"文化自信"也是中国企业在新时代、新环境下的"理论自信"。

思考题：请结合家里所拥有的中国制造产品，谈谈对中国制造企业的认识或者个人印象。

（案例来源：张瑞敏的"文化自信"：用实践挑战西方经典管理理论　https://baijiahao.baidu.com/s?id=1586365409837062510&wfr=spider&for=pc）

项目三
决策与计划

 学习目标

知识目标：
1. 理解决策的含义、分类；
2. 理解计划的含义、性质、类型；
3. 理解目标管理的含义、特点。

能力目标：
1. 培养一定的科学决策能力；
2. 能够运用定性决策和定量决策方法对企业的经营活动进行分析和决策；
3. 掌握计划的编制方法，能够有效制订个人学习和成长计划；
4. 运用目标管理的方法制定切实可行的短期目标。

思政目标：
1. 培养学生具有良好的时间观，养成自律守时的良好习惯；
2. 结合国家发展规划，使学生了解国情，提高社会责任感。

　　不论个人、组织还是国家，一切活动都是为了实现大或小、一个或多个目标，而实现这些目标的途径和方案往往也有多种，这就需要进行选择，其过程就是决策。决策是管理的基础和起点，决策的优劣，直接制约着管理的好坏。决策是计划的前提，计划是决策的逻辑延续。决策为计划的任务安排提供了依据，计划为决策活动的选择提供组织保证。管理者在行使其他管理职能的过程中总会面临决策和计划的问题。决策和计划是其他管理职能的依据。

项目三　决策与计划

本项目包括决策与决策方法、计划与计划编制、目标与目标管理三个任务，这些任务的实施有助于帮助学习者掌握科学决策的方法，有效地编制计划。

任务一　决策与决策方法

 管理情境

某厂从 2010 年以来一直经营生产 A 产品，虽然产品品种单一，但是市场销路一直很好。后来由于政策的暂时调整及客观条件的变化，A 产品完全滞销，企业职工连续半年只能拿 50% 的工资，更谈不上奖金，企业职工怨声载道，积极性受到极大的影响。

新厂长上任后，决心一年改变工厂的面貌。他发现该厂与其他部门合作的环保产品 B 产品是成功的，于是决定下马 A 产品，改产 B 产品。一年过去，企业总算没有亏损，但工厂日子仍然不十分好过。后来市场形势发生了巨大的变化。原来的 A 产品市场脱销，用户纷纷来函来电希望该厂能尽快恢复 A 产品的生产。与此同时，B 产品销路不好。在这种情况下，厂长又回来过头来抓 A 产品，但一时又无法搞上去，无论数量和质量都不能恢复到原来的水平。为此，集团公司领导对该厂厂长很不满意，甚至认为改产是错误的决策，厂长感到很委屈，总是想不通。

请思考：通过这个案例，你得到了什么启示？

 任务分析

企业在其生产、经营的各项活动中，决策是普遍存在的，并起着至关重要的作用，一个好的决策能够救活一家企业，一个差的决策会损害一家企业，一个坏的决策会毁掉一家企业。决策是管理的中心环节，影响着管理各功能的发挥。正确决策是管理者做好企业经营活动的重要组成部分，决策或行为选择是建立在很多的基础之上的，在不同的情况下管理者会做出不同的选择。科学的认识决策，掌握有效决策的方法等对个人、对企业都有着重大意义。

 管理知识

一、决策的含义和特点

（一）决策的含义

在日常的生活和工作中，人人都是决策者。作为个人而言，小到选择一件衣服，大到职业选择等都需要决策；对于企业而言，从人员的配备到权力分配等都需要作出决策；对于管理者而言，计划、组织、领导和控制是管理的职能，而每项职能都要求做出迅速且明确的决定，这些都是决策问题。决策的重要性不言而喻。那什么是决策呢？

决策理论学派的代表人物赫伯特·西蒙教授说："决策是管理的心脏，管理是由一系列决策组成的，管理就是决策。"美国学者亨利·艾伯斯认为："狭义地说，决策是在几种

43

行动方案中做出选择；广义地说，决策还包括在做出选择之前必须进行的一切活动。"我国古代也有"献妙策者，赏银千两"的说法。参考众多学者对决策的理解，本书将决策定义为：决策是指个人或者组织为了解决某一问题或者实现某一目标，根据客观条件，通过调查和研究，在掌握大量有关信息和经验的基础上，采用一定的科学方法和手段，从若干可行方案中选择一种满意方案的分析和判断的过程。

对于这一定义，可以作以下理解：

①决策的主体是组织或个人。

②决策的目的是解决某一问题或者实现某一目标。决策是为了解决某一问题或者实现某一目标而开展的管理活动，没有目标就无从决策，没有问题则无须决策。在决策前，要解决的问题必须十分明确，要实现的目标必须具体。

③决策的条件是要有若干可行性方案供选择。多方案选择是科学决策的重要原则。

④决策是一个过程，是一个确定目标、制订行动方案以及评估、选择方案的一个完整的过程。

（二）决策的特点

根据决策的含义可以看出，决策具有以下特点：

1. 目标性

决策是为了解决某一问题或者实现某一目标。在制订行动方案及对行动方案作出选择前，首先要有明确的目的。如果没有目的或目的性不明，决策就没有方向，往往会导致决策无效甚至失误。

因此，任何组织或个人决策都必须首先确定活动目标。目标是组织或个人在未来特定时限内完成任务或解决问题程度的标志。没有目标，人们就难以拟订未来的活动方案，评价和比较这些方案就没有了标准，对未来活动效果的检查也就失去了依据。

2. 可行性

决策的目的是为了指导组织未来的活动，而组织的任何活动都需要利用一定的人力、财力、物力等资源。因此，决策方案的拟订和选择，不仅要考察采取某种行动的必要性，而且要注意实施这些行动在人、财、物等资源上是不是可行的。只有有充足的人、财、物等资源的支持，在方式、方法上又是合理的，这样的行动方案才是可行的。

3. 选择性

决策过程实际上是一个选择、判断、分析的过程，没有选择就没有决策。而要能有所选择，就必须提供可以相互替代的多种方案。事实上，组织可以通过多种可行方案实现相同的目标，每种可行方案既有其有利的一面，也有其不利的一面。因此，必须对每种备选方案进行综合分析与评价，为方案选择奠定基础。因此，决策必须有两个以上的方案可供选择，如果不存在两个以上方案，或无法制订方案或只有一个可行方案，也就不存在着选择，那就无所谓决策。

4. 满意性

满意原则是针对"最优化决策"而提出来的。从实践角度来讲，任何组织和个人在决策的过程中都是很难做到最优决策的，因为最优决策的前提是完全理性人，即决策者有唯一的决策目标、能够找到所有的可行方案，且能够预知各方案的结果，拥有完全的信息，不受时间和成本的约束等，但实际现实中人是不可能做到完全理性的，是会受到各种资源条件的限制，比如无法收集到所有信息、无法完成利用已收集的有限信息、无法完全准确地预测未来等。因此，科学决策遵循的是满意原则，决策者根据已知信息，加上主观判断，作出相对满意的选择。

5. 过程性

决策是一个确定目标、制订行动方案以及评估、选择方案的完整过程，不是一瞬间的事情。每一项决策，都有大量的活动和工作要做，包括确定目标、收集信息、拟订方案、分析评价和选择等。这是一个逐步开展的过程。

> 决策是出主意还是拿主意？

二、决策的分类

决策涉及组织管理的各个方面，按照不同的标准，从不同的角度考虑，可以将决策分为不同的类型。

（一）按决策的重要程度分类

按决策的重要程度，可以把决策分为战略决策、战术决策和业务决策。

1. 战略决策

战略决策是指确定组织远景规划的全局性、作用大和影响深远的决策，一般多有高层决策者作出，解决的是企业要"干什么"的问题，例如国家长期发展规划、企业营销战略、产品开发战略、技术改造和引进，组织机构改革等。其特点是影响的时间长，范围广，较多地注意外部环境的影响。

2. 战术决策

战术决策又称管理决策，是指为实现战略决策、解决某一问题而作出的决策。它以战略决策规定的目标为决策标准，解决的是"如何干"的问题，是执行性决策，在组织和管理上合理选择和使用人力、物力、财力等方面的决策，一般由中层决策者作出，如企业生产计划和销售计划的制订、设备的更新、新产品的定价等。其特点是执行性的，影响的时间段短、范围小，较多注意内部环境各因素间关系。

3. 业务决策

业务决策是企业为了解决日常工作中的业务问题，提高工作效率和经济效益所作出的决策，牵涉范围比较窄，只对组织产生局部影响，一般由基层主管人员作出。例如工作任务的日常分配和检查、工作进度的安排和监督、岗位责任制的制定和执行、库存的控制以及材料的采购等。

（二）按决策所涉及的问题出现的重复程度分类

按决策所涉及的问题出现的重复程度分类，决策可分为程序化决策和非程序化决策。

1. 程序化决策

程序化决策又称常规性决策、重复性决策、例行决策，是指对那些重复出现的、日常的管理问题，运用一定的程序、标准和模式来处理的决策。这类决策问题比较明确，且经常出现，有一套固定的程序来处理，可凭一套现成的标准惯例或经验进行的决策。在管理工作中，约有80%的决策属于程序化决策，如管理者日常遇到的产品质量、设备故障、现金短缺、供货单位未按时履行合同等问题。

2. 非程序化决策

非程序化决策又称非常规决策、例外决策，是指对管理过程中的例外问题或不经常出现的偶然性问题所进行的决策。其决策步骤和方法难以程序化、标准化，不能重复使用，是没有现成的标准、经验可供借鉴的决策。如组织结构变化、重大投资、开发新产品或开拓新市场、长期存在的产品质量隐患、重要的人事任免以及重大政策的制定等问题。

（三）按决策者的人数分类

按决策者的人数，可以把决策分为集体决策和个人决策。

1. 集体决策

集体（群体）决策是由一个或几个群体来完成的决策。集体决策能够提供更完整的信息，带来个人单独行动所不具备的多种经验和不同的决策观点，产生更多的方案；提高决策民主型、更能承担风险、有利于决策的执行等优点；缺点主要是决策消耗的时间长、速度慢、成本高、责任不清晰、少数人对群体的操纵及从众压力等。

2. 个人决策

个人决策是指由个人进行的决策。个人决策由个人承担决策的责任。个人决策的优点主要表现在两个方面：一是具有合理性，因为它具有决策效率高，简便，责任明确的特点；二是个人决策创造性较高，适用于工作不明确、需要创新的工作。其局限性：一是个人决策所需的社会条件难以具备；二是决策者受个人的经验、知识和能力的限制，容易出现决策失误现象。

在下述几种情况下，决策者最有可能使用个人决策的方法：①时间有限，但又有压力要作出正确决策时；②不确定性水平很高时；③几乎没有先例存在时；④难以科学地预测变量时；⑤事实有限，不足以明确指明前进道路时；⑥分析性资料用途不大时；⑦当需要从几个可行方案中选择一个，而每一个方案的评价都不错时。

管理思考

> 请思考举例一些你们所熟悉的集体决策和个人决策。

（四）按决策的起点分类

按照决策需要解决的问题和时间先后顺序，可以把决策分为初始决策和追踪决策。

1. 初始决策

初始决策是指组织对从事某种活动或从事该种活动的方案所进行的初次选择。初始决策是零起点决策，它是在有关活动尚未进行，环境未受到影响的情况下进行的。

2. 追踪决策

追踪决策是在初始决策实施以后，由于组织内、外部环境发生变化或者组织对环境特点认识发生变化，使得组织不能按照原来的决策方案开展工作，需要对组织的活动方向、内容或方式进行重新调整所做出的决策。如果说，初始决策是在对内外环境的某种认识的基础上作出的话，追踪决策则是由于这种环境发生了变化，或者是由于组织对环境特点的认识发生了变化而引起的。追踪决策是非零起点决策，组织中的大部分决策属于追踪决策。

（五）按决策的条件不同分类

按决策的条件不同，可以把决策分为确定型决策、风险型决策和不确定型决策。

1. 确定型决策

确定型决策是指决策所面临的条件和因素是确定的，每一个方案只有一种确定的结果，即对决策问题所处的条件全知的情况下所作的决策。在确定型决策中，决策者确切知道自然状态的发生，且每个方案只有一个确定的结果，最终选择哪个方案取决于对各个方案结果的直接比较。

2. 风险型决策

风险型决策也称随机决策，即决策方案未来的自然状态不能预先肯定，可能有几种状态，但可以估算每种自然状态发生的概率，根据估算结果选择方案的一种决策。在这类决策中，自然状态不止一种，决策者不能知道哪种自然状态会发生，但能知道有多少种自然状态以及每种自然状态发生的概率。

3. 不确定型决策

不确定型决策是指决策者所面临的条件和因素难以确定，每一种行动方案的结果是不可知的，也无法确定其发生概率，即对决策问题所处的条件知之甚少，主要依赖决策者的经验和主观判断进行的决策。在这类决策中，决策者不可能知道有多少种自然状态会发生，即使知道，也不能知道每种自然状态发生的概率。决策者的知识、经验、直觉、风险偏好、价值观、智力水平是影响决策的重要因素。

三、决策的程序

决策是一个确定目标、制订行动方案以及评估、选择方案的一个完整的过程。它作为一个动态的行为模式并不是一个瞬间的过程，而是需要通过一定的程序来进行的。理解掌握这些程序可以提升个人和组织的决策能力。一般来说，决策的程序如图3-1所示。

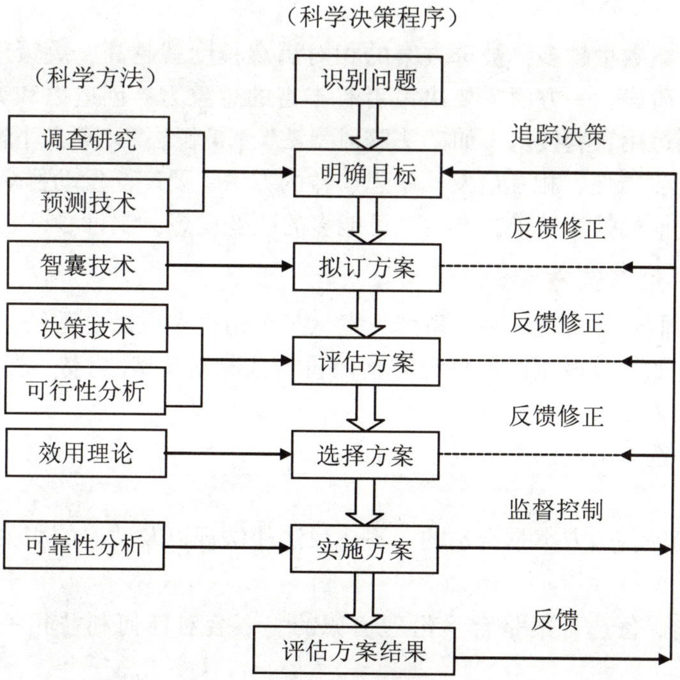

图3-1 科学决策程序框

（一）获取信息，识别问题

问题是决策的起点，任何管理组织的进步、发展都是从识别问题开始，然后作出变革而实现的。这里的问题是指应有的状态与实际状况之间的差距。发现问题比较困难，作为决策者应不断对组织与环境的适应情况进行深入的调查研究和创造性思考，及时地收集整理有关情报和信息，准确地发现和提出问题，对问题进行科学分析，弄清楚问题的根源、性质、范围、程度、影响等，为决策的下一步作准备。

想要准确识别问题，要求决策者在收集和分析有关的信息时，要尽力获取精确的、可信赖的信息，低质量的或不精确的信息不仅使时间白白浪费掉，并使决策者无从发现导致某种情况出现的潜在原因。同时决策者应尽可能把注意力集中在相关和重要的信息上。虽然信息越多越能够了解问题的各个方面，但太多的信息可能分散决策者的注意力，并且在收集和处理信息时费时费力。

（二）明确决策目标

在准确识别问题之后，还要研究解决问题将要采取的措施应符合哪些要求，必须达到的效果或标准，也就是说要明确决策目标。若决策的目标是模糊的，则无法以目标为标准评价方案，更无从选择方案。只有明确了决策目标，管理者才能避免决策失误。

在明确决策目标时，要注意以下问题：一是决策目标要明确具体，二是目标要分清主次，三是要规定目标的约束条件，四是决策目标要有时间要求，五是决策目标要尽可能量化。

（三）拟订备选方案

一旦机会或问题被正确地识别出来，决策者就要提出达到目标和解决问题的各种方案。这一步骤需要创造力和想象力，在提出备选方案时，决策者必须把决策目标牢记在心，而且要提出尽可能多的方案。因为决策的本质是选择，而要进行正确的选择，就必须提供多种备选方案。

可供选择的方案数量越多，被选方案的相对满意程度就越高，决策就越有可能完善。因此，在方案制订阶段，一方面需要决策者有丰富的想象力、创造力和完善的技术知识；另一方面，可广泛运用智囊技术，如"头脑风暴法""哥顿法""名义小组技术""德尔菲技术"等激发人的创造性、相互启发、集思广益的方法。要广泛发动群众，充分利用组织内外的专家，通过他们献计献策，产生尽可能多的改变设想，制订尽可能多的可行方案。

（四）分析评估备选方案

实际生活中我们经常发现，某一备选方案从某个角度来说是合理的，但从另一个角度看却有缺陷，这时如何合理地评价每种方案的价值或相对优势/劣势，是决策过程中非常关键的工作。

评价和比较备选方案可以参考以下标准：

1. 合法性

决策者必须确保备选方案是合法的，不违反法律法规以及政府的相关规定。

2. 合乎伦理

决策者必须确保备选方案是合乎伦理道德的，不会对任何利益相关者带来不必要的损害。

3. 经济可行性

方案实施所需的条件能否具备，筹集和利用这些条件需要付出何种成本，方案实施能够给组织带来何种长期和短期利益、方案可能面临的风险等。

4. 实用性

决策者要确保备选方案的实施不会影响到其他组织目标的实现。

根据上述标准进行比较，找出各方案的差异，分出各方案的优劣。在此基础上进行的选择，不仅要确定能够产生综合优势的实施方案，而且要准备好环境发生预料到的变化时可以启用的备用方案。确定备用方案的目的是对可预测到的未来变化准备充分的必要措施，以避免临时应变可能造成的混乱。

（五）选择方案

在决策过程中，决策者通常要作出最后选择。但作出决定仅是决策过程中的一个步骤。尽管选择一个方案看起来简单——只需考虑全部可行方案并从中挑选一个能最好解决问题的方案，但实际上，作出选择是很困难的。由于最好的决定通常建立在仔细判断的基础上，所以决策者要想作出一个好的决定，必须仔细考察全部事实，确定是否可以获取足够的信息并最终选择最优方案。

（六）实施方案

方案的实施是决策过程中至关重要的一步，在方案选定以后，决策者就要制订实施方案的具体措施和步骤。实施过程中通常要注意做好以下工作：①制定相关的具体措施，保证方案的正确实施；②确保与方案有关的各种指令能被所有有关人员充分接受和彻底了解；③应用目标管理方法把决策目标层层分解，落实到每一个执行单位和个人；④建立重要的工作报告制度，以便及时了解方案进展情况，及时进行调整。

管理案例

> **老鼠给猫挂铃铛**
>
> 有一群老鼠深为附近一只凶狠无比、善于捕鼠的猫所苦恼。
>
> 这一天，老鼠们群聚一堂，商讨如何解决这个心腹大患。老鼠们并没有猎杀猫的方法，只不过想探知此猫的行踪，早做防范。有只老鼠的提议引来了满场的叫好声，它建议在猫身上挂个铃铛，如此一来，当猫接近时，老鼠们就能预先做好逃跑的准备。
>
> 在一片叫好声中，有只"不识时务"的老鼠突然问道："弟兄们，谁来挂这个铃铛呢？"顿时，所有老鼠都沉默了。

（七）方案实施的监督和评估

一个方案可能涉及较长的时间，在这段时间，由于组织内部条件和外部环境的不断变化，原来的形势可能发生了变化。因此，决策者要不断对方案进行修改和完善，来减少或消除不确定性，定义新的情况，建立新的分析程序，以适应变化的形势。

具体来说，职能部门应对各层次、各岗位履行职责情况进行检查和监督，及时掌握执行进度，检查有无偏离目标，及时将信息反馈给决策者。决策者则根据职能部门反馈的信息，及时追踪方案实施情况，对与既定目标发生部分偏离的，应采取有效措施，以确保既定目标的顺利实现；对客观情况发生重大变化，原先目标却是无法实现的，则要重新寻找问题或机会，确定新的目标，重新拟订可行的方案，并进行评估、选择和实施。

管理思考

> 如何理解这句话：只有在争论中，才可能诞生最好的主意和最好的决定。

四、选择决策方法

决策的科学性主要体现在决策过程的理性化和决策方法的科学化上。根据决策方法的性质不同，我们将决策方法分为定性决策方法和定量决策方法。

（一）定性决策方法

定性决策方法又称为主观决策方法，是指在决策中主要依靠决策者或者有关专家的知识、经验、能力、智慧等，在把握事情本质的基础上做出科学、合理决策的方法，这是一种"软技术"。这种方法适用于受社会、经济、政治等非计量因素影响较大，所含因素错综复杂，设计社会心理因素较多以及难以用准确数量表示的综合性问题。这种"软技术"是企业决策采用的主要方法，它弥补了"硬技术"方法对人的因素、社会因素等难以奏效的缺陷。"软""硬"两种技术相互配合，取长补短，才能使决策更为有效。

定性决策的方法有很多种，本书介绍四种常用的方法：头脑风暴法、德尔菲法、哥顿法、名义小组法。

1. 头脑风暴法

头脑风暴法或称奥斯本法（Bainstorming）、智力激励法，是由美国著名的创意思维大师亚历克斯·奥斯本为了帮助一家广告公司产生观点而制定的。它以小型会议的形式，将对解决某一问题有兴趣的人集合在一起，在自由愉快的氛围中，启发大家畅所欲言，敞开思路，充分发挥形象力和创造性，在相互启发中产生连锁反应，然后集思广益，提出多种可供选择方案的办法。这种方法需要创造一种有助于观点自由交流的气氛，开始只注重提出可能多的设想，并且不过多地考虑其现实性，某些人提出一些想法后，鼓励其他人以此为基础或利用这些想法提出自由的设想。通过这种方法找到新的或异想天开的解决问题的办法。

为使参与者畅所欲言，互相启发和激励，达到较高的效率，实施头脑风暴法时必须严格遵守以下原则：

①提出不同的意见。鼓励每个人独立思考，开阔思路，不要重复别人的意见。
②追求数量。建议越多越好，参与者不要考虑自己建议的质量，想到什么就说什么。
③禁止批评和评论。对别人的意见不要反驳，不要批判，也不要下结论。
④可以补充和完善相同的意见。除提出自己的意见外，鼓励参与者对他人已经提出的意见进行补充、完善。

头脑风暴法的目的在于创造一种畅所欲言、自由思考的氛围，诱发创造性思维的共振和连锁反应，产生更多的创造性思维。因此头脑风暴法的成功需要遵循一定的程序：

①准备阶段。决策会议负责人应首先对所议问题进行一定的研究，确定问题的研讨范围，弄清问题的实质，找到问题的关键，设定解决问题所要达成的目；同时选定参加会议人员，一般以 5~10 人为宜，不宜包含太多行家，否则难以营造自由愉快的氛围；然后将会议

的时间、地点、所要解决的问题等事宜一并提前通知参会与人员,让大家做好充分的准备。

②热身阶段。这个阶段的目的是创造一种自由、宽松、和谐的氛围,使大家得以放松,进入一种无拘无束的状态。主持人宣布开会后,先说明会议的规则,然后随便谈点有趣的话题或问题,让大家的思维处于轻松和活跃的状态。

③明确问题。主持人应简明扼要地介绍有待解决的问题。介绍时不可过于详细,否则会限制参会人员的思维和想象力。

④畅谈阶段。畅谈是头脑风暴法的创意阶段。这一阶段对主持人的要求比较高。主持人首先向大家宣布相关规则,然后导引与会者自由想象,积极发言,言简意赅,一句话的设想也可以。在与会人员提出设想时,主持人要善于运用激发思考的方法,比如说"对,就是这样""太棒了""好主意"等鼓励话语或者微笑、点头等动作,营造妙趣横生、自由轻松的氛围,以赏识、激励的语言或微笑、点头等来鼓励与会者多提出设想,对别人的设想进行补充、完善和发挥。禁止使用"这点别人已说过了""我不赞赏那种观点"等话语。

⑤记录阶段。这一阶段实质上是与畅谈阶段同时进行的。执行记录人物的是组员,也可以是其他人员,根据设想提出的速度,可适时配备两名记录员,记录下来的设想是进行综合和改善所需要的素材,所以必须放在全体与会者能看到的地方。

⑥整理筛选阶段。会议结束后的一两天内,主持人应向参与者了解大家会后的新想法和新思路,以此补充会议记录,然后将大家的想法整理成若干方案,接着根据决策的一般标准进行筛选。经过多次反复比较和优中择优,最后确定一种比较满意的方案。

管理案例

积雪问题

有一年,美国北方格外严寒,大雪纷飞,电线上积满冰雪,大跨度的电线常被积雪压断,严重影响通信。过去,许多人试图解决这一问题,但都未能如愿以偿。

后来,电信公司经理应用奥斯本发明的头脑风暴法,尝试解决这一难题。他召开了一种能让头脑卷起风暴的座谈会,参加会议的是不同专业的技术人员,要求他们必须遵守以下原则:第一,自由思考。即要求与会者尽可能解放思想,无拘无束地思考问题并畅所欲言,不必顾虑自己的想法或说法是否"离经叛道"或"荒唐可笑"。第二,延迟评判。即要求与会者在会上不要对他人的设想评头论足,不要发表"这主意好极了!""这种想法太离谱了!"之类的"捧杀句"或"扼杀句"。至于对设想的评判,留在会后组织专人考虑。第三,以量求质。即鼓励与会者尽可能多而广地提出设想,以大量的设想来保证质量较高的设想的存在。第四,结合改善。即鼓励与会者积极进行智力互补,在增加自己提出设想的同时,注意思考如何把两个或更多的设想结合成另一个更完善的设想。

按照这种会议规则,大家七嘴八舌地议论开来。有人提出设计一种专用的电线清雪机;有人想到用电热来化解冰雪;也有人建议用振荡技术来清除积雪;还有人提出能否带上几把大扫帚,乘坐直升机去扫电线上的积雪。对于这种"坐飞机扫雪"的设想,大家心里尽管觉得滑稽可笑,但在会上也无人提出批评。相反,有一工程师在百思不得其解时，听到用飞机扫雪的想法后，大脑突然受到冲击，一种简单可行且高效率的清雪方法冒了出来。他想，每当大雪过后，出动直升机沿积雪严重的电线飞行，依靠高速旋转的螺旋桨即可将电线上的积雪迅速扇落。

他马上提出"用直升机扇雪"的新设想，顿时又引起其他与会者的联想，有关用飞机除雪的主意一下子又多了七八条。不到一小时，与会的10名技术人员共提出90多条新设想。

会后，公司组织专家对设想进行分类论证。专家们认为设计专用清雪机，采用电热或电磁振荡等方法清除电线上的积雪，在技术上虽然可行，但研制费用大，周期长，一时难以见效。那种因"坐飞机扫雪"激发出来的几种设想，倒是一种大胆的新方案，如果可行，将是一种既简单又高效的好办法。经过现场试验，发现用直升机扇雪真能奏效，一个久悬未决的难题，终于在头脑风暴会中得到了巧妙的解决。

2. 德尔菲法

德尔菲是 Delphi 的中文译名，德尔菲法，也称专家调查法。美国兰德公司在20世纪50年代与道格拉斯公司合作研究出有效、可靠地收集专家意见的方法，以"Delphi"命名，之后，该方法广泛地应用于商业、军事、教育、卫生保健等领域，现已成为一种非常普及的技术预测方法。

德尔菲法本质上是一种反馈匿名函询法，其基本原理是通过一系列简明扼要的征询表，以匿名方式函询征求专家们的意见，组织决策小组对每一轮的意见都进行汇总整理，作为参考资料再发给每一位专家，供他们分析判断，提出新的意见，如此反复进行三四轮，专家们的意见逐渐趋于一致，达到决策的目的。

德尔菲法的实施过程大致如下：

①拟订决策提纲。决策组成员应当首先对需决策项目以及相关背景进行调查，将决策的项目写成几个提问的问题，问题的含义必须十分明确，不论谁回答，对问题的理解都不应两样，而且最好只能以具体的形式回答。

②选定决策专家。选择的专家一般是有名望的或从事该项工作多年的专家，包括多方面的有关专家，选定人数一般以20~50人为宜，一些重大问题的决策可选择100人以上。

③征询专家意见。向专家邮寄第一次征询表，要求每位专家提出自己决策的意见和依据，并说明是否需要补充资料。

④修改决策意见。决策的组织者将第一次决策的结果及资料进行综合整理、归纳，使其条理化，发出第二次征询表，同时把汇总的情况一同寄去，让每一位专家得到全体专家的意见倾向，据此对所征询的问题提出修改意见或重新做一次评价。

⑤确定决策结果。征询、修改以及汇总反复进行三四轮，专家的意见就逐步集中，从而确定出专家们趋于一致的决策结果。

德尔菲法的特点可总结如下：

①匿名性。德尔菲法采用匿名函询的方式征求专家意见，受邀参加预测的专家之间互不见面，也不联系，可以不受行业权威等因素干扰，独立对调查表所提问题发表自己的意见，不必做出解释，甚至不必申述理由，而且有充分的时间思考和进行调查研究。匿名性最大的优点是能充分发挥专家作用，不论其地位如何，避免了从众行为，保证了专家意见的充分性和可靠性。

②反馈性。由于德尔菲法采用匿名形式，专家之间互不接触，受邀各专家须独立地就

调查表所提问题发表自己的意见,仅靠一轮调查,专家意见往往比较分散,不易做出结论,而且各专家的意见也容易有某种局限性。为了使受邀的专家能够了解每一轮咨询的汇总情况和其他专家的意见,组织者要对每一轮咨询的结果进行整理、分析、综合,并在下一轮咨询中匿名反馈给每位受邀专家,以便专家们根据新的调查表进一步发表意见。经典的德尔菲法一般要经过四轮咨询。反馈是德尔菲法的核心,在每一轮反馈中,每位专家都可以参考别人的意见,冷静地分析其是否有道理,并在没有任何压力的情况下进一步发表自己的意见,多次反馈保证了专家意见的充分性和最终结论的正确性、可靠性。

③统计性。为了科学地综合专家们的预测意见和定量地表示预测的结果,德尔菲法采用统计方法对专家意见进行处理,其结果往往以概率的形式出现。这些结果既可反映专家意见的集中程度,又可反映专家意见的离散程度。

管理思考

采用德尔菲法是否需要把专家召集到一起进行开会商讨?

3. 哥顿法

哥顿法是美国人哥顿于1964年提出的决策方法。该方法与头脑风暴法相似,由会议主持人首先就决策问题向参与人员做笼统的介绍;然后由会议成员(专家成员)讨论解决方案,当会议进行到适当时机,决策者将需要决策的具体问题展示给小组成员,让小组成员的讨论进一步深化;最后由决策者根据讨论结果进行决策。

哥顿法主要是通过会议形式,根据主持人的引导,让参与者进行讨论,但会议的根本目的是什么,真正需要研究的问题是什么,实际上只有主持人自己知道。这样做的目的是避免思维定式的约束,使大家能跳出框框去思考,充分发挥群体智慧以实现方案创新。哥顿法有两个基本观点:一是"变陌生为熟悉",即运用熟悉的方法处理陌生的问题;二是"变熟悉为陌生",即运用陌生的方法处理熟悉的问题。

4. 名义小组法

名义小组法又称名义小组技术,是管理决策中一种定性分析方法。在集体决策中,如果对问题的性质不完全了解且意见分歧严重,则可采用名义小组技术。在这种技术下,小组的成员互不通气,也不在一起讨论协商,所以小组只是名义上的。这种名义上的小组可以有效地激发个人的创造力和想象力。

采用这种方法时,决策者先召集一些有知识、见解丰富的人,把要解决问题的关键内容告诉他们,并请他们独立思考,要求每个人尽可能地把自己的备选方案和意见写下来。然后再召集小组成员开会,按次序让他们一个接一个地陈述自己的方案和意见。在此基础上,由小组成员对提出的全部备选方案进行投票,根据投票结果,赞成人数最多的备选方案即为所要的方案。当然,决策者最后仍有权决定接受还是拒绝这一方案。

(二) 定量决策方法

定量决策方法是建立在数学工具基础上的决策方法。它是根据现有数据,运用数学工具,建立反映各种因素及其关系的数学模型,并通过对这种数学模型的计算和求解来选择决策方案的一种方法。与定性决策相比较,定量决策方法能够提高决策的准确性、时效性和可靠性,特别适用于重复性的程序化决策,一般分为确定型决策、风险型决策和不确定型决策三种。

1. 确定型决策

确定型决策是指决策所面临的条件和因素是确定的，每一个方案只有一种确定的结果，即对决策问题所处的条件全知的情况下所作的决策。在确定型决策中，决策者确切知道自然状态的发生，且每个方案只有一个确定的结果，最终选择哪个方案取决于对各个方案结果的直接比较。确定型决策常用的决策方法有盈亏平衡分析法、线性规划等。本书主要介绍盈亏平衡分析法。

盈亏平衡分析，也叫量本利分析或保本分析，是通过对企业生产的产品的产量、成本、利润三者之间数量关系的分析，建立数学模型，寻求企业盈利或亏损的分界点，以期对企业进行有效的经营决策。即通过分析总成本、销售收入和产品数量（销售量）这三者的关系，掌握盈亏变化的规律，指导企业选择能够以最小的成本生产出最多产品并可使企业获得最大利润的经营方案。

总成本包含固定成本和变动成本，固定成本指成本总额在一定时期和一定业务量范围内，不受业务量增减变动影响而能保持不变的成本，变动成本是指那些成本的总发生额在相关范围内随着业务量的变动而呈线性变动的成本，比如直接人工、直接材料都是典型的变动成本。

要使企业达到盈亏平衡必须满足以下条件：

$$销售收入 - 总成本 = 0$$

其中：销售收入 = 产品单价 × 销售量

总成本 = 固定成本 + 总的变动成本

总的变动成本 = 单位变动成本 × 销售量

在应用盈亏平衡分析法时，关键是找出企业不盈不亏时的产量，有图解法和公式法两种。这里我们用 C 表示总成本，F 表示固定成本，V 表示单位变动成本，R 表示销售收入总额，P 表示销售价格，Q 表示销售量（产量），Q_0 表示盈亏平衡点的销售量（产量）。

（1）图解法

图解法是一种通过绘制盈亏平衡分析图直观反映产品销量、成本和收入之间的关系，确定盈亏平衡点的分析方法。盈亏平衡图的绘制方法：以横轴表示销售量（产量）Q，以纵轴表示销售收入 R 和生产成本 C，在直角坐标系上先绘出固定成本线 F，再绘出销售收入线 R = PQ 和生产总成本线 C = F + VQ；销售收入线与生产总成本线相交于 A 点，即盈亏平衡点，在此点销售收入等于生产总成本；以 A 点作垂直于横轴的直线并与之相交于 Q_0 点，此点即为以产销量表示的盈亏平衡点（图 3-2）。

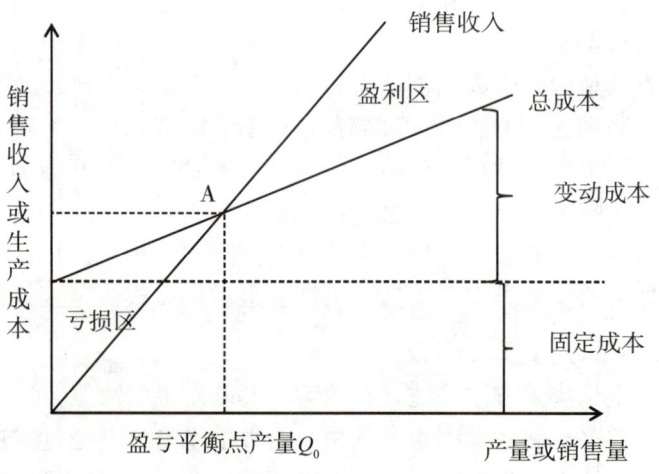

图 3-2 盈亏平衡分析

（2）公式法

公式法是利用数学方程式来反映销售量（产量）、成本和收入之间关系，确定盈亏平衡点的一种分析方法。

企业达到盈亏平衡时，产量、成本、收入三者之间关系的基本方程式为：

$$P \times Q_0 = F + VQ_0$$

盈亏平衡点产量（销售量）的计算公式为：

$$Q_o = \frac{F}{P - V}$$

当企业期望达到一定的利润值时，设目标利润为 M，则实现目标利润产量的计算公式为：

$$P \times Q + M = F + VQ$$

$$目标利润产量\ Q = \frac{F + M}{P - V}$$

由上式可知，当实际产销量大于盈亏平衡产销量时，可盈利；当实际产销量小于盈亏平衡产销量时，则会发生亏损。因此，管理者应努力提高经营管理水平，采用适宜的营销策略，扩大产品的销售，以实现更多的利润，同时，在产品实际产销量的一定条件下，也可以通过降低盈亏平衡产销量来实现更多的利润。降低盈亏平衡产销量的主要途径是降低固定成本总额或单位变动成本；提高产品销价。

管理案例

> 某企业生产某产品，单位售价为30元，某年的固定成本为500 000元，单位可变动成本为20元。
> 问题：（1）该企业盈亏平衡点产量为多少？
> （2）如果要实现利润100000元，其产量应为多少？
> 解：（1）根据题意，盈亏平衡点的产量为：
>
> $$Q_o = \frac{F}{P - V} = \frac{500000}{30 - 20} = 50000（件）$$
>
> （2）目标利润产量为：
>
> $$Q = \frac{F + M}{P - V} = \frac{500000 + 100000}{30 - 20} = 60000（件）$$

2. 风险型决策

风险型决策也称随机决策，即决策方案未来的自然状态不能预先肯定，可能有几种状态，但可以估算每种自然状态发生的概率，根据估算结果选择方案的一种决策。在这类决策中，自然状态不止一种，决策者不能知道哪种自然状态会发生。风险型决策一般需具有以下几个条件：

①存在决策者希望达到一个或一个以上明确的决策目标。最常用的决策目标是要求获得最大的利润。

②存在决策者可以主动选择的两个或两个以上的行动方案。

③存在不以决策者主观意志为转移的两种或两种以上的自然状态。

④存在决策者可以根据有关资料事先估算出来的各种自然状态出现的概率。

⑤存在可以计算出来的不同行动方案在不同自然状态下的损益值。

风险型决策常用的方法主要有期望损益决策法（决策表法）、决策树法、贝叶斯决策法、边际分析决策法、马尔科夫决策法等，下面仅进行决策树法的原理结构介绍。

决策树法是一种用树型图来描述各方案在未来收益的计算、比较以及选择的方法。

决策树的基本结构如图3-3所示。

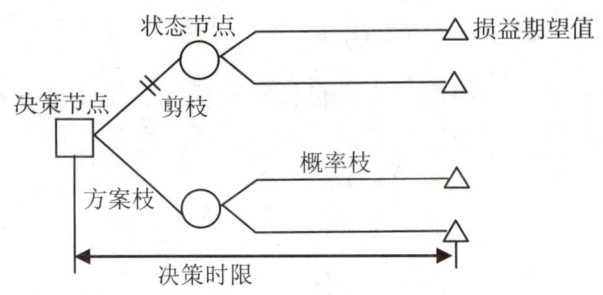

图3-3 决策树基本结构

在图3-3中，□表示决策节点，决策点后引出若干条分枝，表示可能的行动方案数目，称方案枝；○表示状态节点，其上方的数字表示该方案的损益期望值，从它引出的分枝为概率枝，每条概率枝的上面要注明自然状态及其出现的概率值；△表示结果节点，在概率枝的末梢，表示每一方案的收益值或损失值。

绘制决策树图的步骤：

①从左至右，绘制决策树。

②从右至左，逆向计算期望值，首先，将每种自然状态的损益值分别乘以各自概率枝上的概率和有效期限；其次，将概率枝上的值相加，减去投入；最后，将所得结果标于状态节点上。期望值（E）可用公式表示为：

$$E = (各种自然状态下的概率 \times 损益值 \times 有效期限) - 投入$$

③对比各方案的期望值大小，进行修枝选优，在去掉的方案枝上用记号"//"隔断。

决策树在多阶段决策中效果显著，它具有思路清晰、一目了然的优点。

管理案例

某企业欲开发某种新产品，现有甲、乙、丙三种方案可供选择，有关资料如表3-1所示（括号内的数字表示自然状态下的概率），请用决策树法进行决策。

表3-1 各方案损益值预测

方案	投资（万元）	自然状态下的概率及收益（万元）			使用年限
		销路好（0.5）	销路一般（0.3）	销路不好（0.2）	
甲	6	150	75	-25	2
乙	7	110	80	30	2
丙	8	80	50	40	2

解：第一步，绘制决策树（图3-4）：

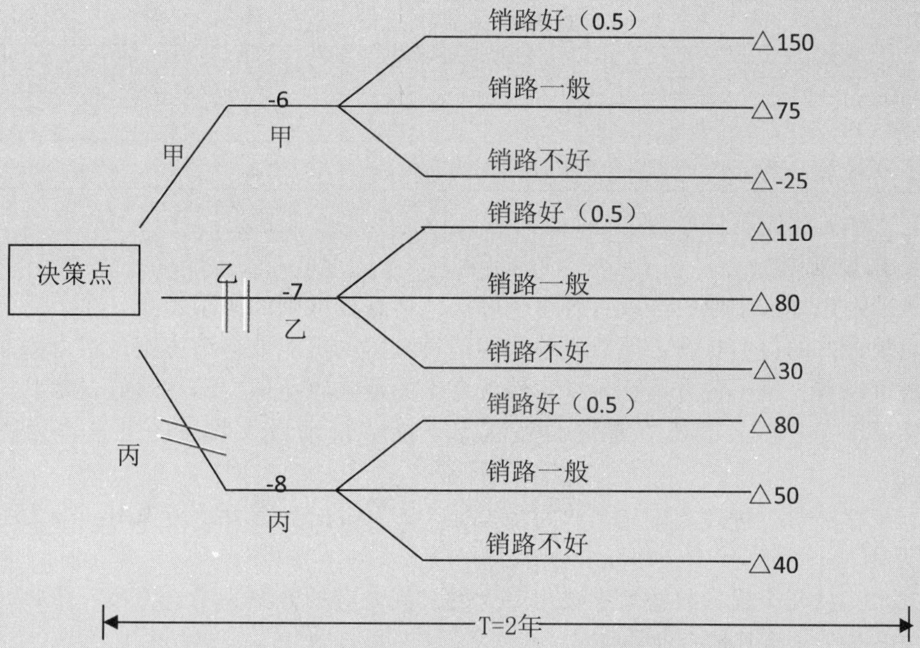

图3-4 决策树

第二步，计算期望值：

E甲 = [150×0.5 + 75×0.3 + (-25)×0.2] ×2 - 6 = 179（万元）
E乙 = (110×0.5 + 80×0.3 + 30×0.2) ×2 - 7 = 163（万元）
E丙 = (80×0.5 + 50×0.3 + 40×0.2) ×2 - 8 = 118（万元）

第三步，剪枝决策：

E = max {E甲, E乙, E丙} = max {179, 163, 118} = 179（万元）

计算结果表明，选择甲方案，期望收益值为179万元。

3. 不确定型决策

不确定型决策是指决策者所要解决的问题有若干方案可供选择，但对事物发生的各种自然状态缺乏客观概率，决策取决于决策者的主观概率估计及他所持有的决策标准。然而，不同的人有不同的决策标准。常用的不确定型决策方法有乐观准则法、悲观准则法、折中准则法、等概率法和最小后悔值法。下面通过案例来具体说明这些方法的应用。

管理案例

某企业打算生产某产品。据市场预测，产品销路有三种情况：销路畅销、销路一般和销路差。该产品有三种方案：a. 改进生产线；b. 新建生产线；c. 与其他企业协作。据估计，各方案在不同情况下的收益如表3-2所示。请分别用乐观准则、悲观准则、折中准则、等概率准则和最小后悔值准则进行决策。

表3-2 各方案的损益值　　　　　　　　　　　　　　单位：万元

方案	销路畅销	销路一般	销路差
a. 改进生产线	50	40	20
b. 新建生产线	70	50	0
c. 与其他企业协作	100	30	-20

(1) 乐观准则

乐观准则也称大中取大法或者好中求好法，持这种准则的决策者是一个乐观者，认为未来会出现最好的自然状态，所以不论采用何种方案均可能取得该方案的最好效果，那么决策时就可以首先找出各方案在各种自然状态下的最大收益值，即在最好自然状态下的收益值，然后进行比较，找出在最好自然状态下能够带来最大收益的方案作为决策实施方案。

第一步，从每一种方案中选出收益最大值。方案a：50万元，方案b：70万元，方案c：100万元。

第二步，从几个最大收益者中选出最大的，其对应的方案为中选方案，依据乐观准则选取的方案为c（与其他企业协作）。

(2) 悲观准则

悲观准则也称小中取大法或者坏中求好法。悲观的决策者认为未来会出现最差的自然状态，因此企业不论采取何种方案，均只能取得该方案的最小收益值。所以在决策时首先计算和找出各方案在各自然状态下的最小收益值，即与最差自然状态相应的收益值，然后进行比较，选择在最差自然状态下仍能带来"最大收益"（或最小损失）的方案作为实施方案。

第一步，从每一种方案中选择出收益值最小值。方案a：20万元，方案b：0万元，方案c：-20万元。

第二步，从几个最小收益值中选出最大的，其对应的方案为中选方案，依据悲观准则选取的方案为方案a（改进生产线）。

(3) 折中准则

在实际决策过程中，人们一般会觉得悲观准则过于保守、悲观，乐观准则又过于乐观、冒进，走向了两个极端。在这种情况下便产生了折中准则，其主张折中平衡，应在两种极端中求得平衡。决策时，既不能把未来想象得如何光明，也不能描绘得如何黑暗。最好和最差的自然状态均有出现的可能。因此，可以根据决策者的判断，给最好自然状态以一个乐观系数，给最差自然状态以一个悲观系数，两者之和为1，然后用各方案在最好自然状态下的收益值与乐观系数相乘所得的积，加上各方案在最差自然状态下的收益值与悲观系数的乘积，得出各方案的期望收益值，然后据此比较各方案的经济效果，作出选择。

第一步，找出各方案在各种状态下的最小值和最大值。方案a最大值为50万元，最小值为20万元，方案b最大值为70万元，最小值为0万元，方案c最大值为100万元，最小值为-20万元。

第二步，先根据历史数据或经验估计出一个乐观系数α（$0 \leqslant \alpha \leqslant 1$），再分别计算各方案的折中损益值，折中损益值的计算公式为：某方案的折中损益值＝该方案的最大损益值$\times \alpha$＋该方案的最小损益值$\times (1-\alpha)$。

第三步，比较每种方案的期望收益值，选取期望收益值最大的方案为中选方案。
在本例中，假设 α = 0.75，1 − α = 0.25，用折中法则进行决策如下：
方案 a 的折中损益值 = 50 × 0.75 + 20 × 0.25 = 42.5
方案 b 的折中损益值 = 70 × 0.75 + 0 × 0.25 = 52.5
方案 c 的折中损益值 = 100 × 0.75 + (−20) × 0.25 = 70
由于 c 方案的折中损益值最大，依据折中准则选取的方案为方案 c（与其他企业协作）。

（4）等概率准则

等概率准则也称机会均等法，这种方法假定各种自然状态发生的可能性是相同的（各自然状态发生的概率相等），若各方案的自然状态有 N 个，则每个状态发生的概率均为 1/N。用此相同的概率分别乘以每个方案下的损益值，即可得到各个方案的期望损益值，通过比较每个方案的损益值的平均值来进行方案的选择。在利润最大化目标下选择平均利润最大的方案；而在成本最小化目标下，选择平均成本最小的方案（表 3-3）。

第一步，确定概率，计算各个方案的期望收益值。

第二步，从几种方案的期望收益值中选出最大的，其对应的方案为中选方案，依据等概率准则选取的方案为 b（新建生产线）。

表 3-3 等概率准则决策　　　　　　　　　　　　　　　　　　　　单位：万元

方案	销路畅销	销路一般	销路差	期望收益
a. 改进生产线	50	40	20	36.67
b. 新建生产线	70	50	0	40
c. 与其他企业协作	100	30	−20	36.67
决策	max {a, b, c} = max {36.67, 40, 36.67} = 40（万元）			

（5）最小后悔值准则

决策者在选定方案并组织实施后，如果遇到的自然状态表明采用另外的方案会取得更好的收益，企业在无形中遭受了机会损失，那么决策者将为此而感到后悔。最小后悔值法就是一种力求使后悔值尽量小的原则。根据这个原则，采用这种方法进行决策时，首先进行比较，然后选择最大后悔值最小的方案作为所要的方案。

第一步，找出每一种方案在不同状态下的最大期望收益值。如本例中，销路畅销时最大期望收益值为 100 万元，销路一般时最大期望收益值为 50 万元，销路差时最大期望收益值为 20 万元。

第二步，计算各方案在各自然状态下的后悔值（某方案在某自然状态下的后悔值 = 该自然状态下的最大收益 − 该方案在该自然状态下的收益），并找出各方案的最大后悔值。如表 3-4 所示。

第三步，从最大后悔值中找出最小的，其所对应的方案即为中选方案。方案 b（新建生产线）即为用最小后悔值决策法选取的最佳方案。

最小后悔值决策法一般适用于有一定基础的中、小企业。因为这类企业一方面能承担一定风险，因而可以不必太保守过于稳妥；另一方面又不能抵挡大的灾难，因而不能像乐观决策法那样过于冒进。它属于一种稳中求发展的决策方法。

另外，竞争实力相当的企业在竞争决策中也可采用此法。因为竞争者之间已有一定的实力，必须以此为基础进一步开拓，不可丧失机会，但又不宜过激，否则会欲速则不达，危及基础。因此，在势均力敌的竞争中，采用此法既可以稳定已有的地位，又可使市场开拓机会的丧失降到最低限度。

表3-4 各方案的后悔值　　　　　　　　　　　　　　　　　　　　　　　　单位：万元

方案	销路畅销（最大值为100）	销路一般（最大值为50）	销路差（最大值为20）	最大后悔值
a. 改进生产线	50（=100-50）	10（=50-40）	0（=20-20）	50
b. 新建生产线	30（=100-70）	0（=50-50）	20（=20-0）	30
c. 与其他企业协作	0（=100-100）	20（=50-30）	40（=20+20）	40

任务二　计划与计划编制

 管理情境

剪嘴鸥的故事

剪嘴鸥出身于海鸥大家庭，从自立那天起，就采取独特的方法捕食——把下颌插入水中，像犁地一样缓缓前行，一旦碰上鱼，立即把上颌合闭起来而将其捕获。剪嘴鸥每天都毫无目标，漫无边际，不知疲倦地在海面上来回飞行，来回"耕耘"。

海燕说："你爱吃鱼，去看看人家白鹭是怎样捕鱼吧！"剪嘴鸥很好奇，就去看个究竟。他看到白鹭一动不动地立在水面，许久也不出击一次，有时甚至还把一条腿收缩起来休息……这不就是典型的懒惰表现吗？劳动不勤快又哪来收获呢？剪嘴鸥想，只要勤劳，就总会有收获，只要有收获，就证明方法是对的。

剪嘴鸥常常经过一天劳作，抓到的仅是一两条小鱼。白鹭许久出击一次，几乎每次都捕到鱼。白鹭每天都把肚子吃得鼓鼓的，剪嘴鸥每天都吃不饱肚子。剪嘴鸥抱怨说："老天爷太不公平了，懒惰者能天天吃饱肚子，勤劳者却天天挨饿！"

海燕摇摇头说："不对不对！白鹭虽立着不动，但他有的放矢，有计划有效率，事半功倍。你很卖力，但毫无目标和计划，瞎忙碌，耗费了宝贵的时间和精力，事倍功半。成功岂能靠侥幸？"剪嘴鸥再去找白鹭学艺，白鹭看了看他的模样后说："迟了！你下颌长，上颌短，即使你看清水里有鱼，你也无法将其啄上来。"

剪嘴鸥改变不了已经造成的现实，吃不饱时，只好拾捡岸边腐肉充饥了。

请思考：以上材料说明了什么问题？我们在实际的工作和学习中应该如何做？

 任务分析

计划就像座桥梁，把我们所处的"这岸"和我们要去的"对岸"联系了起来。古人所说的"运筹帷幄""人无远虑必有近忧"都是对计划职能的形象概括。计划就是预先决定要去做什么、如何做、何时何地做和由谁做等。

管理者为什么要制订计划呢？因为管理者主要的工作是对未来进行把握，而计划可以给出今后的方向，减小变化的冲击，避免由于犹豫不决所造成的机会损失或多走弯路所造成人、财、物等资源的浪费。管理者在计划中设立目标，在控制职能中可将工作的实际绩效与目标进行比较，如发现偏差可采取必要的措施，以保证目标的实现。因此，没有计划就没有控制，更谈不上目标的实现。

一、计划概述

计划是管理的首要职能，是对未来行动的安排，是组织生存和发展的必要条件。

（一）计划的含义

计划有名词和动词之分。作为名词，计划是指在制订计划工作中所形成的，用文字和指标等形式表达的各种管理型文件；作为动词，计划是指为了实现决策所确定的目标，预先进行的活动安排。

计划还有广义和狭义之分。狭义的计划是指制订计划，就是根据实际情况，通过科学、准确的预测，提出在未来一定时期内的目标以及实现目标的途径。

广义的计划是指制订计划、执行计划、检查计划三个紧密相连的过程。

通常把计划工作的内容概括为 6 个方面，俗称"5W1H"，具体表述如下：

①What——做什么，即要明确计划工作的具体任务和要求，明确每一个时期的中心任务和工作重点。例如，企业生产计划的任务主要是确定生产哪些产品，生产多少，合理安排产品投入和产出的数量和进度，在保证按期、按质和按量完成订货合同的前提下，使得生产能力得到尽可能充分的利用。

②Why——为什么做，即要明确计划工作的宗旨、目标和战略，并论证可行性。实践表明，计划工作人员对组织和企业的宗旨、目标和战略了解得越清楚，认识得越深刻，就越有助于他们在计划工作中发挥主动性和创造性。正如通常所说的"要我做"和"我要做"的结果是大不一样的，其道理就在于此。

③Who——谁去做，即计划中的人员安排、部门安排、奖惩措施等，是执行对象。例如，开发一种新产品，要经过产品设计、样机试制、小批试制和正式投产几个阶段。在计划中要明确规定每个阶段由哪个部门负主要责任，哪些部门协助，各阶段交接时，由哪些部门和哪些人员参加鉴定和审核等。

④Where——何地做，即规定计划实施的地点、场所、空间组织和布局等，了解计划实施的环境条件和限制，以便合理安排计划实施的空间组织和布局。

⑤When——何时做，即规定计划中各项活动的开始时间、进度安排、完成时间等，以便进行有效控制以及对能力和资源进行平衡。

⑥How——怎么做，即实施计划的措施、途径、主要战术等，对资源进行合理分配和集中使用，对人力、生产能力进行平衡，对各种派生计划进行综合平衡等。实际上，一个完整的计划还应包括控制标准和考核指标的制定，也就是告诉实施计划的部门或人员，做成什么样，达到什么标准才算是完成了计划。

任何一个计划都要包含以上 6 个要素。完整的计划在管理活动中发挥着至关重要的作用。在管理的各项职能中，计划具有领先的地位，起着龙头作用，是组织中各种活动有条不紊地进行的保证。

管理案例

> 临近元旦，某班级决定组织一次迎新晚会活动。于是，班长拟订了一份活动计划：12月31日晚上7点开始晚会，全班同学出席，邀请辅导员及各任课教师参加；内容有唱歌、猜谜、舞蹈等，由班级文艺委员主持；买一箱可乐、水果和小点心若干，招待出席者；买一些文具作为奖品奖励演出者和猜谜成功者；晚上11点左右结束此次晚会活动。
>
> **请思考**：用计划的要素整理以上活动，并指出该计划存在的不足之处。

根据计划内容的"5W1H"，一个完整的活动计划应该包含活动的原因、目标、执行对象、地点、方法等。上述某班级的联欢晚会计划尽管有时间、范围等，但缺少对责任人、具体执行措施、预算、应变措施等内容的安排，所以还需要对该计划进一步完善。

（二）计划的特点

1. 目的性

任何组织和个人制订计划都是为了有效地达到某种目标，计划工作是对决策活动的进一步展开和细化。在计划工作过程的初始阶段，制定具体的、明确的目标是其首要任务，其后的所有工作都是围绕目标进行的。例如，某班班主任希望班级明年能够取得显著进步，这就是一种不够明确的目标。为此，就要制订计划，根据班级的基础等确定一个明确的目标，比如获得班级团体荣誉多少项、开展主题班会多少次、开展二课活动多少次等。这种具体的、明确的目标不是单凭主观愿望就能确定的，它要符合实际情况。要以许多预测和分析工作为其基础。计划工作要使今后的行动集中于目标，要预测并确定哪些行动有利于达到目标，哪些行动不利于达到目标或与目标无关，从而指导今后的行动朝着目标的方向迈进。可以说，没有计划的行动或多或少是一种盲目的行动。

2. 首要性

计划是管理的首要职能，管理过程中的其他职能都是为了支持、保证目标的实现。因此这些职能只有在计划工作确定了目标之后才能进行。比如，班级学期建设只有在明确目标之后才能确定合适的活动、人员的安排、掌握工作进度和效果等，所有这些组织、领导、控制职能都是依计划而转移的。没有计划工作，其他工作就无从谈起。

3. 普遍性

实际的计划工作涉及组织中的每一位管理者及员工。高层管理者不可能也不必要对自己组织内的一切活动作出确切的说明，这也是有效的管理者所必须遵循的一条原则。最常见的情况是高层管理人员仅对组织活动制订结构性的计划。换句话说，高层管理人员负责制定战略性的计划，而那些具体的计划由下级完成。这种情况的出现主要是由于一个人的能力是有限的，现代组织的工作是如此繁杂，即使是最聪明、最能干的领导人，也不可能包揽全部计划工作。此外，授予下级某些制订计划的权力，有助于调动下级的积极性，挖掘下级的潜在能力，这无疑对贯彻执行计划，高效地完成组织目标大有好处。

4. 经济性

计划工作的任务是不仅要确保实现目标，而且要从众多方案中选择最优的资源配置方案，以求得合理利用资源和提高效率，既要做正确的事，又要正确地做事。计划工作的效益是指实现企业的总目标或一定时期的目标所得到的收益,是由扣除为制订和执行计划所需要的费用和其他预计不到的损失之后的收益总额来确定的。所以,只有能够实现收益大于支出,并且估计生态效益和社会效益的计划才是一个完美的计划,才能够真正体现出计划的效益。

5. 创造性

计划工作总是针对需要解决的新问题和可能发生的新变化、新计划作出的决定,因而计划是一个具有创新性的管理过程。计划工作是对管理活动的设计,正如新产品的成功在于创新一样,成功的计划也依赖于创新。

(三) 计划的作用

在实际工作中,计划主要有以下几个方面的作用:

1. 计划为组织指明了方向,协调了组织的行动

现实环境是复杂多变和充满不确定因素的,计划能够让组织或个人在面临这些不确定因素时始终把注意力集中到一定的目标上,使所有人明确知道自己的位置和前进方向,提高工作效率。

2. 计划可以有效为组织预测未来,减少风险

任何组织和个人在制订计划时,必须充分分析组织环境的变化规律及预见未来的变化,分析如何应对企业所要面临的机会和威胁,从而将不确定性降到最低,并采取应对措施。也就是说良好的计划有助于管理者预见未来变化,制定措施,把风险降到最低程度。

3. 计划有利于合理配置资源,减少浪费

计划工作的重要任务是使未来的组织活动均衡发展。计划可以使组织的有限资源得到更合理的配置。因为有了计划,组织中各成员的努力将形成一种协同效应,这将大大提高劳动生产效率,从而带来可观的经济效益和社会效益。

4. 计划能够使组织的行动处于受控状态

组织在实现目标的过程中离不开控制,而计划则是控制的基础。在计划中,由于设立了目标和考核的指标,因为在控制职能中,可以将实际的绩效与计划中的目标、指标进行比较,从而发现偏差并采取措施校正、补救。因此,没有计划,就谈不上控制。

管理案例

一条裤子的启示

小明明天就要参加中学毕业典礼,想把自己打扮得精神点,于是到服装店买了一条裤子,自己很喜欢。但是,穿上后才发现裤子长了六七厘米,不合适。于是,小明找到了奶奶,央求她给剪改一下,但奶奶说现在的家务事太多,走不开,让他去找妈妈;小明找到了妈妈,可妈妈正在和人打桥牌,也没时间。最后,小明只好去找嫂子,但嫂子说她与人约好的时间就要到了,马上就出去。小明很无奈,怀着失望的心情睡了。

妈妈打完桥牌回到家后,临睡前想起儿子明天要穿的裤子还长六七厘米,于是悄悄地一个人把裤子处理好放回原处。半夜里,狂风大作,窗户哐哐的声音把嫂子惊醒,她猛然想起小叔子的裤子还长六七厘米,于是她披衣起床,将裤子处理好才安然入睡。奶奶一大早醒来就给孙子做早饭,水未烧开的时候想起孙子的裤子长六七厘米,马上快刀斩乱麻进行处理。最后,小明只好穿着短了一大截的裤子去参加毕业典礼了。

从上面的故事可以看出，一个组织要有明确的计划和分工才能将事情做好。

（四）计划的分类

计划的种类很多，可以按照不同的标准分类。不同的分类方法有助于我们全面地了解计划的内涵。在实践中，由于一些主管人员认识不到计划的多样化，使得在编制计划时常常忽略某些重要的计划方面，因而降低了计划的有效性。

1. 按照计划的形式分类

（1）宗旨（使命）。任何有意义的集体组织或者企业必然有一定的宗旨或使命，它是企业经营理念和管理哲学等，是企业的发展意向。企业宗旨反映的是企业的价值观念、经营理念等，也是不同组织互相区别的根本标志。

（2）目标。使命是组织价值的高度抽象，组织的运行还需要一定时空范围内的具体目标。目标是计划所要达到的结果，它是一切企业活动所指向的最终目的。确定目标本身也是计划工作，其方法与制订其他形式的计划类似。从确定目标起，到目标分解，直至最终形成一个目标网络，不但本身是一个严密的计划过程，而且是构成组织全部计划的基础。

（3）战略。战略是为实现组织目标所确定的发展方向、行动方针、行为原则、资源分配的总体谋划。战略是指导全局和长远发展的方针，对于组织的希望和行动起引导作用。

（4）政策。政策是组织在决策时或处理问题时用来指导和沟通思想与行动方针的明文规定。政策有助于将一些问题确定下来，避免重复分析，并给其他派生的计划一个全局性的概貌，从而使主干人员能够控制住全局。

（5）程序。程序是指完成未来某项活动的方法和步骤，程序的实质是对所要进行的活动规定时间顺序，因此，程序也是一种工作步骤。

（6）规则。规则是一种最简单的计划。它是对具体场合和具体情况下，允许或不允许采取某种特定行动的规定。例如，公共场合"禁止吸烟"就是一条规则。

（7）方案。方案是为了实施既定方针所必需的目标、政策、程序、规则、任务分配、执行步骤、使用的资源而制订的综合性计划。方案可大可小，不同级别的组织都可以有自己的方案。

（8）预算。预算是以数字表示预期结果的一种报告书，也称为"数字化的计划"。

2. 按照计划制订的层次分类

根据计划制订的层次不同，可将计划分为战略计划、战术计划和行动计划。

（1）战略计划

战略计划一般是由高层领导机构制订，并下达到整个组织执行和负责检查的计划。它是对本组织有关重大的、带全局性的、时间较长的工作任务的筹划，内容也比较抽象概括。比如远景规划，就是对较大范围、较大规模的工作以及较长时间的总方向、大目标、主要步骤和重大措施的设想蓝图。这种设想蓝图虽然有重点部署和战略措施，但并不具体指明有关的工作步骤和实施措施；虽然有总的时间要求，但并不提出具体的、严格的工作时间表。如《国家职业教育改革实施方案》等。

（2）战术计划

战术计划一般是中层管理机构制定，下达或颁布到有关基层执行并负责检查的计划，战术计划一般是专业计划或业务计划，解决的是局部的、短期的问题，是实现战略计划的具体安排。它规定基层组织和组织内部各部门在一定时期要完成什么、如何完成，并筹划出人力、物力和财力资源等。

（3）行动计划

行动计划是基层执行机构制订的计划。一般是执行性的计划，主要有作业计划、作业程序和规定等。行动计划的制订首先必须以计划的要求为依据，保证战术计划和战略计划的实现。同时，行动计划还应在高层计划许可的范围内，根据自身的条件和客观情况的变化灵活地作出安排。

战略计划、战术计划和行动计划强调的是组织纵向层次的指导和衔接，它们应在统一计划、分级管理的原则下，合理划分管理权限。既要充分发挥战略计划对战术计划和行动计划的指导作用，又要通过战术计划和行动计划的实施保证战略计划目标的实现。

3. 按计划的期限分类

按计划的期限划分，计划可分为长期计划、中期计划和短期计划。一般地说，年、季计划是短期计划，2年、3年和5年计划称为中期计划，5年以上的计划为长期计划。

（1）长期计划

长期计划是指较长时期的计划，一般是指5年或5年以上的、规定组织生产方向和任务的纲领性规划，是根据国家的5年长远发展规划以及对未来市场需求情况进行科学分析和预测的基础上制定出来的。它是一种预测性较强，为企业发展方向、规模等确立一个较长时期的战略目标的计划，其特点是预见性和纲领性。

（2）中期计划

中期计划比长期计划更为具体详细，主要起衔接长期计划和短期计划的作用，以时间为中心，具体说明各年度应达到的阶段目标。中期计划既赋予了长期计划的具体内容，又为短期计划指明了方向。

（3）短期计划

短期计划比中期计划更为具体和详尽，它具体规定了组织各部门从目前到未来的各个较短时期应该从事的活动，为各组织成员在近期内的行动提供了依据。如年度销售计划、人力资源计划等。

4. 按照计划的指导程度分类

根据计划的指导程度分类，可以分为指导性计划和具体性计划。

（1）指导性计划

指导性计划一般只规定一些指导性的目标、方向、方针和政策等，并由高层决策部门制定。

（2）具体性计划

具体性计划明确规定了目标，并提供了一套明确的行动步骤和方案，具有很强的可操作性，一般由基层制定。

5. 按照职能空间分类

按照职能空间分类，可以把计划分为销售计划、生产计划、供应计划、新产品开发计划、财务计划、人事计划、后勤保障计划等。这些职能计划通常由组织相应的职能部门编制和执行。

管理思考

有人说计划赶不上变化，所以没有必要制订计划，你认同这种观点吗？为什么？

二、计划编制

(一) 计划编制程序

尽管计划的表现形式各种各样,但科学编制计划的工作程序却具有普遍性。具体如下:

1. 分析机会

在开始制订计划之前,首先要对企业所面临的环境进行分析,对环境中可能出现的机会进行分析。根据外部环境的机会、风险和企业内部的资源状况来确定自己应采取的行动,扬长避短。

2. 确定目标

管理者通过预测和机会分析,对组织面临的机会和挑战及应对策略形成了初步判断,以 SMART 原则为指导,确定出组织的阶段目标和长远目标。

3. 明确前提条件

为了确保组织目标实现,制订的计划切实可行,管理者必须明确计划实施时的环境状态,全面、准确地掌握计划实施时的环境状况和资源状况是计划成功实现的保证。

4. 拟订可行方案

围绕组织目标,充分发挥创造性和想象思维,尽可能多地拟订出各种可行的备选方案,做到群策群力、集思广益、大胆创新,以便寻求实现目标的最佳方案。

5. 评价备选方案

有了各种备选方案之后,管理者要根据目标和前提条件对每一种方案进行分析比较,找出其优缺点或者利弊。由于各种备选方案有着大量的变数和限定条件,评价工作可能相当复杂,需从方案的客观性、合理性、可操作性、有效性、经济性、机动性、协调性等方面来权衡。

6. 选择方案

依据对各备选方案的评价结果,从中选择一个最合理、最满意的方案。有时可能会发现有两个或者多个可取的方案,这时必须充分发扬民主,广泛征求意见,认真比较各种方案,从中确定出首先选择哪个方案,而将另外的方案进行细化和完善,作为后备方案。这是计划工作中最关键的一步,也是作出决策的紧要环节。

7. 拟订支持计划

选定的方案一般是组织的总体计划,为了使它有更强的针对性和可操作性,还需要制定一些派生计划,也就是支持计划,即总体计划的子计划。

8. 编制预算

编制计划的最后一步是将计划数字化,即编制预算。预算实质上是对计划的人、财、物等各类资源的分配。科学合理的预算可以有效平衡各项工作,明确权力和责任的分配等,也可以成为衡量计划完成进度的重要标准。

管理思考

请同学们思考编制一份个人一个学期的学习计划。

(二) 计划编制方法

计划工作侧重于对工作的进度安排，就是将各种需要进行的活动列出来，以达成某个目标的过程，并根据各种活动所需完成的时间一次性列出所有的活动。计划工作进度上的细节可以回答有关内容、时间、地点、方法及参与者等多项问题。本书介绍几种常见的计划编制方法。

1. 滚动计划法

滚动计划方法又称连续性计划或互动计划，它是按照"近细远粗"的原则制订一定时期内的计划，然后根据计划的执行情况和外界环境的变化情况，调整和修订未来的计划，并逐期向前移动，使计划不断向前延伸，形成一个连续的过程，从而把短期计划、中期计划、长期计划有机结合起来的一种方法。由于在计划工作中很难准确地预测未来，计划期越长，这种不确定性就越大。为提高计划的有效性，可以采用滚动计划方法。它可以提高组织的应变能力，同时也能及时调节计划，使各计划期能基本保持一致。

滚动计划法的编制方法可以总结如下：

在计划制订时，同时考虑制订未来若干期的计划，但计划内容采用近细远粗的方法，即把近期的详细计划和远期的粗略计划结合在一起。在近期计划完成后，根据计划执行情况和环境变化情况，对原计划进行修订和细化。以后根据同样的原则逐期向前滚动，如图3-5所示。

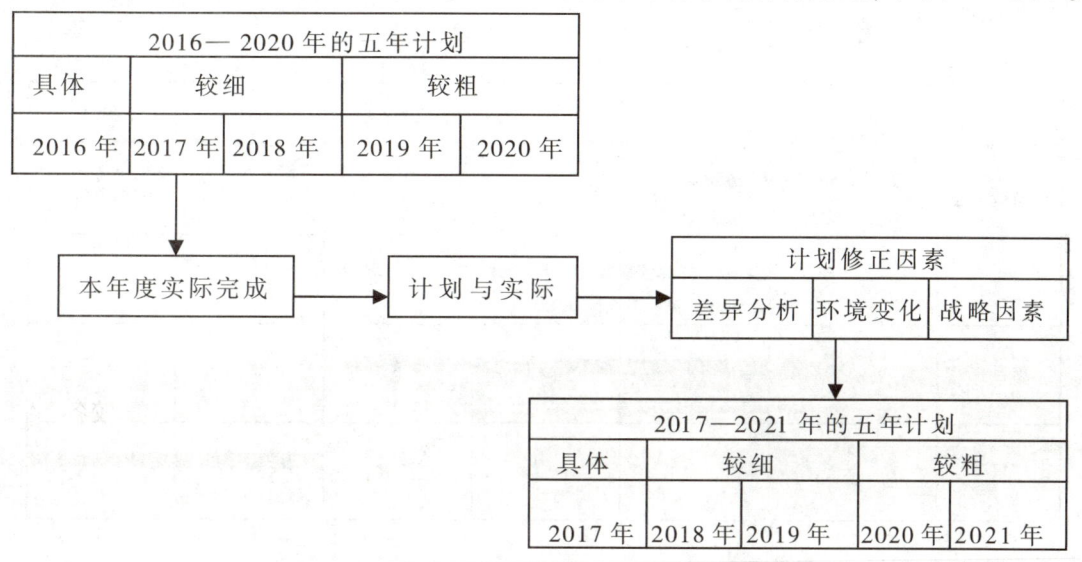

图3-5 滚动计划法编制示例

滚动计划法虽然使得计划编制工作的任务量加大，但在计算机已被广泛应用的今天，其优点十分明显：第一是把计划期内各阶段以及下一个时期的预先安排有机地衔接起来，而且定期调整补充，从而从方法上解决了各阶段计划的衔接和符合实际的问题；第二是较好地解决了计划的相对稳定性和实际情况的多变性这一矛盾，使计划更好地发挥其指导生产实际的作用；第三是采用滚动计划法，使企业的生产活动能够灵活地适应市场需求，把供产销密切结合起来，从而有利于实现企业预期的目标。

长期计划的计划期是比较长的，很难预测各种环境因素的变化，因而很难确保长期计划的成功实施。采用滚动计划法，可以根据环境条件变化和实际完成情况，定期地对计划进行修订，使组织始终有一个较为切合实际的长期计划作指导，并使长期计划能够始终与短期计划紧密地衔接在一起。

2. 甘特图

甘特图以提出者亨利·劳伦斯·甘特（Henry Laurence Gantt）先生的名字命名，又称为横道图、条状图，其通过条状图来显示项目、进度和其他时间相关的系统进展的内在关系随着时间进展的情况。

甘特图以图示通过活动列表和时间刻度表示出特定项目的顺序与持续时间（图3-6）。一幅线条图，横轴表示时间刻度，纵轴表示计划项目，线条表示计划完成的活动和实际完成情况。它可以直观表明计划何时进行，进展与要求的对比，便于管理者弄清项目的剩余任务，评估工作进度。甘特图是以作业排序为目的，将活动与时间联系起来的最早尝试的工具之一，帮助企业描述工作中心、超时工作等资源的使用。它以简单、醒目、便于编制等特点，在管理中被广泛应用。

甘特图的优点：一是图形化概要，通用技术，易于理解；二是有专业软件支持，无须担心复杂计算和分析。它适合于一些中小型企业，不超过30项活动的。局限主要是甘特图事实上仅仅部分地反映了项目管理的三重约束（时间、成本和范围），因为它主要关注进程管理（时间）；尽管能够通过项目管理软件描绘出项目活动的内在关系，但是如果关系过多，纷繁芜杂的线图必将增加甘特图的阅读难度。

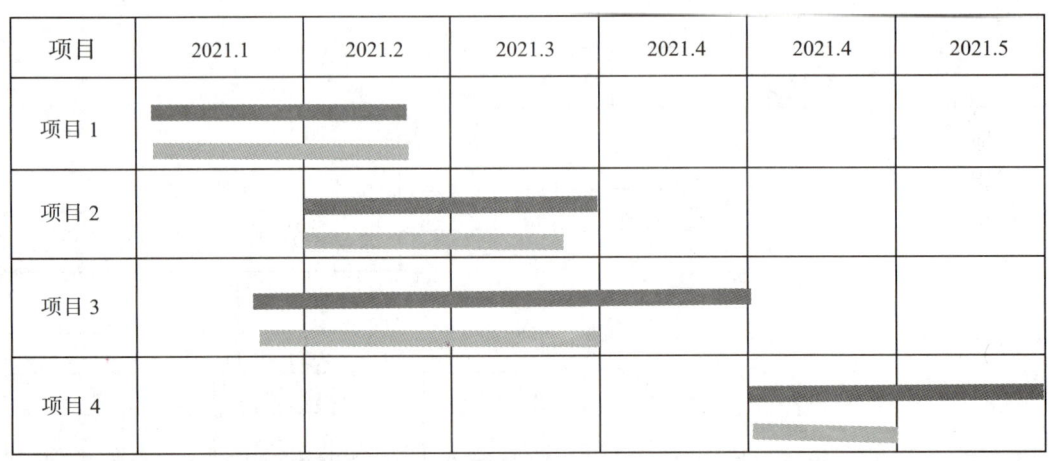

图3-6 甘特图示例

3. 网络计划技术

网络计划技术是在20世纪50年代末发展起来的。它主要应用于项目化工作的计划制定，如建筑工程项目建设、举行大型活动等。它的基本原理是把完整的项目化工作分解为若干个具体的作业或者活动，利用绘制网络图来安排工作计划，明晰各个作业或活动的先后顺序以及相互关系等，通过计算从中找出关键工序和关键路线，确定最优的工作方案，并在方案实施的过程中进行有效的控制，确保达到预期的目标。工程项目越大，协作关系越多，生产组织越复杂，网络计划技术的优势就越明显。

网络图是网络技术的基础。它的基本结构如图3-7所示。

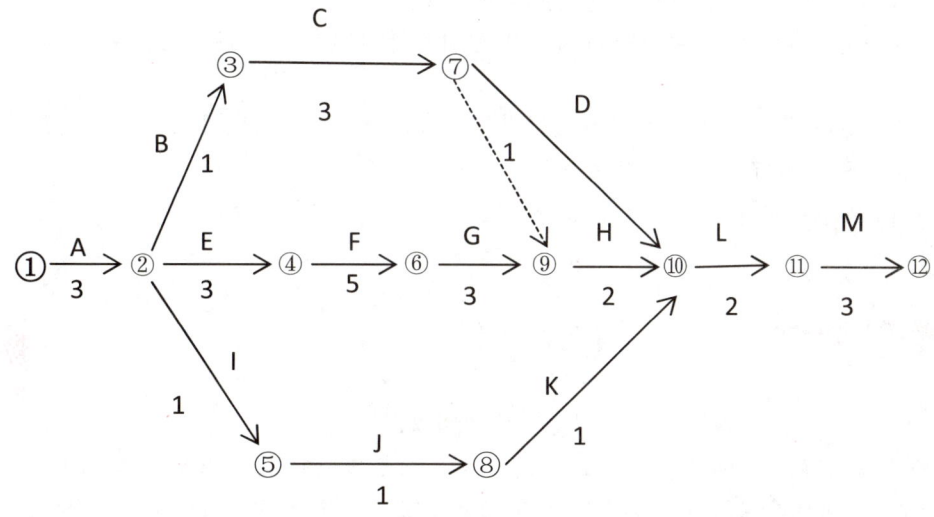

图3-7 网络图

分析图3-7可知，网络图由以下几个部分构成。

（1）"→"，表示工序。它是一项工作的过程，有人力、物力参与，经过一段时间才能完成。图3-7中箭头线下的数字便是完成该项工作所需的时间。此外，还有一些工序既不占用时间也不消耗资源，是虚设的，称为虚工序，在图中用"┈▶"表示。网络图中应用虚工序的目的是避免工序之间关系的含混不清，正确地标明工序之间先后衔接的逻辑关系。

（2）"○"，表示事项。它是两个工序间的连接点。事项既不消耗资源也不占用时间，只表示前道工序结束后道工序开始的瞬间。一幅网络图中只有一个始点事项、一个终点事项。

（3）路线。路线是指网络图中由始点事项出发沿箭头线方向前进，连续不断地到达终点事项为止的一条线路。一幅网络图中往往存在多条路线，如图3-7中从始点"①"连续不断地走到终点"⑫"的路线有以下4条：

a. ①→②→③→⑦→⑩→⑪→⑫；
b. ①→②→③→⑦→⑨→⑩→⑪→⑫；
c. ①→②→④→⑥→⑨→⑩→⑪→⑫；
d. ①→②→⑤→⑧→⑩→⑪→⑫。

比较各路线的路长，可以找出一条或几条最长的路线，这些路线被称为关键路线。关键路线上的工序被称为关键工序。关键路线的路长决定了整个计划任务所需要的时间。关键路线上的各工序完工时间的提前或推后都直接影响着整个活动能否按时完工。确定关键路线并不断优化，合理地安排各种资源，对各工序活动进行进度控制是利用网络技术计划的主要目的。

利用网络技术制订计划主要包括以下四个阶段的工作：

①分解任务。分解任务是指把整个计划活动分成若干数目的基本工作，并确定各工序

的时间，然后在此基础上分析并明确各工序时间的相互关系。

②绘制网络图。根据各工序之间的相互关系和一定的规则，如两个事项之间只能由一条箭头线相连，绘制出包括所有工序的网络图。

③寻找关键线路。根据各工序所需作业时间，计算网络图中各线段的路长，找出关键线路。

④网络计划的优化。网络计划的优化是指不断改善网络计划的最初方案，使之获得最佳工期、最低成本和对资源的最合理利用。

三、时间管理

 管理案例

> **人生最初的财富**
>
> 瑞士是全球第一个实行电子户籍卡的国家，在这里，婴儿一出生，医院便会立即打开计算机，通过户籍网络查看这个孩子是这个国家的第多少位成员，然后以此为编号开始在户籍卡中输入这个孩子的姓名、性别、出生时间及家庭地址。婴儿和大人一样，用的都是统一规格的户籍卡，因此每一名刚出生婴儿的户籍卡上都有财产状况这一栏。
>
> 1998年，南美的一位黑客通过国际互联网侵入瑞士的户籍网络，想把自己刚出生的儿子注册为瑞士籍，并开始填写有关表格。在填写财产这一栏时，他随便敲了一个数——3.6万瑞士法郎。这位黑客在确信一切天衣无缝后便关了机。他本以为自己的儿子从此以后就成了瑞士人，谁知不到三天，瑞士当局就发现了这位假居民。值得一提的是，查出这位假居民的并非是瑞士的户籍管理人员，而是一位家庭主妇。她在为女儿注册户口时，对前一位在财产栏中填3.6万瑞士法郎的人产生了怀疑，因为所有的瑞士人在为孩子填写拥有的财产时，写的都是"时间"两字。他们认为，对一个人尤其是对一个刚出生的孩子来说，他们所拥有的财富，除时间之外再不会有其他的东西。一个人出生后到底拥有什么？说到底，无非就是几十年的时间。

时间也许是世间最为宝贵的一种稀缺资源，它公平、无私，不论身份差异、财富差异等，对于所有人一视同仁，一天给予每个人的永远只有24小时，不同的是有些人珍惜时间、善用时间。现实生活中，我们常常会听到有人抱怨：时间不够用、事情做不完……如何来改变这种情况呢？如何来提高我们的工作效率呢？最好的办法就是做好时间管理，把有限的时间资源有效地利用起来。

（一）时间管理概述

时间管理就是合理安排自己的计划，运用一定的技巧、方法与工具实现对时间的灵活以及有效运用，从而实现个人或组织的既定目标的过程。时间管理探索的就是如何减少对目标没有价值的时间消耗，有效完成既定目标。由于时间具有供给毫无弹性、无法储存、无法替代、无法失而复得四个特征，所以时间管理的对象不是时间，而是面对时间进行自我的管理。

管理案例

胡适在毕业典礼上的演讲

1930年，胡适先生在一次毕业典礼上，发表了一篇演讲，内容如下：

诸位毕业同学：你们现在要离开母校了，我没有什么礼物送给你们，只好送你们一句话。这一句话是：珍惜时间，不要抛弃学问。

以前的功课也许有一大部分是为了这张文凭，不得已而做的。从今以后，你们可以依自己的心愿去自由研究了。趁现在年富力强的时候，努力做一种专门学问。少年是一去不复返的，等到精力衰竭的时候，要做学问也来不及了。有人说：出去做事之后，生活问题急需解决，哪有功夫去读书？即使要做学问，既没有图书馆，又没有实验室，哪能做学问？

我要对你们说：凡是要等到有了图书馆才读书的，有了图书馆也不肯读书；凡是要等到有了实验室方才做研究的，有了实验室也不肯做研究。你有了决心要研究一个问题，自然会节衣缩食去买书，自然会想出法子来设置仪器。至于时间，更不成问题。达尔文一生多病，不能多做工，每天只能做1点钟的工作。你们看他的成绩！每天花1点钟看10页有用的书，每年可看3600多页书；30年读11万页书。

诸位，11万页书可以使你成为一个学者了。可是每天看3种小报也得费你1点钟的工夫；四圈麻将也得费你1点半钟的光阴。看小报呢？还是打麻将呢？还是努力做一个学者呢？全靠你们自己选择！易卜生说：你的最大责任就是把你这快材料铸造成器。学问就是铸器的工具。抛弃了学问便是毁了你自己。

再会了，你们的母校眼睁睁地要看你们10年之后成什么器。

（二）时间管理的误区

管理测试

我们用最简单的办法测试你对时间的管控程度，你只需回答"是"或"否"。
1. 如果没有完成你所希望做的工作，是否有负罪感？
2. 即使没有出现严重问题或危机，你也经常感到压力山大？
3. 你有许多并不重要但长时间未处理的文件或邮件吗？
4. 你常常不能集中精神来工作，常常在做重要工作时被打断吗？
5. 你常常感觉有许多事情要做，但做起事情来又感觉效率低下吗？
6. 你时常把工作推到最后一分钟，然后再很努力地去做完它们吗？
7. 你感觉自己的工作落下了很多，总是很难在既定目标内完成。
8. 你很想跟家人多待一会儿，可你感觉根本就没有时间。
9. 你都没有时间和朋友聚一聚，感觉自己生活的圈子越来越小了。
10. 你知道自己迫切需要提高，但总是无暇阅读与工作有关的书籍。
11. 你没有开通微博，也不知道什么是微信，没有时间尝试新鲜事物，感觉自己out了。
12. 什么，你问我的业余爱好？我哪有时间去从事什么业余爱好，太奢侈。

13. 感觉自己没有在有限的时间里做自己应该做的事情，每一天都忙却忙的不是地方。
14. 很想好好给自己放个假，但如果长休了一段时间，又会有负罪感。
15. 你常常沉醉于过去的成功或失败之中，不敢想未来会怎样。
16. 还记得自己的理想吗？或许自己的宏图大志等都只有在梦中实现了。
0～3 个是，恭喜你，保留并坚持你的方法，并多介绍经验。
4～7 个是，还可以，方向正确，但需要进一步提升技能。
8～11 个是，当心哦，你需要重新审视你的时间管理方法了。
12～16 个是，救命哦。你迫切需要学习时间管理并付诸实施。

时间管理误区就是指导致时间浪费的各种因素。下文分析几种时间管理的误区。

1. 工作缺乏计划

不作计划的人只是消极地应付工作，被动地回应外界的变化，缺失了对自己时间的有效把控，谁来了都可以划上一块。缺乏计划的人，每天都是忙忙碌碌做些没有意义的事情，浪费时间、浪费精力。而做计划的人，都是有意识地支配工作，始终处于主动地位，大大提高工作效率。

2. 组织工作不当

组织工作不当主要体现在以下四点：
（1）职责权限不清，工作内容重复，造成时间白白浪费；
（2）管理者不能合理授权，事必躬亲，亲力亲为；
（3）沟通不畅，造成信息传递不畅，从而使工作陷入盲目状态；
（4）工作时断时续，不能有效衔接。

3. 时间控制不够

我们时常在时间控制方面犯以下错误：
（1）习惯拖延时间；
（2）不善处理不速之客的打扰；
（3）不善处理无端电话的打扰；
（4）泛滥的"会议打扰"。

4. 整理整顿不足

研究表明，桌面杂乱的人平均每天要花一个半小时找东西或者因此走神。一个半小时，听起来似乎不可思议，但事实确实如此。效率高的人，桌面一般是很整洁的，这样他们就可以把精力集中到今天的工作重点上，提高工作效率。

5. 进取意识不强

我们经常说："人最大的敌人就是自己。"有些人之所以让时间白白流逝而毫无负罪感，最根本的原因是他们缺乏进取精神，缺乏对工作的责任感和生活的认真态度。

管理思考

思考一下，你在宿舍的桌面是什么样的？桌面是否整洁对你的时间管理有没有影响？结合自己学习和生活经历，分享一下自己对时间管理重要性的认识。

（三）时间管理的原则

时间管理的目的是有效利用时间。下面介绍几项时间管理的原则。

1. 明确工作目标

在人生的旅途上，没有目标就好像走在黑漆漆的路上，不知往何处去。很多人表示每天都是忙在日常工作上就已经透不过气，还哪有时间好好想想自己的将来。但这正是问题的症结，就是因为没有目标，每天才弄得没头没脑、蓬头垢面，这只是一个恶性循环罢了，随波逐流，缺乏目标的人，永远不能淋漓尽致地发挥自己的潜能。明确工作目标为我们指引了前进方向，能够有效激励我们努力工作。

2. 制订有效的工作计划，有计划、有组织地开展工作

有计划、有组织工作就是把目标分解为工作计划，通过采取适当的步骤和方法，最终达成有效的结果。其实绝大多数的难题都是由未经认真思考的行为引起的。在制订有效计划中每花费1个小时，在实施计划中就可能节省3~4小时，并会得到更好的结果。

3. 学会列清单

想要清楚知道自己工作的进度，更有效地开展下一步的工作，我们要学会适时列出工作清单，可以每天工作之前先把今天要完成的工作按照紧急程度列出来，这样工作就有章可循，不会出现迷茫、乱忙的状态，有时感觉无事可做，有时又被多项紧急工作催促。

4. 分清工作的轻重缓急

我们每天都要面对纷繁复杂的各项工作，合理地安排工作的轻重缓急可以有效地利用时间，把每项工作都做好。确定每项工作的轻重缓急是管理者的基本技能，管理者应该对每天或每周要做的事情胸中有数，而且能够分清主次，清楚哪些事情必须有限处理，并根据事情的轻重缓急来计划自己的工作和活动安排。我们可以采用时间管理四象限的方式来进行分类。

时间管理四象限是指按照紧迫性和重要性两个程度，把要做的事情按照既紧急又重要、重要但不紧急、既不紧急也不重要、紧急但不重要的排列组合分成四个象限（图3-8），这四个象限的划分有利于我们对时间进行深刻的认识及有效的管理。

（1）第一象限：既紧急又重要

这个象限包含的是一些紧急且重要的事情，这一类的事情具有时间的紧迫性和影响的重要性，无法回避也不能拖延，必须首先处理优先解决。它表现为重大项目的谈判，重要的会议工作等。

（2）第二象限：重要但不紧急

这一象限内的工作不必马上去做，但是对管理者的成功非常重要。有效率的管理者会将大部分的经历投入到这一象限的工作中，把这一部分的工作做好，可以有效减少第一象限的工作。

（3）第三象限：既不紧急也不重要

第三象限的事件大多是些琐碎的杂事，没有时间的紧迫性，没有任何的重要性，比如文件归档、清理办公室抽屉等人人都可以做的工作。这一部分的工作最容易消磨管理者的时间和精力，因此管理者可以把这些工作安排其他人做。

（4）第四象限：紧急但不重要

第四象限内的工作是紧急但不重要的。这一象限的工作许多人都能遇到，如正在处理某项工作时突然来电话或者突然有人到访。对于这些情

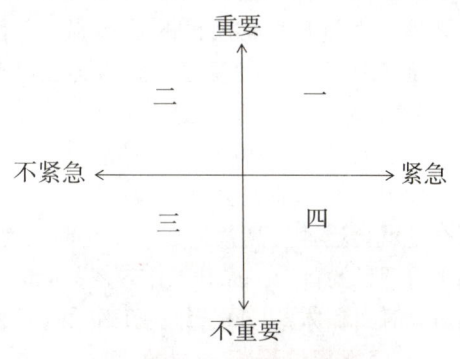

图3-8 时间管理四象限

况，人们通常是先做紧急的事情再做重要的事情，但往往会陷入被动，在一些不重要的事情上花费很多的时间。对于这些紧急但不重要的事情，一名成熟的管理者往往不会耗费过多的精力来处理，而将工作时刻聚集在那些重要的事情上。

管理案例

时间管理——鹅卵石的故事

鹅卵石的故事

在一次时间管理的课上，教授在桌子上放了一个空的罐子。然后又从桌子下面拿出一些正好可以从罐口放进罐子里的鹅卵石。当教授把鹅卵石全部放完后，问他的学生："你们说这罐子是不是满的？"

"是。"所有的学生异口同声地回答说。

"真的吗？"教授笑着问，然后又从桌底下拿出一袋碎石子，把碎石子从罐口倒下去，摇一摇，再加一些，问学生："你们说这罐子现在是不是满的？"这次他的学生不敢回答得太快。最后，班上有位学生怯生生地细声回答道："也许没满。"

"很好！"教授说完后，又从桌下拿出一袋沙子，慢慢地倒进罐子里。教授倒完沙子后，再问班上的学生："现在你们再告诉我，这个罐子是满的，还是没满？"

"没有满！"全班同学很有信心地回答说。

"好极了！"教授再一次称赞这些"孺子可教"的学生，然后从桌底下拿出一大瓶水，把水倒进看起来已经被鹅卵石、碎石子、沙子填满了的罐子。当这些事都做完之后，教授正色问道："我们从上面这些事情得到了什么样的启示？"班上一位自以为聪明的学生回答说："无论我们的工作多忙，行程排得多满，如果挤一挤时间，还是可以多做些事的。"

这位学生回答完后心中很得意地想："这门课到底讲的是时间管理啊！"

教授听到这样的回答后点了点头，微笑地说："答案不错，但这并不是我要告诉你们的最重要的信息。"说到这里，这位教授故意顿住，用眼光向全班同学扫了一遍说，"我想告诉各位的最重要信息是，如果你不先将大的'鹅卵石'放进罐子里去，你也许以后永远没机会把它们再放进去了。"

对于有限的时间和工作中林林总总的事情，我们可以按重要性和紧迫性的不同组合确定处理的先后顺序，做到鹅卵石（重要而紧迫的事情）、碎石子（重要但不紧迫的事情）、沙子（紧迫但不重要的事情）、水（不重要也不紧迫的事情）都能放到罐子里去。但首先要确定的是，什么是我们必须首要处理的"鹅卵石"。对于人生旅途中出现的事件也应如此处理，也就是平常所说的处在哪一年龄段要完成哪一年龄段应完成的事；否则，时过境迁，到了其他年龄段就很难有机会去补救了。

5. 制定规则，遵守纪律

想要有效地利用时间，就要严格规定完成工作的时间。如果一个人有一整天的时间来做某一项工作，那他就会花一天的时间来去做它；如果他只有一个小时的时间来做这项工作，那么他就会迅速且高效地在一个小时内完成，所以规定工作完成的时间非常重要，它会无形中约束管理者的行为，提升工作效率；同时管理者也要注意劳逸结合，制订工作计划时要适当留出机动时间和休息时间，维持工作和生活的平衡，以便自己保持良好的状态和愉快的心情。

6. 同类事情最好一次做完

为了提高工作效率，管理者可以将同类事情一次性做完。在做这类事情时，管理者可以

有效将奖励集中，研究表明，当人们重复做一件事情时，就会熟能生巧，效率也会提高。

 **管理思考**

请同学们以小时为单位列出自己昨天一天的工作清单，分析一下自己利用时间的效率如何，针对时间管理误区应该如何改进。

 任务三　目标与目标管理

 管理情境

轩宇公司的目标管理

轩宇公司张总经理在一次职业培训中学习到很多目标管理的内容，他对于这种理论的简单清晰及其预期的收益印象非常深刻，因此他决定在公司内部实施这种管理方法。张总认为，由于各部门的目标决定了整个公司的业绩，因此应该由他本人为他们确定较高的目标。确定了目标之后，他就把目标下发给各个部门的负责人，要求他们如期完成，并口头说明在计划完成后要按照目标的要求进行考核和奖惩。但是他没有想到的是中层经理们在收到任务书的第二天就集体上书表示无法接受这些目标，致使目标管理方案无法顺利实施，张总感到很困惑。

请思考：为什么会出现这种情况？张总的做法存在哪些问题？

 任务分析

目标管理作为一种行之有效的管理方法，在很多组织推广使用。但有效实施目标管理法（或者说要使目标管理法得到很好地应用）的条件是：目标要明确；组织内各部门之间要相互协作和加强沟通；目标的设定要由全体员工共同参与并由员工执行。其中任何一个环节出现问题，均可能影响目标管理方法的实施效果，甚至影响组织最终目标的实现。

管理知识

一、目标的概念及其作用

目标是根据组织的使命提出的组织在一定时期内所要达到的预期成果，是一个组织在一定时期内奋力争取达到的、所希望的未来状况。

每个人做任何事情都需要有目标：学生们的刻苦学习是为了取得更好的成绩，为自己的理想拼搏；员工们认真工作是为了完成某项工作任务，获取应得的收入；农民们辛勤劳作是为了获取好的收成，为一年的辛苦换取丰硕的果实。目标是激发人们行动的动力，使人们看到奋斗的希望。

目标是一个组织各项管理活动所指向的终点，为管理决策指明了方向，如果没有明确的目标，整个组织就会陷入混乱，成为一盘散沙。目标是组织存在的前提，是组织开展各项工作的基础，是整个组织的行动指南，在管理中起着非常重要的作用。目标的作用可以总结如下：

（一）目标为组织管理工作指明了方向

管理是为了实现同一目标而协调组织各方面共同努力的过程。目标的订立为管理者提供了协调集体行动的方向，从而有助于引导组织成员形成统一的行动。所以，有人把目标的这一作用比喻为"北斗星"。

（二）目标对组织成员具有激励作用

目标是激励组织成员共同努力的力量源泉。只有在员工明确了行动目标后，才能调动其潜在努力，使其尽力而为，创造最佳成绩。员工也只有在达到了目标后，才会产生成就感和满足感。有学者曾研究了目标对打字员、司机、电脑数据录入员、装卸工人及某些服务人员的激励效果，结果显示，明确的工作目标可使工作绩效提高11%~17%。

（三）目标对组织具有一定的凝聚作用

凝聚力是使组织成为一个多成员的联合体，而不是一盘散沙的重要因素。当组织目标充分体现组织成员的共同利益，并与组织成员的个人目标保持和谐一致时，它能够极大地激发组织成员的工作热情、献身精神和创造性。

（四）目标达成度是检验和衡量工作绩效的客观标准

目标不仅是管理人员制订决策方案的出发点，而且是考核管理决策的制定和执行工作好坏的依据。组织制定了明确的目标，有关人员的思考和行动才有客观的准则，而不至于凭主观意志作决定，凭主观印象做考核。一般来说，对组织成员的业绩考核是根据其目标的实现程度来进行的，因此组织目标也是组织进行绩效考核的基本依据。

管理案例

目标的威力——哈佛大学调查研究

美国哈佛大学有一个非常著名的关于目标对人生影响的跟踪调查。对象是一群智力、学历、环境等条件差不多的年轻人，起初统计发现：27%的人没有目标；60%的人目标模糊；10%的人有清晰但比较短期的目标；3%的人有清晰且长期的目标，并能把目标写下来，经常对照检查。

经过25年的跟踪研究，发现他们的生活状况和分布现象十分有意思。那些占3%的，25年来几乎不曾更改过自己的人生目标，朝着同一方向不懈地努力。25年后，他们几乎都成了社会各界的顶尖成功人士，他们中不乏白手创业者、行业领袖、社会精英。

占10%的，大都生活在社会的中上层。他们的共同特点是，那些短期目标不断被达成，生活状态稳步上升，成为各行各业不可缺的专业人士，如医生、律师、工程师、高级主管等。

占60%的目标模糊的人，几乎都生活在社会的中下层面，他们能安稳地生活与工作，但都没有什么特别的成绩。剩下27%的是那些25年来都没有目标的人群，他们几乎都生活在社会的最底层。他们的生活过得不如意，常常失业，靠社会救济，并且常常都在抱怨他人，抱怨社会，抱怨世界。

可以看出，目标对人生具有巨大的导向作用，可以说有什么样的目标就会有什么样的人生。

二、目标的制定原则

目标——制定目标的
SMART 原则

> 曾经有人做过这样一个实验：组织甲、乙、丙三组人，让他们沿着公路步行，分别向 10 公里外的三个村子行进。
>
> 甲组不知道去的村庄叫什么名字，也不知道它有多远，只告诉他们跟着向导走就是了。
>
> 乙组知道去哪个村庄，也知道它有多远，但是路边没有里程碑，人们只能凭经验估计要走两小时左右。
>
> 丙组最幸运。大家不仅知道所去的是哪个村子，它有多远，而且路边每公里有一块里程碑。
>
> **思考：**这个案例给了我们什么启示？

为了有效地实现目标，使制定的目标更具有可操作性，我们在制定组织目标时应遵循 SMART 原则。SMART 是 5 个英文单词的首字母组合。一般而言，科学的、合理的、好的目标都符合 SMART 原则。

（一）S—明确性（specifie）

所谓明确就是要用具体的语言清楚地说明要达成的行为标准。明确的目标几乎是所有成功团队的一致特点。很多团队不成功的重要原因之一就因为目标定的模棱两可，或没有将目标有效地传达给相关成员。所谓具体，就是目标要与任职人的工作职责或部门的职责相对应。例如，有人说："我将来要做一个伟大的人。"这就是一个不具体的目标。目标制定要具体。例如，你想把英文学好，你制定了一个目标：每天一定要背 10 个单词、阅读 1 篇文章或者通过英语四级。

（二）M—可衡量性（measurable）

可衡量性是指目标是否达成可以用指标或者成果的形式进行衡量。在实现目标的过程中，目标的进度最好也是可以衡量的，至少有几个关键事件点来表示目标的实现进度。杜绝在目标设置中使用形容词等概念模糊、无法衡量的描述。目标越明确，就能提供越多的指引。例如，你要盖一栋房子，首先要对房子盖多大面积、几层，需要多少个卧室，是用砖头还是钢筋水泥，坐落地点在哪儿，预算是多少等有明确的标准，你才能顺利地盖好房子。

（三）A—可实现性（attainable）

可实现性是指组织制定的目标是基于自身实力、特点等的考量，通过执行者付出一定努力的情况下是可以实现的。如果目标过于有难度，目标的执行者在一开始就不太相信目标是可以达成的，或者这个目标是被强压的，那么他就没有完成任务的信心或者动力，这个目标就不大可能被实现。同样太轻易达成的目标又没有挑战性。例如，篮球架的高度设置就是让人"跳一跳，够得着"的目标，这样的目标才是最具有吸引力的，才能激发人们的奋斗热情，调动积极性。

管理案例

> 曾经有人做过这样一项实验：15 个人被邀请参加一项套圈的游戏。在房间的一边钉上一根木棒，给每人几个绳圈，并把它们套到木棒上，离木棒的距离可以自己选择。站得太近的人很容易就把绳圈套在木棒上，而且很快就对这个游戏失去了兴趣；站得太远的人总是套不进去，于是很快就泄气了；但有少数人站的距离恰到好处，不但使游戏具有挑战性，而且他们更有成就感。研究者解释：这些人有高度的成就动机，他们通常不断地设定具有挑战性但又经过努力能够实现的目标。所以，目标的制定要符合"跳一跳，够得着"的思想，即设置那些挑战性与可实现性共有的目标。

（四）R—相关性（relevant）

目标的相关性是指实现此目标与其他目标的关联情况。如果这个目标的实现与其他的目标完全没有关系，或相关度很低，那么即使这个目标实现了，意义也不是很大。因为工作目标的设定是与岗位职责相关联的，不能偏离方向。例如，你让一名前台人员学些英语以便接电话的时候用得上，这时候提升英语水平和前台接打电话的服务质量有关联，即学英语与目标直接相关，那么她学习英语就有意义。

（五）T—时限性（time based）

目标特性的时限性就是指目标是有时间限制的，必须规定在什么时间内完成什么样的任务或者实现什么样的目标。例如，规定某人在 2020 年 8 月 31 日之前完成某项工作。那么 2020 年 8 月 31 日就是一个确定的时间限制。没有时间限制的目标没有办法考核，也会带来考核的不公平。上下级之间对目标轻重缓急的认识程度不同，很有可能上级着急，下属却不知道。最后，上级可能暴跳如雷，而下属则觉得委屈，从而伤害了工作关系，伤害了下属的工作热情。因此，目标设置要有具体时间限制，需要根据任务的权重、事情的轻重缓急拟订出完成目标的时间要求，定期检查项目的完成进度，及时掌握项目进展的变化情况，以方便对下属进行及时的工作指导，以及根据工作计划的异常变化及时地调整工作计划。

总之，无论是制定组织目标，还是个人制定目标，都必须符合上述五个原则，并且缺一不可，只有这样，目标才能真正起到指引方向、凝聚鼓励等作用。

三、目标管理

（一）目标管理概述

目标管理（简称 MBO），它是由美国管理大师彼得·德鲁克（Peter F. Drucker）于 1954 年在其名著《管理实践》中最先提出的概念，其后他又提出"目标管理和自我控制"的主张。德鲁克认为，并不是有了工作才有目标，而是相反，有了目标才能确定每个人的工作。40 多年来经许多学者的发展和完善，而为许多组织广泛运用，被称为"管理中的管理"。

目标管理理论认为管理以目标为导向，以人为中心，组织最高层管理者确定了组织目标后，通过上下结合分解为各部门目标和个人目标，形成目标层次和目标体系，在工作中实行"自我控制"，管理者根据分目标的完成情况对下级进行考核、评价和奖惩。目标管理的重点是让组织中的各层管理人员与各自的下属围绕着下属的工作目标以及如何完成这些目标进行充分的沟通。目标管理的基本假设是组织中的全体人员——管理者和操作者，都必须而且能够亲自参加制定目标和实施计划，在工作中实施"自我控制"，并努力完成各自的工作目标。

（二）目标管理的特征

1. 强调以目标为中心的管理

制定目标是组织管理工作的开始，实现既定目标是组织一切活动的价值和方向。目标管理通过专门的设计，将组织的整体目标逐级分解，转换为各部门、各员工的分目标。在目标分解的过程中，权、责、利三者已经明确，而且相互对应。这些目标方向一致，环环相扣，相互配合，形成协调统一的目标体系，工作效果以完成计划目标的程度为准进行考核。

2. 强调以人为中心的主动式管理

目标管理是一种强调参与和民主的管理方法。在形成目标体系的过程中，目标的执行者参与目标的制定，这样制定的目标更符合个人实际、需求等，可操作性更强；管理者与被管理者共同参与制定目标，各级各类人员共同主动追求目标，有利于调动各级人员在实现目标过程中的积极性和创造性。

3. 目标管理重视自我控制

目标管理要求各司其职，各负其责，各级管理人员都要充分履行职权，按时完成自己的目标，以自我要求代替被动约束，激励员工把潜力发挥出来，通过自我控制实现组织和个人的目标。

（三）目标管理的工作程序

目标管理是由高层管理者引导，全体成员共同参与的结果。目标管理的工作程序具体如下：

1. 设置目标体系

实现目标管理，必须建立一套完整的目标体系（图3-9）。这一阶段可以细分为四个步骤：

（1）组织高层管理制定总目标。由组织的高层管理者根据组织的实力、外部条件等，制定出一定时期内组织要达到的总目标；领导必须根据企业使命和长远战略，估计客观环境带来的机会和挑战，对本企业的优劣有清醒认识。对组织应该和能够完成的目标胸中有数。

（2）重新审议组织结构和职责分工。目标管理要求每一个分目标都有确定的责任主体。因此预定目标之后，需要重新审查现有组织结构，根据新的目标分解要求进行调整，明确目标责任者和协调关系。

（3）确立下级的目标。确定了组织的总体目标之后，要采取上下左右协商的方式，共同商量决定各部门乃至各人员的分目标，确保组织内成员都明确各自的具体目标；在讨论中上级要尊重下级，平等待人，耐心倾听下级意见，帮助下级发展一致性和支持性目标。分目标要具体量化，便于考核；分清轻重缓急，以免顾此失彼；既要有挑战性，又要有实现可能。每个员工和部门的分目标要和其他的分目标协调一致，支持本单位和组织目标的实现。

（4）上级和下级就实现各项目标所需的条件以及实现目标后的奖惩事宜达成协议。分目标制定后，要授予下级相应的资源配置的权利，实现权责利的统一。

2. 组织实施目标

目标管理重视结果，强调自主，自治和自觉。并不等于领导可以放手不管，相反，由于形成了目标体系，一环失误，就会牵动全局。因此，在组织实施时，一方面要依靠执行者自主管理，自我控制，另一方面领导在目标实施过程中的管理是不可缺少的。首先进行定期检查，利用双方经常接触的机会和信息反馈渠道自然地进行；其次要向下级通报进度，便于互相协调；再次要帮助下级解决工作中出现的困难问题，当出现意外、不可测事件严重影响组织目标实现时，也可以通过一定的手续，修改原定的目标。

3. 评估和反馈

达到预定的期限后，下级首先进行自我评估，提交书面报告；然后上下级一起考核目标完成情况，决定奖惩；同时讨论下一阶段目标，开始新循环。如果目标没有完成，应分析原因总结教训，切忌相互指责，以保持相互信任的气氛。

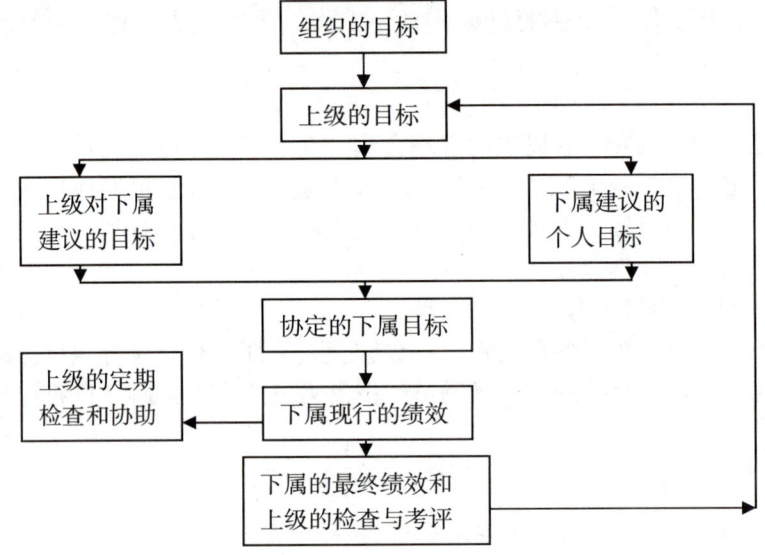

图 3-9 目标管理的过程示意图

（四）目标管理必备条件

目标管理可能看起来简单，但要把它付诸实施，管理者必须对它有很好的领会和理解。

第一，管理者必须知道什么是目标管理，为什么要实行目标管理。如果管理者本身不能很好地理解和掌握目标管理的原理，那么，由其来组织实施目标管理也是一件不可能的事。

第二，管理者必须知道组织的总目标是什么，以及他们自己的活动怎样适应这些目标。如果组织的一些目标含混不清、不现实、不协调、不一致，那么主管人员想同这些目标协调一致，实际上也是不可能的。

第三，目标管理所设置的目标必须是正确的、合理的。所谓正确，是指目标的设定应符合组织的长远利益，和组织的目的相一致，而不能是短期的。合理的，是指设置目标的数量和标准应当是科学的，因为过于强调工作成果会给人的行为带来压力，导致不择手段的行为产生。为了减少选择不道德手段去达到这些效果的可能性，管理者必须确定合理的目标，明确表示行为的期望，使得员工始终具有正常的"紧张"和"费力"程度。

第四，所设目标无论在数量或质量方面都具备可考核性，也许是目标管理成功的关键。任何目标都应该在数量上或质量上具有可考核性。有些目标，如"时刻注意顾客的需求并很好地为他们服务"，或"使信用损失达到最小"，或"改进提高人事部门的效率"

等，都没多大意义，因为在将来某一特定时间没有人能准确地回答他们实现了这些目标没有。如果目标管理不可考核，就无益于对管理工作或工作效果进行评价。

项目小结

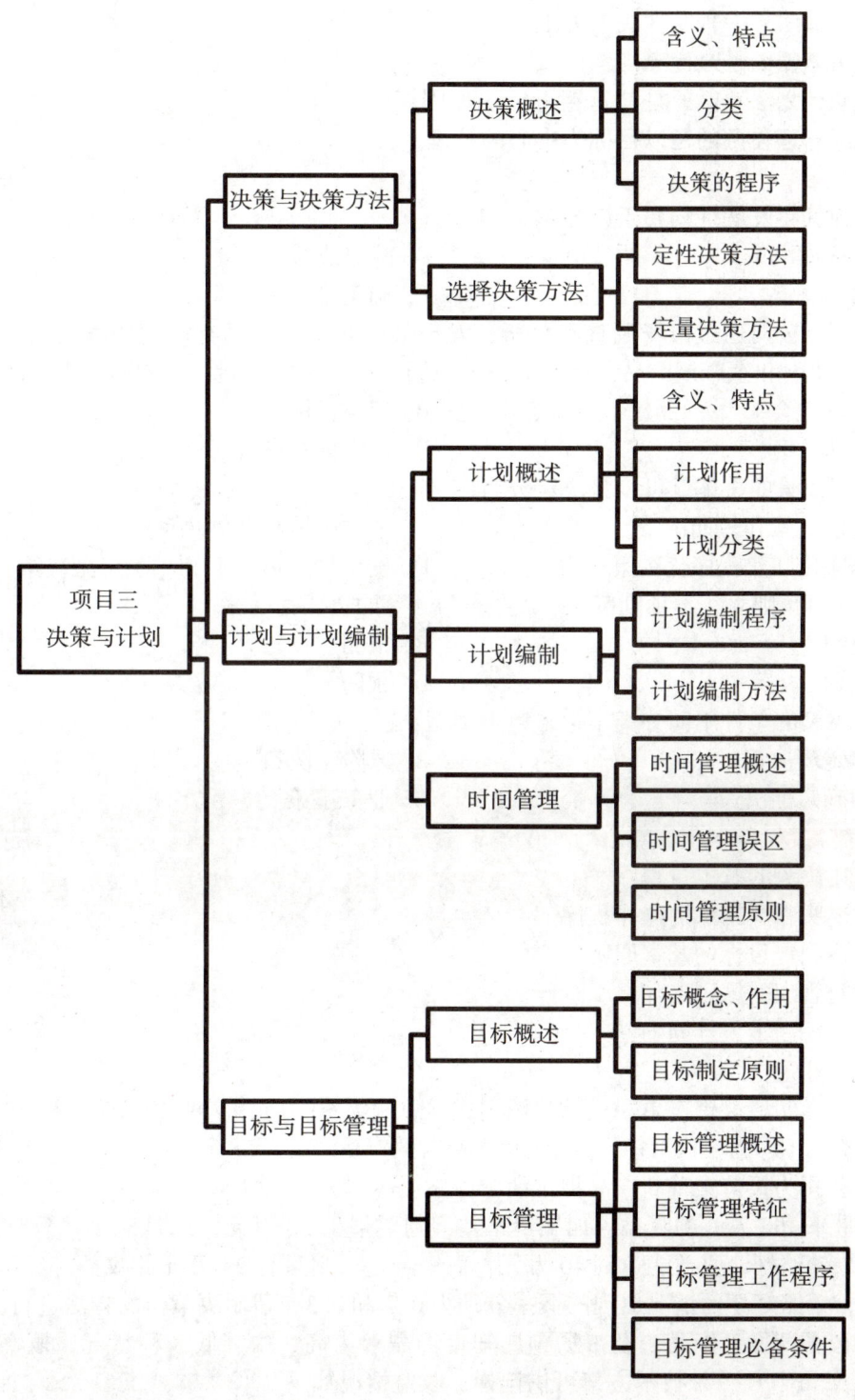

课后习题

一、判断题

1. 计划是管理的首要职能。（　　）
2. 德尔菲法是一种定性决策方法。（　　）
3. 决策遵循的是最优原则。（　　）
4. 滚动计划法遵循的是"远粗近细"原则。（　　）
5. 目标管理强调的是以目标为中心的管理。（　　）

二、选择题

1. 我国五年发展计划属于（　　）
   A. 非程序决策　　　　　　　　B. 战略决策
   C. 战术决策　　　　　　　　　D. 确定型决策
2. 甲玩具公司通过市场调查和分析，发现某种儿童玩具具有广阔的发展前景，而公司又有能力研发和生产该产品，决定进军该市场。这体现了计划工作的哪一步？（　　）。
   A. 估量机会　　　　　　　　　B. 确定目标
   C. 选择方案　　　　　　　　　D. 确定前提条件
3. 按照决策的主体，可以将决策分为（　　）。
   A. 长期决策和短期决策　　　　B. 个体决策和群体决策
   C. 程序化和非程序化决策　　　D. 确定型、风险型和不确定型决策
4. "凡事预则立，不预则废"，说的是（　　）的重要性。
   A. 组织　　　　　　　　　　　B. 预测
   C. 计划　　　　　　　　　　　D. 预防
5. 按决策的条件不同分类不包含以下类型：（　　）
   A. 确定型决策　　　　　　　　B. 风险型决策
   C. 不确定性决策　　　　　　　D. 业务决策

三、简答题

1. 简述决策的基本过程。
2. 简述头脑风暴法的操作程序。
3. 简述制定目标的基本原则。
4. 时间管理的原则是什么？
5. 如何编制个人计划书？

四、计算题

1. 某企业制造并销售单一成品，固定成本总额为60万元，产品售价为每件30元，单位变动成本为10元，计算该企业的盈亏平衡时的产量。
2. 某公司为投产某种新产品拟订两个方案：一是建大厂需投资30万元，如果产品销路好，能带来100万元的收益，如果销路差，则要损失20万元；二是建小厂只需投资20万元，如果销路好，收益能达到40万元，而销路差，则只有20万元的收益。经预测，未来5年内，销路好坏的情况出现的概率分别为0.7和0.3，请用决策树的方法进行决策。
3. 某公司开发新产品，经市场预测知市场需求为高、中、低3种状况，概率很难预知。现有A、B、C三种技术方案可供选择，收益情况如下：

损益值 方案 \ 自然状态	需求量高	需求量一般	需求量低
A 方案	500	300	100
B 方案	600	260	80
C 方案	800	100	0

请分别用乐观原则、悲观原则、折中准则、最小后悔原则和等概率原则进行方案选择的决策。

项目实训

项目：制订计划书

一、实训目的
1. 深入理解计划的内容与编制程序；
2. 培养编制计划初步能力。

二、实训内容与要求
1. 请同学们自由分组（每组 3～5 人），每小组的成员坐在一起。
2. 每个小组上交一份计划书，从以下项目中任选：
（1）我班拟策划一次周末联合活动，请草拟一份计划书；
（2）如果你是班长，怎样抓好班级管理工作？请草拟一份计划书；
（3）尝试编制一份校园超市开业的计划书；
（4）我班某同学要参加一周后的校园口才比赛，请帮他制订一份参赛计划。

三、标准及评价
1. 标准：要明确计划、内容、程序与方法，并科学可行。
2. 评价：（1）计划方案作为一次作业。（2）对在班级交流分享的表现进行评分。

请同学们结合时间管理和计划编制方法，充分认识到时间的重要性，制订一份个人三年学习成长计划，并贯彻实施计划。

项目四
组织与沟通

 学习目标

知识目标：
1. 了解组织设计的原则和内容，掌握常见的组织结构形式；
2. 理解职权配置、规范设计、人员配备；
3. 了解组织变革的原因及过程；
4. 认识沟通的过程，掌握组织沟通的类型及特点。

能力目标：
1. 能够设计基本的组织结构图；
2. 培养配备岗位人员的能力；
3. 学会分析组织沟通中的问题，提升沟通能力。

思政目标：
1. 重视团队协作精神，培养对组织的大局意识和奉献精神的使命感；
2. 培养作为管理人员对组织的凝聚力意识，增强政治认同、国家意识；
3. 培养主动、友善的沟通意识，提升与人和谐共处的人际交往能力。

任务一　组织设计

管理情境

凯迪公司是上海市一家中型企业，主要业务是为企业用户设计和制作商品目录手册，公司在浦东开发区和市区内各设有一个业务中心，这里简称为 A 中心、B 中心。

A 中心内设有采购部和目录部。采购部的职责是接受用户的订单并选择和订购制作商品目录所需要的材料，目录部则负责设计用户定制的商品目录。凯迪公司要求每个采购员都要独立开展工作，而目录部的设计人员则须服从采购员提出的要求。

凯迪公司的总部和 B 中心都设在市区。B 中心的职责是专门负责商品目录的制作。刘利是凯迪公司负责业务经营的主管，他经常听到设计人员抱怨自己受到的约束过大，从而无法实现艺术上的创新与完美。

最近，刘利在听取有关人员的建议后，根据公司业务发展的需要，决定在 B 中心成立一个市场部，专门负责分析市场需求和挖掘市场潜力，并向采购员提出建议。市场部成立不久，刘利听到了各种不同意见。比如，采购员和设计员强烈反映说，公司成立市场部不但多余，而且干涉了他们的工作。对此，市场部人员则认为，采购部和设计员太墨守成规、缺乏远见。刘利作为公司的业务经营主管，虽然做了大量的说服工作并先后调换了有关人员，但效果仍不理想。他很纳闷：公司的问题究竟出在什么地方？

（资料来源：根据网络资料整理）

请思考：凯迪公司的问题其根源是什么？

任务分析

尽管组织的形式多种多样，每个组织的性质和目标各不相同，但作为一个正式组织，组织结构设计的内容大体上是相同的，都要进行职能设计、部门设计、管理层次设计、职权设计、管理规范设计等。组织结构设计的出发点是为了合理分配职权与责任，充分调动每一位员工的积极性与创造性，最终实现组织的目标。

组织结构和部门设计具有很强的科学性，既明确部门的职责和权限，实现专业管理，又确保各部门具有共同的目标，互相协作，是组织设计的基本原则。但如果只知道设立很多的部门，而没有有效的协调机制，就会出现互相推诿责任的现象，正如上述管理情景中各部门没有进行有效的职能划分，部门之间协调性差，采购员独自工作，没有相互合作，目录部有多个领导层，没有上级的统一指挥，组织结构混乱。归根结底，凯迪公司出现的问题其根源在于没有很好地认识到设计企业组织结构的重要性，管理是一切组织的基本活动，组织离不开管理，脱离组织的管理活动也无法开展，有了明晰的组织结构，企业中的各个管理职能才能有效地发挥应有的作用。

管理知识

一、组织与组织结构

（一）组织的含义

通俗地理解，组织有两重含义：其一是作为名词，指按照某种目的建立起来的人的有序集合体，是人的工作协调与配合关系存在的形式。如工厂、机关、学校、医院以及各个党派和政治团体等各种实体组织。其二是作为动词，指为达到预定目标，安排分散的人或事物使之具有一定的系统性和整体性，涉及建立组织结构，配备人员，使组织协调运行等一系列活动的过程。

从管理学的意义上来说，根据国内外有关学者的最新研究，可以给组织作出如下的定义：所谓组织，是为有效地配置内部有限资源的活动和机构。组织是为了实现一定的共同目标而按照一定的规则、程序所构成的一种责权结构安排和人事安排，其目的在于确保以高效率实现目标。

（二）组织结构的含义

所谓组织结构，就是组织框架体系，通常用组织结构图表示。具体地说，就是如何对组织内部进行职能分工，形成横向的部门联系以及纵向的层次体系。组织结构是一个组织的"骨骼"系统，健全的组织结构可以使组织的人、财、物、信息等资源要素之间达到良好的结合，并能协调组织内部关系，充分发挥各级人员的积极性，实现组织目标。

什么是组织结构

由于组织是在发展的，因此组织的结构不可能一成不变，也不可能一模一样。由于不同的组织具有各自不同的特点，因此，一个适合所有组织的理想组织结构模式是不存在的。现代组织如果缺乏良好的组织结构，如果不能根据外部环境的变化及时调整和优化组织结构，就会影响管理效能的提高和组织效率的提高。因此，建立合理高效的组织结构是十分必要的。

管理案例

第一张组织结构图

有史可考的第一张组织结构图于 1854 年问世。它的编制者是纽约铁路公司的总裁丹尼尔·麦卡伦。这张组织结构图是树形的，其根部代表铁路公司的总裁和高管层，枝干代表公司的 5 个职能部门和客运、货运部门，树叶则分别代表地方票务代理、货运代理、工段长及其他员工。它的诞生被认为是西方工业社会从自然的人治向企业化管理转变的一个重要标志。

二、组织结构设计

组织结构设计是指以企业组织结构安排为核心的组织系统的整体设计工作，它着眼于建立一种有效的组织结构框架，对组织成员在实现组织目标中的工作分工与协作关系作出正式、规范的安排。

（一）组织结构设计的影响因素

组织结构设计必须根据组织的目标和任务，以及组织的规律和组织内、外部环境因素的变化来进行。权变理论认为，组织所处的环境因素，如组织战略、组织规模、外部环境和科学技术等对组织结构都有明显的影响。

1. 组织战略

美国学者钱德勒（A. D. Chandler）在 1962 年出版的《战略与结构：美国工业企业成长的篇章》一书中指出：战略与结构关系的基本原则是组织的结构要服从于组织的战略，即结构追随战略。这一原则表明，在组织结构与战略的相互关系上，一方面，战略的制定必须考虑企业的组织现实；另一方面，一旦战略形成，组织结构应作出相应的调整，以适应战略实施的要求，如表 4-1 所示。

表 4-1 组织结构与战略的关系

战略类型		组织结构特征
经营定位	专业化	倾向于集权型组织结构，强调内部效率和纵向控制
	多元化	倾向于分权性组织结构，强调内部自主性和结构灵活性
竞争态度	保守型	以集权的刚性为主，强调规范化和严密的控制
	稳健型	集、分权相结合，强调纵向的职能控制和横向的项目协调
	冒险型	以柔性的分权结构为主，注重创新和部门相互间的协调
竞争方式	成本领先	以职能性结构为主，注重规范化、内部效率和稳定性
	差异化	以弹性结构为主，注重横向的合作和纵向的专业化

（资料来源：邢以群. 管理学［M］. 北京：高等教育出版社，2017：217）

2. 组织规模

组织规模是影响组织设计的一个重要变量。一般而言，组织结构设计与组织规模大体上有如下关系：组织规模越大，工作专业化程度越高；组织规模越大，标准操作化程度越高，管理制度就越健全；组织规模越大，分权的程度越高。例如，对于一个只有几个人或几十个人的小企业来说，就不需要复杂的组织结构、严密的规章制度和分权决策；而对于一个数万人的大集团公司而言，很难想象如果没有一个高度复杂的组织结构来组织数万人的活动，企业会是什么样子。

3. 外部环境

任何一个组织的运行都不可能脱离一定的外部环境，有效的组织结构是那些与外部环境相适应的结构。

英国学者汤姆·伯恩斯（Tom Burns）和斯托克（G. M. Stalker）关于环境和组织结构之间关系的研究发现：环境一般可以分为相对稳定的环境和不稳定的环境。与此相适应，有两种不同的组织结构：机械式结构和有机式结构。处于相对稳定环境中的组织宜采用机械式结构，而处于不稳定环境中的组织多采用有机式结构。

机械式结构又称科层组织，是设有严格的等级层次、决策高度程序化、权力高度集中化和操作高度标准化的组织；有机式结构是一种相对分散、分权化的，具有灵活性和适应性的组织。

4. 科学技术

技术是把某种材料等资源转化为最终产品的机械力和智力转换过程。任何组织都需要通过技术将投入转化为产品。技术因素不仅包括机器设备和自动装配线，还包括情报信息系统和教育培训人才等。组织必须适应新技术的发展，设计不同的部门和相应的组织结构。

（二）组织结构设计的原则

不管企业设计什么样的组织结构，要想保证企业内部各项职能得到有效执行，各种资源得到优化配置，在进行组织结构设计时都应注意遵循一些最基本的原则。

1. 精简高效原则

精简高效是衡量组织结构合理与否的主要标准。组织结构设计的精简高效原则，就是在满足组织目标所要求的业务活动需要的前提下，力求减少管理层次，精简机构和人员，做到"因事设岗、因岗设职、因职设责、因责设人"，精干而高效，提高管理效率。

2. 内外协调原则

组织结构设计要充分考虑组织内外部环境因素的协调。企业内部的协调主要是指各职能部门之间形成既相互配合、相互支持，又相互制约、相互监督的关系。而企业外部的协调是指企业的各部门与市场中介组织、政府有关部门之间发生的管理与被管理的关系；与顾客、供应商或经销商之间发生的合作与双赢的关系。企业的经营活动与众多的社会组织密不可分，组织结构必须与市场环境相互协调。

3. 责权利对等原则

在进行组织结构设计时，既要明确每一部门的职责范围，又要赋予其完成职责所必需的管理权限，即"职权与职责必须对等"。只有职责，没有职权或权限太小，则职责承担者的工作积极性、主动性必然受到束缚，也不可能承担起应有的责任。相反，只有职权或权力过大，而不承担责任或责小于权，将会导致不负责任的滥用职权。同时，根据所负责任、承担风险及付出劳动的多少，给予相匹配的收益。在组织结构设计时，"职务要实在、责任要明确、权力要恰当、利益要合理"，职责、职权和利益之间必须协调一致。

（三）组织结构设计的内容

1. 岗位设计

岗位设计是指将若干工作任务组合起来构成一个完整岗位。

一个具有激励性的岗位应具备5个基本特征：技能多样性，即岗位要求员工使用各种技术和才能从事多种不同活动的程度；任务的特性，即岗位要求完成一项完整的和具有同一性的任务的程度；任务重要性，即一项任务对其他人的工作和生活具有实质性影响的程度；工作自主性，即岗位给予任职者在安排工作进度和决定从事工作所适用的方法方面提供的实质性自由、自主的程度；信息的反馈，即个人为从事岗位所要求的工作活动所需获得的有关其绩效信息的直接和清晰程度。

技能多样化、任务的特征和任务重要性共同创造了有意义的工作，即当一个岗位具有以上三种特征时，任职者将会把他的岗位看作是重要的、有价值的和值得做的。另外，具有工作自主性的岗位会给任职者带来一种对工作结果的个人责任感，而如果该岗位能获得工作绩效反馈，任职者可以知道他的工作效果。当员工能够了解到工作绩效，并认为自己从事的是有意义的工作，自己应该对工作结果负责时，他就会获得一种内在的激励。这种内在的激励将提高员工的工作动机、工作绩效和工作满意度，并降低旷工和辞职的可能性。

为了减少工作的枯燥性,并提高员工生产力,在管理实践中,人们总结出了以下几种岗位设计方法:

(1) 职责专门化。将岗位设计得尽可能简单,工作划分得更细小和更专业化。根据亚当·斯密的劳动分工理论和弗雷德里克·泰勒的科学管理原理,职责专门化有助于提高员工的工作熟练程度,从而取得更高的效率和更好的业绩。但过于专门化的工作,容易让人厌烦和沮丧,会导致员工的不满。

(2) 职责扩大化。为了克服由于过度的分工而导致的工作过于狭窄的弊端而提出的一种岗位设计思想。职责扩大化是指把若干活动合并为一件工作,扩大工作的广度和范围。也就是在水平范围内拓宽了岗位的内容,使工人的工作不再那么单调。

(3) 职责丰富化。职责丰富化是指从纵向上充实和丰富工作内容,核心是使从事某项岗位工作的人感受到更大的责任,并给予他们更多的自主权和控制权,从而使员工感觉到工作有意义。职责丰富化设计就是将部分管理权限下放给下级,使其在一定程度上自主决定工作内容、工作方法、工作进度等,从而体验工作的内在意义、挑战性和成就感。

岗位设计不仅包括岗位职责的明确,还应包括工作时间的安排。在这方面除了传统的按固定时刻表上下班外,已经出现了弹性工作制、钟点工以及让员工通过网络在家工作并自行决定工作时间等多种形式。

2. 部门设计

部门是指组织中主管人员为完成规定的任务有权管辖的一个特殊领域。部门设计主要是解决组织的横向结构问题,目的在于确定组织中各项任务的分配与责任的归属,以求分工合理、职责分明,有效地达到组织的目标。

部门化就是将若干职位组合在一起的依据和方式。依据不同的划分标准,可以形成以下几种不同的部门化形式。

(1) 人数部门化。单纯按人数的多少来划分部门,可以说是最原始、最简单的划分方法。军队中的师、团、营、连的划分就是用此方法划分的。

(2) 产品部门化。按组织向社会提供的产品来划分部门,如图4-1所示。产品部门化的优点是可提高决策效率,便于本部门内更好地协作,易于保证产品的质量和进行核算,缺点是容易出现部门化倾向,行政管理人员过多,管理费用增加。

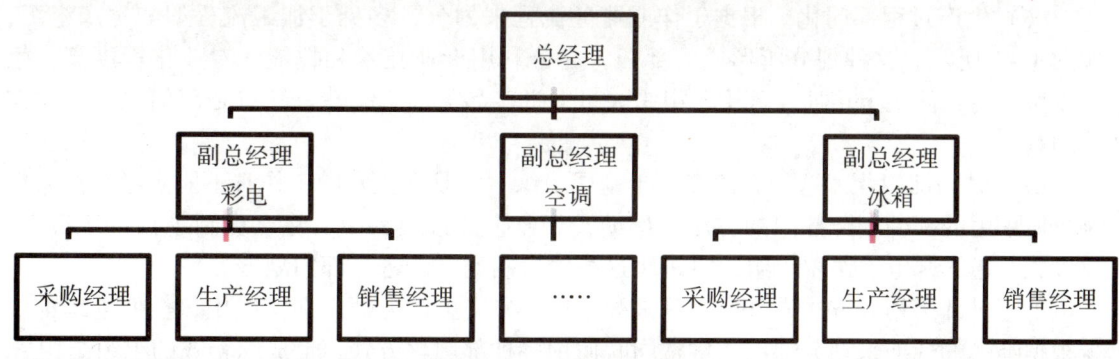

图4-1 产品部门化组织

(3) 顾客部门化。按组织服务的对象类型来划分部门,如图4-2所示。这种划分能使产品或服务更切合顾客的实际需要,但同时却牺牲了技术专业化的效果,而且只有当顾客达到一定规模时,才比较经济。

（4）地区部门化。按照地理位置来划分部门，如图4-3所示。对于一个规模较大、区域分散的组织来说，按区域划分部门是一种比较普遍的方法。这种划分的优点是对所负责地区有充分的了解，对区域环境变化反应迅速灵敏，便于区域性协调，有利于培养管理人员，缺点是与总部之间的管理职责划分较困难，容易产生各自为政的弊病。

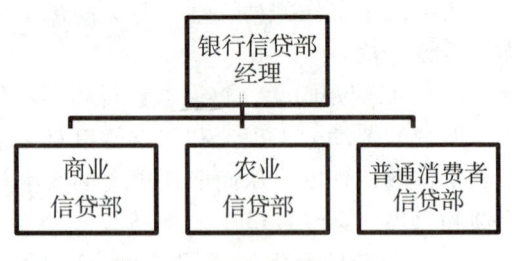

图4-2　顾客部门化组织

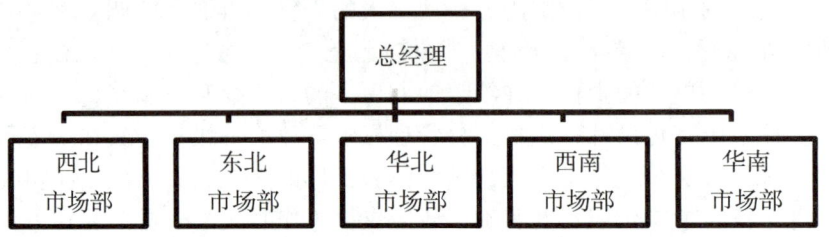

图4-3　地区部门化组织

（5）职能部门化。职能部门是一种传统而基本的组织形式。按生产专业化原则，以工作或任务的性质为基础来划分部门，如图4-4所示。此种划分优点是有利于专业人员的归口管理，易于监督与指导，有利于提高工作效率。缺点是容易出现部门本位主义，决策迟缓、管理较弱，较难检查责任与组织绩效。

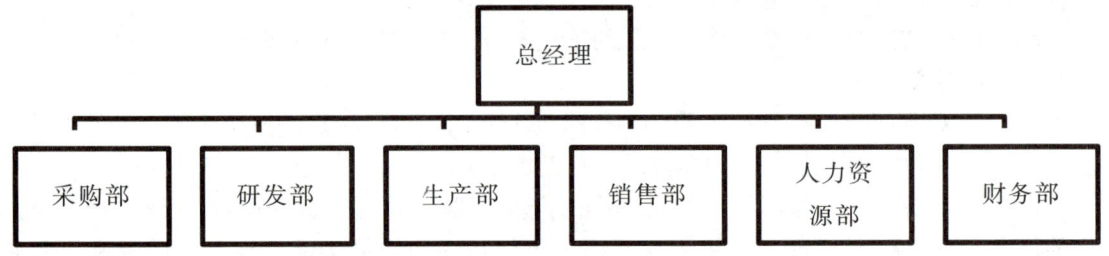

图4-4　职能部门化组织

（6）生产过程部门化。根据工作或业务流程来划分，多见于加工流程型的生产组织，如图4-5所示。这种划分所形成的部门，充分利用专业技术和技能，专业化程度高，生产效率也高，简化了培训，常用于组织大量大批产品的加工制造。缺点是部门之间的协作较困难。

（7）时间部门化。这种方法多见于基层组织。它是在正常的工作日不能满足工作需要时，所采用的一种划分部门的方法。例如，工业企业按早、中、晚三班制进行生产活动。此外，交通、邮电、医院等组织也采用这种轮班制的方法进行部门划分。

上述对部门划分方式的分析，只是为了理论研究上的方便。在实践中，任何组织都很少根据唯一的标准来划分部门，常常同时使用多种部门化方式，形成综合式的组织结构。

现代组织的部门化呈现出两种主要趋势：顾客部门化和跨职能团队。顾客部门化被认为是能更好地监测顾客的需求并能根据其需求变化做出更好的反应的一种部门化方式。跨职能团队是将各专业领域的专家们组合在一起协同工作，以更好地应对越来越复杂的环境。

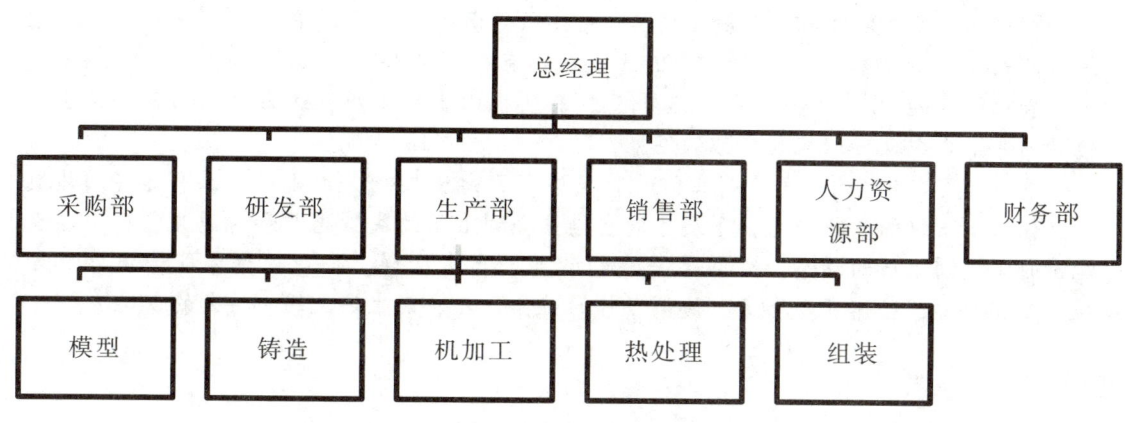

图 4-5 生产过程部门化组织

3. 管理层次设计

（1）管理层次。管理层次也称组织层次，是指从企业最高一级管理组织到最低一级管理组织的各个组织等级，反映的是组织内部的纵向分工关系。

一个组织中，其管理层次的多少，一般是根据组织工作量的大小和组织规模的大小来确定的。工作量较大且组织规模较大的组织，其管理层次可多些，反之，管理层次就比较少。一般来说，管理层次可分为高层、中层和基层三个层次。对于高层来讲，其主要职能是从整体利益出发，对组织实行统一指挥和综合管理，制定组织目标、大政方针和实施目标的计划。中层的主要职能是为达到组织总的目标，制定并实施各部门具体的管理目标，拟定和选择计划的实施方案、步骤和程序，按部门分配资源，协调各部门之间的关系，评价生产经营成果和制定纠正偏离目标的措施等。基层的主要职能是按照规定的计划和程序，协调基层组织的各项工作和实施生产作业。

（2）管理幅度。管理幅度也称管理跨度，是指一名管理者能够直接有效地指挥下属人员的数量。当超过这个限度时，管理的效率就会下降。

一个管理者的管理幅度以多大为宜，至今尚无定论。有研究认为，企业的高层领导者的有效管理幅度为4~8人，中层为8~15人，基层15人以上。当然，管理幅度的确定除了要考虑领导者本身的情况外，还要综合考虑企业的规模、产品本身的复杂性及特点等因素。一般来说，影响管理幅度的因素主要有五个方面：①管理者与其下属双方的素质和能力；②工作本身的性质；③组织沟通的类型和方法；④组织环境和规模的变化；⑤管理者的授权明确性。

在实践中，研究发现：①上下级沟通要求越高、越勤，管理幅度就越大；②工作方式越简单、内容区别越大，管理幅度就越大；③主管素质越高、能力越强，管理幅度就越大；④下级人员素质越高，管理幅度就越大；⑤外部环境改变速度越慢、管理幅度就越大。

 管理案例

> **关于管理跨度与管理层次**
>
> 资料1：美国著名顾问林德尔·厄威克发现：对所有上级主管人员来说，"理想的下级人数是4人"，而"在组织的最低层次，赋予他们的责任就是完成具体的任务而不是管理他人，这个人数可以是8~12人"。另有人认为一个主管人员可以管理30个下属。

资料2：在由美国管理协会对100家大公司的调查中，向总裁汇报工作的高级管理人员的人数以1~24人不等，只有26个总裁拥有6人或不到6人的下属，中间数字是9人。在被调查的46家小公司中，25个总裁有7个以上的下属，通常人数为8人。在其他的研究报告中也可以找到类似的结果。

资料3：美国通用电气公司目前的管理层次已由9层减少为4层。只有这样的体制才能保证上下级的不断沟通，下层才能直接体会到上层的决策思想和智慧光芒，上层也能亲自了解到下层的动态，吸取第一线的营养。只有这样，企业内部才能形成互相理解、互相学习、整体互动思考、协调合作的群体，才能产生巨大的、持久的创造力。

管理思考

你班班长的管理幅度是多大？

(3) 管理幅度与管理层次的关系。管理幅度、管理层次与组织规模存在着相互制约的关系：

$$管理幅度 \times 管理层次 = 组织规模$$

当组织规模一定时，管理幅度与管理层次成反比关系。管理幅度越宽，管理层次越少，此时组织结构的形式呈"扁平型"结构。相反，管理幅度越窄，管理层次就越多，组织结构的形式呈"高耸型"结构，如图4-6所示。假定有两个组织，他们的作业人员均为4096人，如果一个组织的管理幅度是4，另一个是16，那么管理幅度大的组织比管理幅度小的组织可减少3个管理层次，精简1157名管理人员，从成本的角度看，将大量节省管理费用。一般而言，为了管理更有效，应尽可能地减少管理层次。但是超过了某一点，也即管理幅度变得过大时，宽管理幅度会导致管理效果降低。

最高		各层次人员数	
		假定管理幅度为4	假定管理幅度为16
组织层次	1	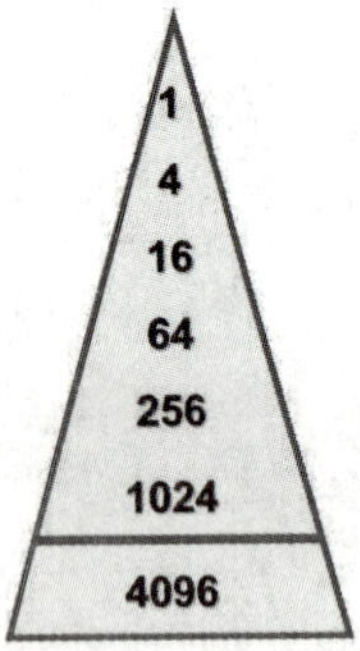 1	
	2	4	
	3	16	1
	4	64	16
	5	256	256
	6	1024	4096
	7	4096	
最低		作业人员：4096	作业人员：4096
		管理人员（1~6层）：1365	管理人员（1~3层）：273

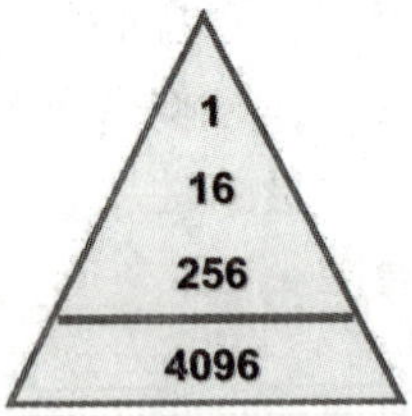

图4-6 高耸结构与扁平结构对比

高耸结构和扁平结构各有利弊（表4-2）。至于组织究竟是采取扁平型结构还是高耸型结构，这主要取决于组织规模的大小和组织领导者的有效管理幅度等因素。因为在管理幅度不变时，组织规模与管理层次成正比。规模大，层次多，应呈高耸型结构；反之，规模小，层次少，应呈扁平型结构。

表 4-2 高耸结构与扁平结构的优缺点

	高耸结构	扁平结构
优点	◆管理严密,分工明确 ◆上下级易于协调 ◆管理岗位多,下级晋升机会多	◆信息纵向传递速度快,密切了解上下级关系 ◆管理费用低 ◆被管理者有较大的主动性、积极性和满足感
缺点	◆影响信息传递速度,可能失真 ◆层次多,协调工作增加,管理费用大 ◆容易使计划的控制工作复杂化	◆主管不能对下属进行充分有效的指导和监督 ◆上下级协调较差,同级间相互沟通困难 ◆对管理者和下属的素质要求高

近年来,随着组织内员工素质的不断提高,以及内部管理体系的不断完善,特别是信息技术的普遍运用,组织的管理层次越来越少,组织越来越精简,越来越扁平化。

管理案例

美国管理协会对 100 家公司所做的一项调查研究显示,大型公司(超过 5000 人)总经理管理幅度为 1~14 人不等,平均为 9 人,中型公司(500~5000 人)总经理管理幅度为 3~17 人,平均为 7 人。现代西方企业的实践表明,未来最成功的企业将属于扁平型组织,管理幅度将加大,除特大型企业和超复杂企业外,一般企业适宜的管理层次为 3~5 级。如拥有 14 万员工的伊斯曼—柯达公司将其管理层由 12 层压缩到 4 层,丰田公司从主席到一线主管之间只有 5 层。

管理思考

请用你班级班委的组织结构来说明管理幅度与管理层次之间的关系。

三、常见的组织结构形式

组织结构反映组织成员之间的分工协作关系。常见的组织结构的基本类型:直线制、职能制、直线—职能制、事业部制、矩阵制、网络型组织结构等。

(一)直线制

直线制组织结构是最早使用也是最为简单的一种结构,是一种集权式的组织结构形式,其结构形式如图 4-7 所示。这种结构的特点:①组织中每一位主管人员执行全部管理职能(不设职能机构);②自上而下执行单一命令原则;③主管人员通晓必需的各种专业知识,亲自处理各种业务。

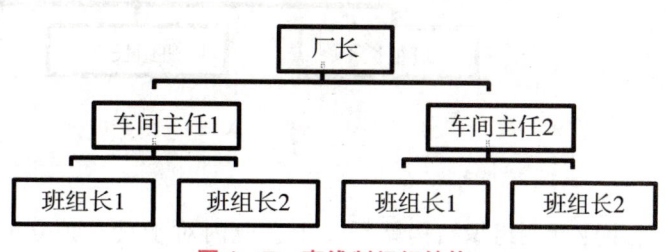

图 4-7 直线制组织结构

(二)职能制

职能制结构特点是采用按职能实行专业化的管理办法,即上层主管下面设立职能机构和人员,把相应的管理职责和权力交给这些机构,下级既要服从上级主管人员的指挥,也要听从上级各职能部门的指挥，其结构如图 4-8 所示。现代企业中许多业务活动都需要有专门的知识和能力，通过将专业技能紧密联系的业务活动归类组合至每个单位内部，可以更有效地开发和使用技能，提高工作的效率。职能制组织结构设计有利于最高管理者作出统一的决策，通常在只有单一类型产品或少数几类产品面临相对稳定的市场环境的企业中采用。

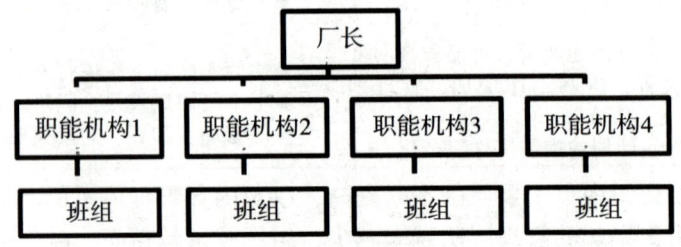

图 4-8　职能制组织结构

（三）直线—职能制

直线—职能制组织结构是吸收及摒弃了直线制和职能制的优缺点的基础上形成的，其结构如图 4-9 所示。这种组织结构形式把企业管理机构和人员分为两类，一类是直线领导机构和人员，按统一指挥原则对各级组织行使指挥权，在自己的职责范围内有一定的决定权和对所属下级的指挥权，并对自己的部门工作负全部责任；另一类是职能机构和人员，按专业化原则，从事组织的各项职能管理工作，是直线指挥人员的参谋，不能对直接部门发号施令，只能进行业务指导。

现在各国的企业中采用这种组织形式较为普遍，而且采用的时间也较长。我国目前大多数企业，都采用这种结构形式。

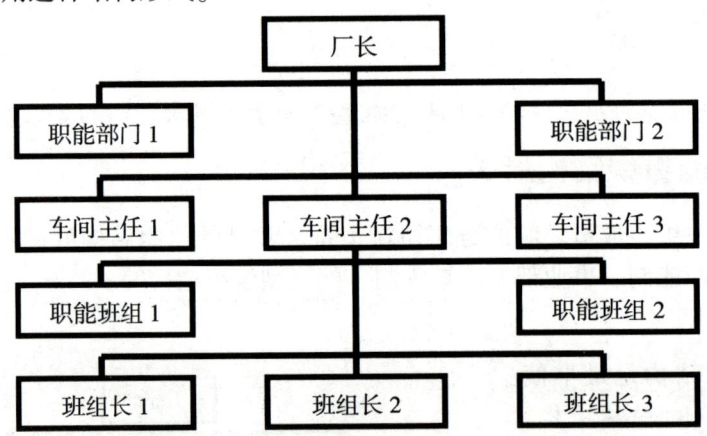

图 4-9　直线—职能制组织结构

（四）事业部制

事业部制组织结构就是一个企业内对于具有独立的产品和市场、独立的责任和利益的部门实行分权管理的一种组织形态，其结构如图 4-10 所示。它是由美国通用汽车公司总裁斯隆于 1924 年提出的，是西方经济从自由资本主义过渡到垄断资本主义以后，在企业规模大型化、企业经营多样化、市场竞争激烈的条件下，出现的一种分权式的组织形式。事业部制的主要特点是"集中决策，分散经营"，即在集权领导下，实行分权管理。这种组织结构

企业组织结构类型
——事业部制

形式是在总公司的领导下，按产品或地区分别设立若干事业部，每个事业部都是独立核算单位，在经营管理上拥有很大的自主权。总公司只保留资金分配决策权、人事任免权和重大问题的决策权力，只运用利润等指标对事业部进行控制。因此事业部制组织一般适于在具有较复杂的产品类别或较广泛的地区分布的大企业中采用。

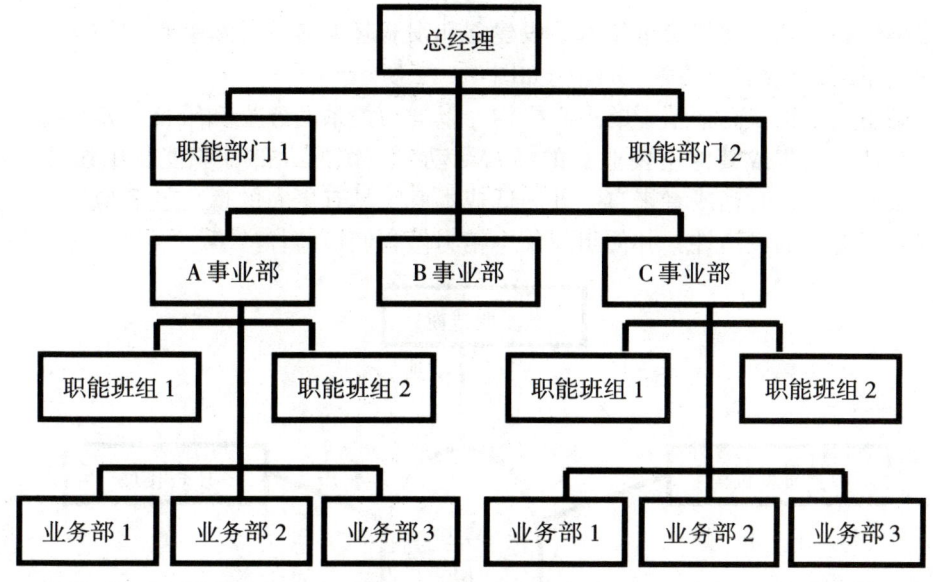

图 4-10　事业部制组织结构

（五）矩阵制

矩阵管理制组织结构是由纵、横两套管理系统组成的。也就是既有按职能划分的垂直领导系统，又有按项目划分的横向领导系统的结构。因为企业往往同时有几个项目需要完成，每个项目要求配备不同专长的技术人员或其他资源，因此在直线制职能结构的纵向领导系统的基础上，又出现了一种横向项目系统，形成纵横交错的矩阵结构。其中，工作小组或项目小组一般是由不同背景、不同技能、不同知识、分别选自不同部门的人员所组成的。组成工作小组后，大家为某一个特定的项目共同工作，其结构如图 4-11 所示。

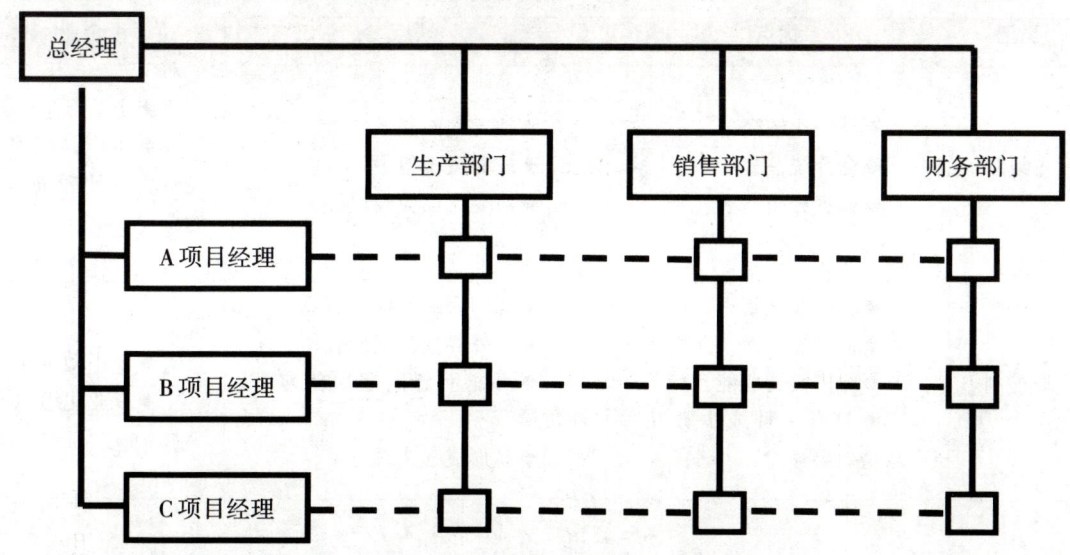

图 4-11　矩阵管理制组织结构

矩阵制组织适合在需要对环境变化作出迅速而一致反应的企业中使用,为确保每个项目按计划要求准时完成。在复杂而动荡的环境中,由于采用了人员组成灵活的产品管理小组形式,大大增加了企业对外部环境变化的适应能力。

(六) 网络型组织

网络型组织是利用现代信息技术手段建立和发展起来的一种新型组织结构。它是一种基于契约关系的组织结构形式,其结构如图 4 – 12 所示。

网络型组织结构只有很精干的中心机构,以契约关系的建立和维持为基础,依靠外部机构进行制造、销售或其他主要业务的经营活动。组织的大部分职能从组织外"购买",使企业对于新技术、时尚或者来自海外的低成本竞争具有更大的适应性和应变能力,这给管理者提供了高度的灵活性,并使组织集中精力做它们最擅长的事。

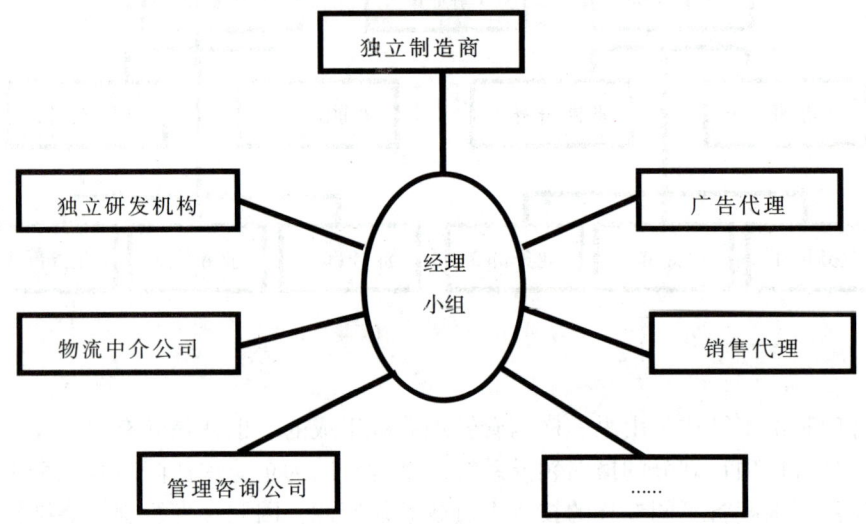

图 4 – 12 网络型组织结构

上述几种常见组织结构的特点如表 4 – 3 所示。

表 4 – 3 几种组织结构的优缺点

类型	优点	缺点	适用企业
直线制	◆结构比较简单 ◆命令统一 ◆权责分明	◆缺乏横向联系 ◆权力过于集中 ◆对变化反应较慢	◆小型组织 ◆生产技术和经营管理比较简单的企业
职能制	◆高专业化管理 ◆促进深层次技能提高 ◆促进实现职能目标 ◆只有一种或少数几种产品是效果最优	◆部门间缺乏横向联系 ◆对外界变化反应较慢 ◆可能引起高层决策堆积、超负荷 ◆易形成多头领导	◆中小型企业 ◆专业化组织

续表

类型	优点	缺点	适用企业
直线—职能制	◆命令统一 ◆发挥职能部门优势 ◆分工清晰、职责明确 ◆稳定性高	◆部门间缺乏横向联系 ◆可能引起高层决策堆积、超负荷 ◆易形成多头领导 ◆系统缺乏灵活性	◆大中型组织
事业部制	◆有利于风险控制 ◆有利于内部竞争 ◆有利于专业管理 ◆有利于人才培养	◆公司与事业部职能机构重叠，资源利用率低 ◆独立核算，缺乏协作性 ◆需要大量的管理人才	◆规模庞大，品种繁多，技术复杂的大型企业
矩阵制	◆加强横向联系 ◆跨产品人力资源灵活共享 ◆反应灵敏 ◆高效工作	◆受双重领导 ◆对于参与者的素质要求较高 ◆组织不稳定	◆创新任务较多，生产经营复杂多变的企业，如项目管理企业、软件公司、工程企业等。
网络型组织结构	◆全球性竞争力 ◆组织的灵活性和人员的挑战性 ◆较强的应变能力	◆不利于控制 ◆员工忠诚度可能很低 ◆不利于技术保密	◆适合于需要灵活应对时尚变化，并作出迅速反应的企业，如玩具和服装制造企业 ◆适合制造活动需要低廉劳动力的公司

 管理思考

某新建大型百货商场，主营百货商品，请试将其组织结构的构架搭建起来，并说明所选择组织结构模式及原因。

 任务二　组织运行

 管理情境

巴恩斯医院

10月的某一天，产科护士长黛安娜给巴恩斯医院的院长戴维斯博士打来电话，要求立即作出一项新的人事安排。从黛安娜的急切声音中，院长感觉到一定发生了什么事，因此要求她立即到办公室来。5分钟后，黛安娜递给了院长一封辞职信。

"戴维斯博士,我再也干不下去了,"她开始申述,"我在产科当护士长已经四个月了,我简直干不下去了。我怎么能干得了这工作呢?我有两个上司,每个人都有不同的要求,都要求优先处理。要知道,我只是一个凡人。我已经尽最大的努力适应这种工作,但看来这是不可能的。让我来举个例子吧。请相信我,这是一件平平常常的事。像这样的事情,每天都在发生。"

"昨天早上7:45,我来到办公室就发现桌上留了张纸条,是杰克逊(医院的主任护士)给我的。她告诉我,她上午10点钟需要一份床位利用情况报告,供她下午在向董事会作汇报时用。我知道,这样一份报告至少要花一个半小时才能写出来。30分钟以后,乔伊斯(黛安娜的直接主管,基层护士监督员)走进来质问我为什么我的两位护士不在班上。我告诉她雷诺兹医生(外科主任)从我这要走了她们两位,说是急诊外科手术正缺人手,需要借用一下。我告诉她,我也反对过,但雷诺兹坚持说只能这么办。你猜,乔伊斯说什么?她叫我立即让这些护士回到产科部。她还说,一个小时以后,她会回来检查我是否把这事办好了!我跟你说,这样的事情每天都发生好几次的。一家医院就只能这样运作吗?"

请思考:这家医院的组织结构中的职权配置合理吗?有人越权行事了吗?护士长黛安娜有不妥之处吗?你能向她提供什么建议?

任务分析

组织结构设计完成后,仅仅是一个框架,尚处于"静态"之中。要使组织运转起来,还需要为之配备人员,建立一定的职权关系与制度规范,在不同部门或管理层次之间配置职权,处理好集权与分权的关系,建立健全系统的制度规范体系,将各职位、各机构联系起来,以形成一个稳定规范、协调运行的有机组织。案例中,医院的组织结构中的职权配置不够合理,存在多头领导和越权行事等问题,如医院未进行细致的劳动分工,存在越权行事和协调各科人员工作困难;各项规章制度不健全,导致整个管理混乱;在集权化方面,未将决策制定权力授予下层人员,分权化不够,使得产科护士长不能行使正常的固有的权力等。

管理知识

为了实现组织目标,就必须要求组织的全体成员能和谐一致地进行工作。在组织运作中,处理好组织不同层次之间的权力关系、直线主管与参谋之间的关系以及做好协调沟通工作,是保证组织正常运行的关键。

一、职权配置

职权是构成组织结构的核心要素,对于组织的合理构建与有效运行具有关键性作用。

(一) 职权含义及职权类型

1. 职权

职权是指由于占据组织中的职位而拥有的权力。与职权相对应的是职责,职责是指担当组织职位而必须履行的责任。职权是履行职责的必要条件与手段,职责是行使职权所要达到的目的。

2. 职权类型

（1）直线职权。直线职权是指直线人员所拥有的决策指挥权，如下达命令、指挥下级等。每一管理层的主管人员都具有这种职权，只不过每一管理层次的职位不同，其职权大小、范围不同而已。这种管理层次之间的关系就形成了一条由上向下的权力线，称为指挥链或指挥系统。由于在指挥链中存在不同层次的直线职权，故指挥链又称层次链。

（2）参谋职权。参谋职权是指参谋人员所拥有的咨询权和专业指导权，如为管理者提供咨询、建议，以及在本专业领域内的指导权等。随着组织规模的不断扩大，组织活动越来越复杂，管理者尤其是高层管理者越来越感到专门知识的缺乏。人们常常通过设置一些助手协助其工作，利用不同助手的专门知识来补偿直线主管的知识不足。这些助手称为参谋人员，他们的主要职责是同层次直线主管的助手，其主要任务是提供某些专门服务，进行某些专项研究，并向直线管理者提出建议。

（3）职能职权。职能职权是指参谋人员所拥有的、由直线主管人员授予的决策与指挥权。组织中的高层管理者，通常将部分原本属于自己的指挥和命令直线下属的权力授予有关的参谋部门或参谋人员行使，从而使这些部门或人员不仅具有研究、咨询和服务的责任，而且在某种职能范围内具有一定的决策、监督和控制权，更好地发挥参谋部门和参谋人员的作用。

3. 正确处理职权关系

（1）直线职权与参谋职权的关系。直线关系是一种指挥和命令的关系，授予直线人员的是决策和行动的权利；参谋关系是一种服务和协助的关系，授予参谋人员的是思考、筹划和建议的权利。

直线职权是一种完整的职权，是协调组织的人、财、物，保证组织目标实现的基本权利。拥有直线职权的人有权作出决策，有权进行指挥，有权发布命令。参谋职权则是一种有限度的、不完整的职权，拥有参谋职权的管理者可以向直线管理者提出建议或提供服务，但其本身并不包括指挥权和决策权。参谋职权是一种辅助性的职权，一个组织没有委派任何参谋人员也可以有效地工作。但当一个组织的规模扩大到一定程度，直线职权已不足以应对所面临的许多复杂问题时，就需要设置参谋职权。参谋职权的行使是保证直线人员作出的决策更加合理与科学的重要条件。

（2）直线职权与职能职权的关系。职能职权是直线职权的一部分，是从直线职权中分离出来的，因此，职能职权也具有直线职权的特点。但职能职权的范围小于直线职权，它主要解决的是较具体的问题，如怎样做、何时做的问题，绝不能包揽直线职权的一切权力，否则就会削弱直线人员的地位。同时，职能职权的行使者多是一些有专长的参谋人员，因此，职能职权更能从专业的角度出发来保证一项决策的科学性、可行性和实用性，从而大大促进管理效率的提高。

（二）集权与分权

1. 集权与分权的含义

集权与分权是指职权在不同管理层之间的分配与授予。集权是指决策权在组织系统中较高层次的一定程度的集中；分权是指决策权在组织系统中较低管理层次的一定程度上的分散。

在组织中，集权与分权是一个相对的概念，没有绝对的集权，也没有绝对的分权，只是程度的不同。绝对的集权意味着组织中的全部权力集中在一个主管手中，组织活动的所有决策均由主管作出，主管直接面对所有的实施执行者，没有任何中间管理人员，没有任何中层管理机构。这在现代社会经济组织中显然是不可能的。而绝对的分权则意味着全部权力分散在各个管理部门，甚至分散在各个执行、操作者手中，没有任何集中的权力，因此主管的职位显然是多余的，没有管理者，组织也不可能存在。

2. 集权与分权的标志

集权与分权在组织中只是个程度问题，有的集权程度高一些，有的分权程度高一些，衡量一个组织的集权或分权的程度，主要标志是以下几个方面：

（1）决策数目的多少。组织中较低管理层次作出的决策数目越多，则分权的程度就越高；反之，上层决策的数目越多，则集权的程度越高。

（2）决策的重要性。如果组织中较低层次作出的决策越重要、影响面越广，则分权的程度越高；相反，如果下级作出的决策越次要、影响面越小，则集权的程度越高。

（3）对决策的控制程度。组织中较低层次作出的决策，上级要求审核的程度越低，分权程度越高；下级在作出决策时需要请示或照会的人越少，其分权程度就越大。

 管理案例

组织——工厂的等级链

王厂长的等级链

王厂长总结自己多年的管理实践，提出在改革工厂的管理机构时必须贯彻统一指挥原则，主张建立执行参谋系统。他认为，一个人只有一个婆婆，即全厂的每个人只有一个人对他的命令是有效的，其他的都是无效的。如书记有什么事只能找厂长，不能找副厂长。下面的科长只能听从一个副厂长的指令，其他副厂长的指令对他是不起作用的……

请思考： 你对王厂长的做法有何评论？

3. 集权与分权的优缺点

（1）集权的优缺点。集权的优点主要反映在：它具有对组织的绝对控制权，可以使整个组织统一认识，有利于组织实现统一指挥、协调工作和更有效的控制，以确保坚持既定政策；防止政出多门，互相矛盾。

集权的缺点主要反映在：加重上层领导者的负担，从而影响重要决策的制定质量；控制可能会变为独裁式的，不利于调动下级的积极性与主动性；缺乏灵活性，降低组织对外部环境的适应能力。

（2）分权的优缺点。分权的优点主要反映在：由于权力的下放，允许职工参与决策，而达到激励职工的作用，有利于提高下级管理者和员工们的工作积极性和工作满足感；由于控制权分散到各处，能够很好地满足局部不断变化的需求；分权可以使低层管理者得到良好的培训机会；分权可以使最高层管理者摆脱繁杂的日常事务性工作，把精力集中在重大的长远的战略问题上等。

分权制的缺点主要反映在：由于权力的分散，总部控制较困难；分权制可能比集权制需要进行更多的汇报或视察性工作；分权后的部门可能会以狭隘的目光和短线的观点来看待整个组织，从而导致与其他部门的关系紧张。

4. 影响集权与分权因素

在设计组织时，要确定组织的集权与分权的程度与范围，首先要搞清楚影响集权与分

权的因素。主要因素包括：

（1）组织规模。组织规模大，需要决策的问题多，协调、沟通及控制不易，宜分权；反之，组织规模小，需要决策的问题少，宜集权。

（2）决策的重要性。组织所涉及的工作或决策越重要，宜集权；反之，宜分权。

（3）管理人员的能力与数量。下级管理人员数量充足，经验丰富，管理能力强，倾向于分权；反之，则倾向于集权。

（4）控制技术与手段。控制技术与手段的完善将会加强组织原有的权力分配倾向，即集权的更集权，分权的更分权。

（5）环境因素。外部环境复杂多变，则应分权以快速适应环境变化；如果环境中出现极为复杂的政治形势时，则应集权以便整体协调。内部环境，如一个组织的历史传统、组织文化等都会影响到集权与分权程度。

（三）授权

1. 授权的含义

实现权力分散的途径主要有两个：一是制度分权，即组织设计中的权力分配；二是授权，即管理者在工作中的权力下放。制度分权与授权的结果虽然相同，都使较低层次的管理人员行使较多的决策权，即权力的分散化，然而实际上，这两者是有重要区别的。

制度分权，是在组织设计时，考虑到组织规模和组织活动的特征，在工作分析、岗位形成和部门设计的基础上，根据各管理岗位工作任务的要求，规定必要的职责和权限。

授权则是指上级授予下属一定的权力，使下属在一定的监督之下，有相当的自主权和行动权。授权者对被授权者有指挥、监督权，被授权者对授权者负有报告、完成任务的责任。

授权是一个过程，包括委派任务、授予职权、明确责任和确立监控权等环节。授权并不意味着授责，授权后上级仍负有相同的责任，即授权仅仅将执行职责下授，授权者对组织、对被授权者的行为仍负有最终的责任。

管理思考

制度分权与授权有什么区别？

管理案例

宋江授权

授权典范宋江，人称"黑三郎"，其貌不扬，武艺平常，梁山107将为什么都会听宋江的？为什么会一致尊他为头领？

原因有两点：一是因为他能施小恩小惠，大把撒银子，人称"及时雨"；二是因为他会用人。智多星吴用，他封为军师出谋划策；武艺高超的大刀关胜、双鞭呼延灼、双枪蒋董平、霹雳火秦明、豹子头林冲，被列为五虎上将（相当于技术总监）；杀人不眨眼的黑旋风李逵、花和尚鲁智深、行者武松等充当冲锋陷阵的步军头领；此外，画画的、写字的、刻章的，乃至裁缝、渔夫、樵子等都安排得恰到好处，原来就善于经营人肉馒头和开酒店的，都去做了销售分公司经理，所以梁山呈现一派兴旺景象。

2. 授权的原则

授权是分权的一种重要形式，同时也是领导者在管理工作中的一种领导艺术，一种调动下属积极性、充分发挥下属作用的方法。授权是否得当，对能否进行有效管理影响很大。有效的授权应遵循以下原则：

（1）目标结合原则。授权是为了保证组织目标的有效实现，所以，必须根据实现目标和工作任务的需要，将相应类型与程度的权力授给下级，以保证其有效地开展工作。

（2）适度授权原则。授权应防止授权不足，也要防止授权过度，授权的程度应根据实际情况、工作性质以及下级的情况来决定授权的程度。

（3）责、权、利相当原则。在授权中要注意职务、权力、职责与利益之间的对等与平衡，要真正使受权者有职、有权、有责、有利。

（4）有效监控原则。为有效实现组织目标，授权的同时应采取必要的监督控制手段，使所授的权力不失控，确保组织目标的实现。

（5）职责绝对性原则。领导者将职权授予下级，但最终责任不应下放，领导者应对活动的最终结果负责。

3. 授权的步骤

简单的授权没有必要划分步骤，但较为规范的授权可以划分为以下几个步骤：

（1）选择授权对象。授权首先应选择好授权对象，授权者应具有正确行使权力的能力，并能有效地完成工作任务。

（2）下达任务。授权的目的在于完成任务，实现目标，所以授权过程始于下达任务。领导者对授权对象下达明确任务，规定所要实现的目标与标准（尽可能量化）以及相应要求和完成时限。

（3）授予权力。领导者要将完成任务、实现目标所需的相应类型和限度的权力授给下级，并要做到权责对等，并给予下级充分的信任和支持。

（4）监控和考核。在下级运用权力推进工作的过程中，要以适当的方式与手段，进行必要的监督与控制，以保证权力的正确运用与组织目标的实现。在工作任务完成后，还应对授权效果、工作实绩进行考核与评价。

二、规范设计

建立了组织结构的框架，确定了各部门、各职位的基本职能与职权关系之后，还必须通过建立组织制度规范提醒的形式，将上述职能与职权明确化、具体化、规范化、制度化和合法化。

（一）制度规范的内涵

制度规范是指组织为有效实现目标，对组织的活动及其成员的行为进行规范、制约与协调，而制定具有稳定性与强制力的规定、规程、方法与标准体系。企业的规范制度的表现形式或组成包括企业组织结构设计、职能部门划分及职能分工、岗位工作说明、专业管理制度、工作或流程、管理表单等，具有权威性、规范性、强制性、稳定性等特点。

组织制定制度规范最基本的功能是对组织的活动及其成员的行为进行规范制约与协调，以保证有效实现组织的目标。制度规范的基本功能：（1）规范功能，制定并执行制度规范，可以有效地指导组织及其成员按照既定的程序、方法、标准行事，使其有章可循，以保证各项活动的规范运作，秩序井然，更有效率。（2）制约功能，制度规范能有效地约束组织及其成员有悖于组织目标实现的活动，惩戒违规行为，鼓励积极行为，使组织更有秩序和纪律。（3）协调功能，通过制定完善的制度规范体系，使组织的各项工作与活动建立在科学设计的高结构化的体系之上，使组织整体协调运行，并为处理冲突提供进行协调的依据。

（二）制度规范的类型

组织的制度规范主要包括四大类：

1. 组织的基本制度

组织的基本制度是指规定组织构成和组织方式、决定组织性质的基本制度。这是组织的根本制度，决定与制约组织的行为方向、基本活动的范围与性质，例如企业的产权制度、公司治理制度、企业章程等。

2. 组织的管理制度

组织的管理制度是指对组织各领域、各层次的管理工作所制定的指导与约束规范体系。它引导并约束组织的成员为实现组织的目标努力工作，是实现组织目标的根本性保证，例如组织中的各种职权关系与联系的组织制度、各种部门与岗位的权责制度、各种管理秩序与标准的管理制度等。

3. 组织的技术与业务规范

组织的业务规范，是指组织中的各种关于技术标准、技术规程以及业务活动的工作标准与处理程序的规定，例如企业的技术规程、业务流程、技术标准等。

4. 组织成员的个人行为规范

这是针对组织中的成员，为对其个人行为进行引导与约束所制定的规范，如员工职业道德规范等。

（三）制定制度规范的程序

1. 调研与目标

要根据组织的总体目标的需要，在充分调查研究的基础上，提出制定制度与规范的具体目标。

2. 制定草案

在大量分析处理有关信息资料的基础上，起草制定制度与规范草案。

3. 讨论与审定

制度草案提出后，要广泛征求意见，反复讨论修改，最后完善定稿，报制度审定部门审批。

4. 试行

让制度在组织内试行，经进一步修改、检验，使之完善。

5. 正式执行

将制度规范以正式的、具有法律效果的文件形式颁布实施。

合理分粥，如何制定一个合理的制度

七人分粥

有七个人组成的小团体，他们每个人都是平等的，但同时又是自私自利的。他们想通过制度创新来解决每天的吃饭问题：要在没有计量工具或有刻度的容器的状况下，分食一锅粥。那么，如何分食这一锅粥？他们试验了不同的方法，发挥了聪明才智，形成了以下诸种规则，但是规则形成的同时也不可避免地会连带产生一些问题，多次博弈后形成了日益完善的制度。分粥制度的探索过程大致如下：

规则一：指定一人负责分粥事宜，成为专业分粥人士。很快大家发现，这个人为自己分的粥最多最好，于是又换一个人。结果，总是主持分粥的人碗里的粥最多最好。权力导致腐败，绝对的权力导致绝对的腐败，在这碗粥中体现得一览无余。

规则二：指定一个分粥人士和一名监督人士，起初比较公平，但到后来分粥人士与监督人士从权力制约走向"权力合作"，于是分粥人士与监督人士分的粥最多。这种制度失败。

规则三：谁也信不过，干脆大家轮流主持分粥，每人一天。这样等于承认了个人有为自己多分粥的机会。虽然看起来平等了，但是每人在一周中只有1天吃得饱而且有剩余，其余6天都饥饿难挨。大家认为这一制度造成了资源浪费。

规则四：大家民主选举一个信得过的人主持分粥。这位道德高尚的人开始还能公平分粥，但不久以后他就有意识地为自己和溜须拍马的人多分。大家一致认为，不能放任其腐化和风气的败坏，还得寻找新制度。

规则五：民主选举一个分粥的委员会和一个监督委员会，形成民主监督与制约的机制，公平基本上做到了，可是由于监督委员会经常提出各种议案，分粥委员会又据理力争，等分粥完毕时，粥早就凉了。此制度效率太低。

规则六：对于分粥，每人都有一票否决权。这有了公平，但恐怕最后谁也喝不上粥。

规则七：每个人轮流值日分粥，但分粥的那个人要最后一个领粥。令人惊奇的是，在这一制度下，7只碗里的粥每次都是一样多，就像用科学仪器量过一样。每个主持分粥的人都认识到，如果每只碗里的粥不相同，他确定无疑将享用那份最少的。

案例启示：这七个人通过每天分粥的过程中，不断尝试各种不同的方法，力图达到一个平分食物的目的。在每个人自己主持分粥的时候，私心总是占据主动，想在别人不注意的情况下为自己多分一些粥；当别人主持分粥的时候，又总是盼望别人能主持公道。通过不断尝试新的方法，最后建立"轮流分粥、分者后取"的合理规则。可见，合理的制度至关重要。

三、人员配备

组织结构的部门与岗位设置后，就需要为其配备合适的员工，组织才能运转起来。人员配备在广义上说，就是组织的人力资源管理。人员配备的主要任务是为组织结构中所有的职位，特别是管理职位，配备合适的人员，以谋求人和事的最佳组合，实现人员的不断成长和组织的持续发展。

（一）人员配备的含义

人员配备是指组织通过对工作要求和人员素质的分析，为每一个岗位配备合适的人员以完成实现组织目标所需开展的各项工作的过程。

人员配备既要满足组织的需要，通过人员配备使组织系统得以有效运转；又要考虑到组织成员的需要，能够充分发挥组织成员的能力，使之自觉自愿地履行其职责，为实现组织目标而努力工作。人员配备既涉及人员的外部招聘和内部选拔，还涉及人员的培训与考评。

(二) 人员配备的原则

组织人员配备工作的好坏，关系到员工个人的职业生涯发展，关系到组织资源利用的效率，进而关系到组织的生存和发展。因此，为了求得人与事的最佳组合，在人员配备中必须坚持以下基本原则：

1. 因事择人原则

因事择人是人员配备的首要原则，它要求根据工作需要配备具有相应知识与能力的人员。同时，在人员配备过程中，要做好人力资源储备，配备一定的培养性人员（能留出一定学习与培训时间的人），以适应组织未来发展的需要。

2. 因材适用原则

要根据人的兴趣和才能结构，安排其合适的工作，在条件允许的情况下，要尽可能地把一个人所从事的工作与其兴趣爱好和能力特长结合起来，以最大限度地发挥其才能和调动其积极性。

3. 动态平衡原则

组织在不断发展变化，人的能力和知识的适应性以及组织对其成员素质的认识也在不断地发展变化，因此人与事的配合也需要不断地调整。动态平衡原则要求组织根据组织和员工的变化，将能力提高并得到充分证实的人员提拔到更高层次的岗位上去工作，将能力平平、不符合岗位要求的人通过轮岗或培训有机会从事力所能及的工作，实现人与工作的动态平衡。

管理案例

庸才与人才

在一次工商界的聚会上，几个老板交流自己的经营心得，其中一个说："我有三个不成才的员工，我准备找机会将他们炒掉。"另一个老板问："他们为什么不成才？""其中一个员工整天嫌这嫌那，专门吹毛求疵；另一个员工杞人忧天，老是害怕工厂有事；还有一个员工整天在外面闲逛鬼混。"第二个老板听后想了想说："既然这样，你就把这三个员工让给我吧。"

三个员工第二天到新公司报到，新老板给他们分配工作：喜欢吹毛求疵的人，负责质量管理；害怕出事的，负责安全保卫；整天在外面闲逛的，负责产品宣传和推销。

三个员工大为高兴，高高兴兴走马上任。

过了一段时间，两个老板又相遇了，第一个老板问第二个老板，那三个员工是不是让他头痛万分。他回答："哪里，他们都是很出类拔萃的，由于他们的到来，工厂的利益直线上升。"

请思考： 不成才的员工怎么换了一家公司后就变成出类拔萃的员工了呢？

启示： 因材适用，根据各自不同的特点，安排职务，短处成为长处。

(三) 人员配备的程序

人员配备其实是一个系统的过程，图4-13系统地表示了人员配备工作的过程以及人员配备与其他各项管理活动之间的关系。从图4-13中可以看出，组织的目标和计划的实现，需要组织职能的落实与实施，进而确定了组织的结构，组织结构决定了组织所需要的各类人员的数量和类型。通过将组织所需人员数量和类型与组织现有人员的储备进行对比，可以得知需要补充的职位的数量和类别。为了了解员工是否合格地履行了职位的要求，保证员工和职位的匹配，还要对员工进行培训和考核。从图4-13中可以看出，人员管理影响到领导控制环节。适当的人员配备，将有利于组织领导工作的开展。适当的管理人员配备，相当于使得组织的控制工作更加及时、有效，防止对组织有害的偏差发展成大的问题。

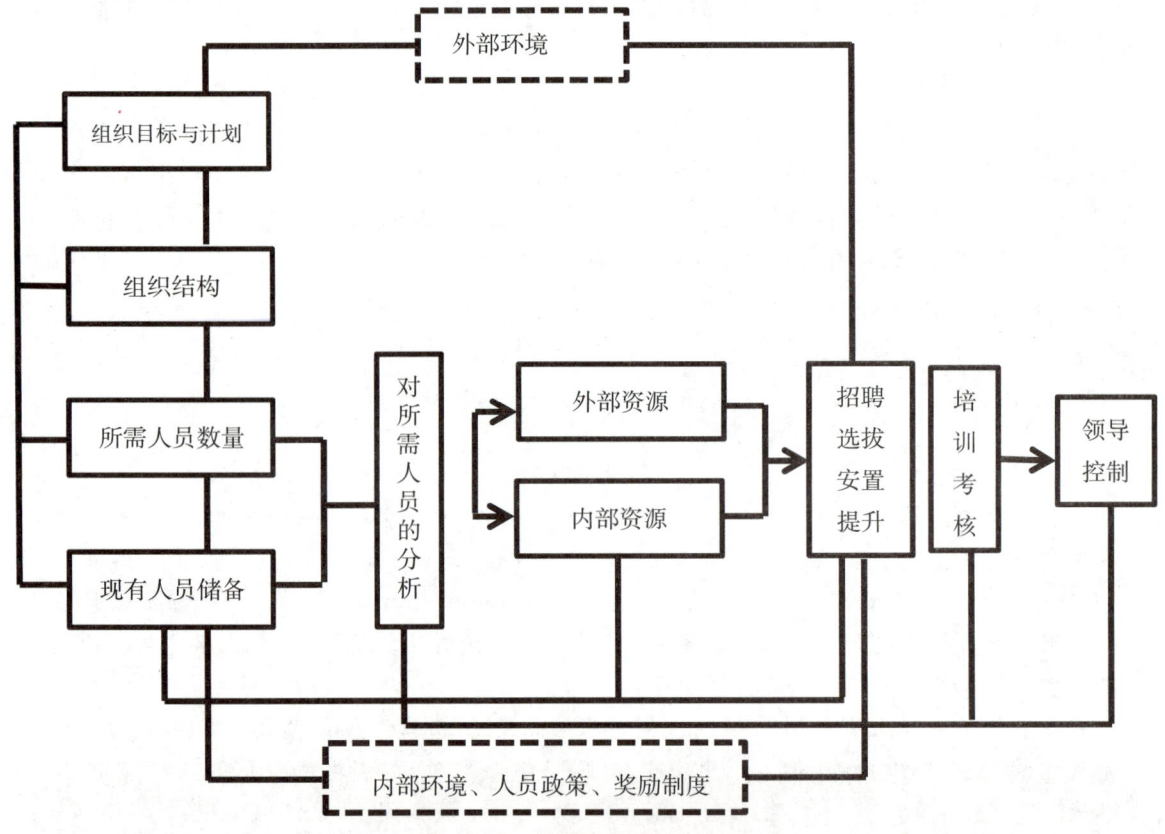

图4-13　人员配备的系统过程

人员配备还要受到组织的内、外部环境因素的影响。组织内部的人事政策、组织文化，以及薪酬制度等各种因素制约和影响着人员配备工作。例如，如果没有适当的报酬，就不可能吸引和保留住优秀的员工。外部环境也是不容忽视的，比如失业率越低，人员供给就越少，人员招聘困难就越大。

(四) 人员配备的途径

人员配备的途径一般可采用内部选聘和外部招聘两种方式来进行。

1. 内部选聘

内部选聘是指从组织内部选聘人员并补充到空缺的岗位上的过程，被选聘的人应该具有与岗位要求相适应的知识、能力与素质，能够胜任该岗位的工作。内部选聘可以通过内部晋升、工作调换、工作轮换、重新聘用、公开招募等形式来落实。

（1）内部晋升。这种做法给人员升职的机会，一方面，会使人感到有希望、有发展的机会，对于激励员工非常有利；另一方面，内部提拔的人员对本企业的业务工作比较熟悉，能够较快适应新的工作。然而内部提拔也有一定的局限，如内部提拔的不一定是最优秀的，甚至导致少部分成员心理上的妒忌与不平。因为任何人都不是十全十美，如果一个人在一个企业待的时间越长，别人看到他的优点越少，而看到他的缺点越多，尤其是他在被提拔的时候。因此当许多企业在出现职务空缺后，往往同时采用两种方式，即从内部和外部同时寻找合适的人选。

（2）工作调换。这是企业内部寻找合适人选的一种基本方法。这样做的目的是填补空缺，但实际上它还起到许多其他的作用，比如可以从内部人员了解其企业内其他部门的工作，与本企业更多的人员有深入的接触。这样一方面有利于人员今后的提拔；另一方面可以使上级对下级的能力有更进一步的了解，也对今后的工作安排作好准备。

（3）工作轮换。工作轮换与工作调换有些相似，但又有所不同。工作调换从时间上来讲往往较长，而工作轮换通常是短期的，有时间界限的。另外，工作轮换往往是单独的、临时的，而工作调换往往是两个人以上有计划地进行的。工作轮换可以使企业内部的管理人员或普通人员有机会了解企业内部的不同工作，给那些有潜力的人员提供以后可能晋升的条件，同时可以减少部分人员长期从事某项工作而带来的烦躁和厌倦等感觉。

（4）重新聘用。有些单位由于某些原因会有一些不在位的人员，如下岗人员、长期休假人员、已在其他地方工作但关系还在本企业（如停薪留职）的人员。在这些人员中，有的恰好是内部空缺需要的人员。他们中有的人员素质较好，对这些人员的重聘会使他们有再为企业尽力的机会。另外，企业聘用这些人员可以使他们尽快上岗，同时减少了培训等方面的费用。

（5）公开招募。公开招募是面向企业全体人员的，通常做法是企业在内部公开空缺职位，吸引人员来应聘。

2. 外部招聘

外部招聘是从组织外部招聘合适的人员并将其补充到相关岗位的过程。外部招聘可以通过人才交流中心和人才招聘会、媒体广告、网络招聘、校园招聘、人才猎取和员工推荐等。

（1）人才交流中心和人才招聘会。人才交流中心或其他人才交流服务机构每年都要举办多场人才招聘会，用人单位的招聘者和应聘者可以直接进行接洽和交流。招聘会的特点是应聘者集中，用人单位的选择余地较大，费用也比较合理，而且可以起到很好的企业宣传作用。

（2）媒体广告。通过报纸、杂志、广播、电视等媒体进行广告宣传，向公众传达招聘信息，覆盖面广、速度快。

（3）网络招聘。网络招聘是一种新兴的招聘方式。网络招聘由于信息传播范围广、速度快、成本低、供需双方选择余地大且不受时间、空间的限制，因而被广泛采用。当然其也存在一定的缺点，比如容易鱼目混珠，筛选手续繁杂，以及对高级人才的招聘较为困难等。

（4）校园招聘。学校是人才高度集中的地方，是组织获取人力资源的重要源泉。对于大专院校应届毕业生招聘，可以选择在校园直接进行。包括在学校举办的毕业生招聘会、招聘张贴广告、招聘讲座和毕业生就业办公室推荐等。

（5）人才猎取。一般认为，猎头公司是一种专门为雇主"猎取"高级人才和尖端人才的职业中介机构。

（6）员工推荐。通过企业员工推荐人选，是组织招聘的重要形式。

管理案例

招聘捕鼠科科长

有一个农场，因捕鼠科科长离职而造成场内鼠患成灾，农场总经理命令人力资源经理在五天之内招聘一名捕鼠科科长。人力资源部经理接到这个指示后，回去赶紧写了一张招聘广告，贴在了农场的大门口，上面这样写道："本农场欲招聘捕鼠科科长一位，待遇优，福利好，有意者请来面试。"

第二天，农场门口来了七位应聘者：鸡、鸭、羊、狗、猪、猫、猫头鹰。接下来的工作是为这七位候选者中筛选合适人选。

第一轮筛选是学历筛选。鸡、鸭都是北京大学的优秀毕业生，当然过关；羊和狗是大专毕业，也过关；猫和猫头鹰是高中毕业，人力资源部经理皱了皱眉头，也过关了。结果是：第一关淘汰下来的只有一位，那就是只读到小学二年级的猪先生。

第二轮是笔试。这当然难不倒大学本科毕业的鸡和鸭；羊因为平时勤勉，也勉强过关了；狗因上学的时候不大认真，碰到这些题目有些为难，可是它在这么短短的一会儿时间内，已经给主考官鞠了六个躬，点了九次头，所以也过关了；猫头鹰本来是不会做的，可是它眼力好，偷看到了，所以也过关了；只有猫因为坚持原则，不会做就是不会做。所以，这一轮被淘汰的只有猫一个。

第三轮是答辩。总经理、农场场主和人力资源部经理三个人坐在那里，应聘者一个接一个地进来。第一个是鸡，它一进来就说，"我在学校时是学捕鼠专业的，曾经就如何掌握鼠的习性与行动方式写过一篇文章。"三个人一碰头，这个好，留下了。

第二个进来的是鸭，它说："我没有发表过什么著作，但是在大学期间，一共发表了18有关鼠的论文，对于鼠的各个种类，我是了如指掌。"这个也不错，也留下了。

第三个进来的是羊，羊说："我没有那么高的学历，也没有发表过什么论文、著作。但是，我有一颗持之以恒的心和坚硬的蹄子。你们只要帮我找到老鼠洞口，然后我就站在那里，高举我的前蹄，看到有老鼠出来我就踩下去，十次当中应该会有两三次可以踩死，只要我坚持下去，相信总有一天我会消灭老鼠的！"三个主考官被羊的这种精神感动了，于是也录用了。

第四个进来的是狗，狗一进来就点头哈腰地说："我看三位慈眉善目的，一定都是十分优秀的成功人士……"一顿马屁狂拍，三个人被拍得晕晕乎乎的，最终也录用了。

最后一个是猫头鹰，猫头鹰没有高学历，没有什么论文著作，唯一的成绩就是从事捕鼠一年多来抓了五六百只田鼠。但是猫头鹰不会拍马屁，长得又不招人待见，一点都不讨人喜欢，所以就被淘汰了。

至此，整个招聘活动结束了，大家可以看到的是，真正会捕鼠的猫、猫头鹰，都被淘汰了。这个招聘是结束了，但是结果呢？

任务三　组织变革

通用电气公司的组织变革史

通用电气公司（General Electric Company，GE），是目前世界上最大的多元化发展的跨国公司，其产品涉及飞机发动机、发电设备、医疗、塑料、金融服务、电视节目等。通用电气公司规模巨大、经营品种繁多，其在组织管理和组织变革的经验，一直被引为商界的经典。

20世纪50年代初，该公司就完全采用了事业部制。当时，整个公司一共分为20个事业部。每个事业部各自独立经营、单独核算。随着时间的推移、企业经营的需要，该公司对组织机构不断进行调整。1963年，当波契（Boych）接任董事长时，公司的组织机构共计分为5个集团、25个分部和110个部门。到1967年以后，公司的经营业务增长迅速，几乎每一个集团的销售额都达16亿美元。波契认为业务扩大之后，原有的组织机构已不能适应。于是将5个集团扩充到10个，将25个分部扩充到50个，110个部门扩充到170个。他还改组了领导机构的成员，指派了8个新的集团总经理、33个分部经理和100个新的部门领导。同时还成立了由5人组成的董事会，其职责是监督整个公司，并为公司制定比较长期的基本战略。

一、20世纪60年代末到70年代的战略事业单位

20世纪60年代末，通用电气公司在市场上遇到威斯汀豪斯电气公司的激烈竞争，公司财政一直在赤字上摇摆，公司的最高领导机构为力挽狂澜，于1971年在企业管理体制上采取了一种新的战略性措施，即在事业部内设立"战略事业单位"。这种战略事业单位是独立的组织部门，可以在事业部内有选择地对某些产品进行单独管理，以便事业部能够将人力、物力机动有效地集中分配使用，对各种产品、销售、设备和组织编制严密的、有预见性的战略计划。通用电气公司的领导集团很重视建立战略事业单位，认为它是"十分有意义的步骤"，对公司的发展是一个"重要的途径"。1971年，该公司在销售额和利润额方面都创造了纪录。从该公司60年代到70年代中迅速发展的情况看，这项措施确实起了不少作用。从1966年到1976年的11年中，通用电气公司的销售额增长了一倍，由71.77亿美元增加到156.97亿美元；纯利润由3.39亿美元增加到9.31亿美元。同时期内的固定资产总额由27.57亿美元上升到69.55亿美元。

二、20世纪70年代的超事业部制

20世纪70年代中期，美国经济出现停滞，通用电气公司于1972年接任为董事长的琼斯（Jones），担心80年代可能会出现比较长期的经济不景气，到1977年年底他又进一步改组公司的管理体制，从1978年1月实行"执行部制"，也就是"超事业部制"。这种体制就是在各个事业部上再建立"超事业部"，来统辖和协调各事业部的活动。这样，一方面使最高领导机构可以减轻日常事务工作，便于集中力量掌握有关企业发展的决策性战略计划；另一方面也增强了企业的灵活性。在改组后的体制中，董事长琼斯和两名副董事长组成最高领导机构执行局，专管长期战略计划，负责和政府打交道，以及研究税制等问题。执行局下面设5个"执行部"（"超事业部"），包括消费类产品服务执行部、工业产品零件执行部、电力设备执行部、国际执行部、技术设备材料执行部。

三、20世纪80年代的"零管理层"

1981年4月，年仅45岁的韦尔奇成为通用电气公司历史上最年轻的董事长和首席执行官。美国经济再度复兴，世界经济一体化快速发展，当时的通用电气公司就像一艘巨大的航空母舰，庞大、结构严整。但韦尔奇看到了大公司弊端，他说对于这么一个严整的组织，大家都只看到了它的好处，但在他看来，公司官僚主义盛行，必须做"外科手术"。

通用电气公司当时的组织结构管理层次非常多，最基层到最高层24~26层。韦尔奇为此推行了"零管理层"的扁平化改革，减少管理层次、压缩职能机构、裁减管理人员和整合管理职能，建立一种只有5~6个层级，紧凑而富有弹性的新型组织结构，为此解雇了一大批中高层管理者，公司的高级经理从700名减少到400名，总公司的管理人员由原来的2100人减少到1000人。

在韦尔奇的主导下，通用电气迅速发展，取得了更大的成功。在韦尔奇执掌通用电气的19年中，公司一路领跑，从1980年销售额250亿美元、盈利15亿美元、市场价值在全美上市公司中排名第十，到1999年1110亿美元的销售收入（世界第五）和107亿美元的盈利（全球第一），市值位居世界第二，并因此连续3年在美国《财富》杂志"全美最受推崇公司"评选中名列榜首。

从通用电气公司变革的措施与成效来看，在杰克·韦尔奇扁平化之前的两次组织变革无疑也是成功的，然而这两次成功的组织变革却在走一条与扁平化完全相反的道路——它们是在把通用电气公司变"臃肿"的过程中获得成功的。

请思考：通用电气公司每次变革的原因是什么？

C 任务分析

组织的发展不是一成不变的，所以组织结构设计没有现成的"菜谱"，如果要使企业保持活力，在强调稳健的基础上，还需要动态的组织变革。通过组织内部结构调整，使组织适应企业战略、规模、技术等因素的变化，或者外部环境变化的需要。案例中通用电气公司的每一次组织变革，我们不难发现，都是一种适应环境的反映。第一次变革：1971年通用电气公司的"战略事业单位"改革，是因为它遇上了竞争对手——威斯汀豪斯电气公司的激烈竞争。第二次变革：20世纪70年代中期，琼斯推行了"执行部制"即"超事业部制"的组织改革，企业最高层的领导把精力聚焦于长期战略的制定和资源在集团内的调控，是因为当时美国遭遇能源危机与通货膨胀，经济一片萧条。这种时刻并不适合继续扩大投资和再生产。第三次变革：20 世纪 80 年代，韦尔奇为通用电气公司开出了著名的"扁平化"药方则是因为美国经济再度复兴，世界经济一体化快速发展，企业的经营环境日新月异，经常会出现"战略赶不上环境"的情况，韦尔奇使组织的决策和应对更加灵活。

管理知识

组织变革是组织为适应内外环境及条件的变化，对组织的目标、结构及组成要素等进行的各种调整和修正。任何一个组织经过合理的设计并运作一段时间以后，往往要随着外部环境和内部条件的变化进行调整和变革，以更好地适应组织生存和发展的需要。

一、组织变革的原因与模式

（一）组织变革的原因

1. 战略

不同的组织战略要求开展不同的业务和管理活动，由此影响到管理职务和部门的设计，必然带来组织结构的更新。

2. 环境

组织是社会经济大系统的一个组成部分，外部环境的发展变化会对组织结构的设计产生重要的影响。

3. 技术

技术以及设备的水平，不仅影响组织活动的效果和效率，而且会对组织的职务设置与部门划分、部门间的关系，以及组织结构形式和总体特征等产生相当程度的影响。

4. 组织规模和成长阶段

伴随着组织的发展，组织活动的内容日趋复杂，人数日渐增多，活动的规模和范围越来越大，组织结构也必须随之调整。

（二）组织变革的模式

组织变革的模式有多种，这里简单介绍两类：激进式变革和渐进式变革。

1. 激进式变革

激进式变革力求在短时间内，对企业组织进行大幅度的全面调整，以求彻底打破初态的组织模式并迅速建立目的态组织模式。这种变革模式对组织进行的调整是大幅度的、全面的，可谓是超调量大，所以变革的过程就会很快。这种变革可能影响组织的平稳性，严重时会导致组织崩溃。如苏联的解体与其在从计划经济到市场经济的激进式改革（休克疗法）不无关系。

2. 渐进式变革

渐进式变革是通过对组织进行小幅度的局部调整，实现初态组织模式向目的态组织模式的转变。这种方式的变革对组织产生的震动较小，而且可以经常性地、局部地进行调整,但容易产生路径依赖,导致企业组织长期不能摆脱旧机制的束缚。

二、组织变革的内容与过程

(一) 组织变革的内容

组织变革的内容主要有以下几个方面:

1. 结构变革

结构的变革主要包括部门与岗位的变动、权力的变动、工作再设计、组织文化变革等内容。管理者通过组织结构和程序的变革,改变员工的工作环境,以此带动员工行为的改变。例如,管理者可以将几个部门的职责组合在一起,或者精简某些纵向层次、拓宽管理跨度,以使组织扁平化和弱化官僚机构特征。

2. 技术变革

技术的变革包括对作业流程的改变、对操作方法的重新设计,引进新的设备、新工具,采用新工艺、新技术和新方法等内容。

3. 人员变革

主要变革员工的工作态度、操作技能和行为举止,使员工对未来充满期望,满怀信心地迎接新挑战。

(二) 组织变革的过程

组织变革理论中,影响最大的是库尔特·勒温(Kurt Lewin)变革模型,他提出一个组织的变革必须经过解冻、变革、再冻结三个阶段,如图 4-14 所示。

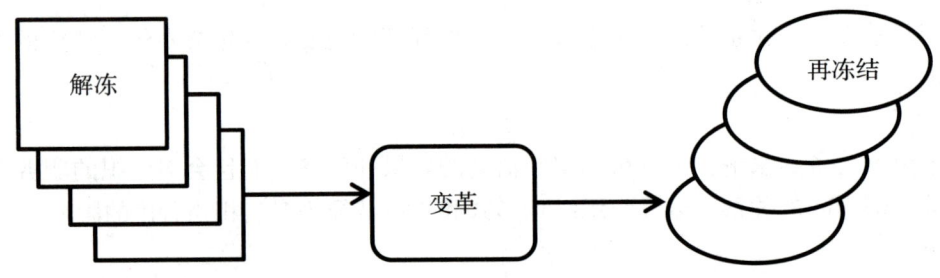

图 4-14 勒温变革三阶段模型

1. 解冻阶段——创造变革的动力

现状的实质是一种延续至今的平衡,变革的第一步要增加动力,减少阻力,化解旧平衡的惯性。为此,变革成功的第一步是变革前的心理准备阶段,应采用一系列手段鼓励员工改变态度,感受到变革的迫切性。

2. 变革阶段——促进成员新态度和新行为的形成

实施变革是使员工形成新的态度和行为的过程,这时,员工的认同起着重要作用。首先明确变革对组织的益处是什么,其次为了这一利益做些什么。

3. 再冻结阶段——稳定变革成果

变革成果需要持续、巩固。为了避免组织重新回到变革前的稳定状态,再冻结的实质是要建立变革之后新的平衡,将变革后的行为方式和态度重新稳定下来。

三、组织变革的阻力与克服

（一）组织变革的阻力
组织变革的阻力来自个体、群体和领导者三个方面。

1. 个体阻力
个体对组织变革的阻力主要来源于人类本身的一些固有特性，如对稳定性和安全感的偏好，对既得利益的认识及其差异性等。

变革使人们熟悉的、确定的事实变成未知的、不确定的，人们对习惯性、安全感的偏好往往使人对未来的不确定性感到恐惧、焦虑和不安。任何变革都将会威胁到原有的安全与内心的平衡，这种担心变革会造成将来的不稳定的心理，会对变革产生某种恐惧感，自觉不自觉地对变革进行抵制。当变革措施可能触及切身利益时，即降低自己的收入或地位时，人们往往对于组织的变革抱有抵制的心理。

2. 群体阻力
群体阻力主要体现在维护原有的群体规范不被触犯。群体中原有的人际关系可能因变革而受到改变和破坏。

3. 领导者的阻力
领导者方面的阻力主要集中在对改革后果不确定性的担心以及由此带来的权力与利益的调整。有些时候，人们反对变革是出于对主持变革者反感、不信任，从而产生对变革的抵制。

（二）克服组织变革阻力的策略
为防止和消除对变革的心理阻力，可通过以下措施克服或降低变革的阻力：

1. 加强沟通
事实证明，大量变革的阻力来自于个人对于变革的不了解，乃至对变革的目的产生怀疑和误解，可能是信息失真或组织内沟通不利。经过充分沟通，澄清员工的错误认识，使他们了解到变革的全部真相，变革的阻力自然会被削弱甚至完全消除。

2. 鼓励员工参与
让员工参与变革，既可以吸收其智慧，增强责任感，又可以减少思想阻力，有利于变革的顺利进行。

3. 谈判与协商
当预见到组织中的某些部门或较为关键的任务对变革可能会进行较强烈的抵制，而变革又必须进行时，管理者可以通过谈判与协商以达成共识，有时也包括作出必要的让步。

4. 操纵与拉拢
如果谈判与协商收不到应有的效果，管理者也可以采用一些不十分高明的策略，如美化变革前景，隐瞒不利消息，拉拢反对变革的核心人物等。

5. 强制执行
为推进变革而采用强制措施，一方面表明变革者推进变革的决心和态度，不惜直接对抵制者实施威胁与压力；另一方面也显示出别无良策的无奈，有时甚至是破釜沉舟的悲壮。强制的方法如扣奖金、剥夺升迁机会甚至解雇等。采用强制措施推进变革可能会一时奏效，但是也可能使变革的阻力增强。

6. 组织发展

组织发展的最大特点是将变革渗入组织的日常工作。它利用鼓励员工参与的方式，使他们不断地接受新的知识、技能和观念，力求有计划地创造出一种新的企业文化以适应长期变革的过程。这种方式在组织变革实践中日益兴起。

任务四　组织沟通

管理情境

一厢情愿VS换位思考

公司为了奖励市场部的员工，制订了一项海南旅游计划，名额限定为10人。可是13名员工都想去，部门经理需要再向上级领导申请3个名额。如果你是那个经理，你会如何与上级领导沟通呢？

部门经理向上级领导说："朱总，我们部门13个人都想去海南，可只有10个名额，剩余的3个人会有意见，能不能再给3个名额？"

朱总说："筛选一下不就完了吗？公司能拿出10个名额就已花费不少了，你们怎么不多为公司考虑？你们呀，就是得寸进尺，不让你们去旅游就好了，谁也没意见。我看这样吧，你们3个做部门经理的，姿态高一点，明年再去，这不就解决了吗？"

事与愿违，哪里出了问题？

试试像下面这么说：

部门经理："朱总，大家今天听说去旅游，非常高兴，觉得公司越来越重视员工了，真是让员工感动。朱总，这事是你们突然给大家的惊喜，不知当时你们如何想出此妙意的？"

朱总："真的是想给大家一个惊喜，这一年公司效益不错，是大家的功劳，考虑到大家辛苦一年，到年终了，第一，是让大家放松一下；第二，放松后才能更好地工作；第三，是增加公司的凝聚力。大家高兴了，我们的目的就达到了。"

部门经理："也许是计划太好了，大家都在争这10个名额。"朱总："当时决定10个名额是因为你们部门有几个人工作不够积极。你们评选一下，不够格的就不安排了，就算是对他们的一个提醒吧。"

部门经理："其实我也同意领导的想法，有几个人与其他人比起来是不够积极，不过他们可能是由于一些生活原因所致，这与我们部门经理对他们缺乏了解，没有及时调整都有关系。责任在我，这次如果不让他们去，对他们打击会不会太大？如果这种消极因素传播开来，对整个公司也影响不好吧。公司花了这么多钱，要是因为这3个名额降低了效果实在太可惜了。"

看到朱总若有所思，微微点了点头，部门经理继续说："我知道公司每一笔开支都要精打细算。如果公司能拿出3个名额的费用，让他们有所感悟，促进他们来年改进，那么他们给公司带来的利益要远远大于这次支出的费用，不知道我说的有没有道理。公司如果能再考虑一下，让他们一起去旅游，我会尽力与其他两位部门经理沟通好，在这次旅途中每个人带一个，帮助他们放下包袱，树立有益公司的积极工作态度，朱总您能不能考虑一下我的建议。"

请思考：部门经理与朱总的沟通给你带来什么启示？

（资料来源：根据网络资料整理）

任务分析

组织沟通是沟通管理中最为基础和核心的环节，它关系到组织目标的实现和组织文化的塑造。只有有效的组织沟通，组织成员的意见、建议才能得到充分的重视；只有有效的组织沟通，组织成员的工作成绩才能得到应有的评价和认可；只有有效的组织沟通，组织的最终目标才得以实现。沟通是企业组织管理的灵魂，组织沟通越来越受到管理者的重视，因为管理者所做的每一件事情中都包含着沟通。案例中两种不同方式的沟通，完全不一样沟通效果，充分说明了沟通不能一厢情愿只顾表达自己的意志和愿望，忽视对方的表现及心理反应。换位思考是沟通的黄金法则，作为管理者，应学会站在对方的角度考虑问题，综合运用提问、倾听、欣赏、建议等沟通技巧，通过有效沟通协调关系、解决问题。

管理知识

关于管理沟通，沟通问题包括人际沟通和组织沟通两方面。前者指存在于两人或多人之间的沟通；后者指组织中沟通的方式、网络和系统等。对于组织中的管理者来说，这两方面的沟通都是非常重要的。

一、沟通概述

（一）沟通的含义

沟通：微笑的力量

简单地讲，沟通就是人与人之间进行信息交流的活动。从组织管理的角度出发，可以把沟通定义为：沟通是信息凭借一定符号载体，在个人或群体间从发送者到接收者进行传递，并获取理解的过程。

（二）沟通的过程

管理沟通是沟通者为了获取沟通对象的反应和反馈而向对方传递信息的全部过程。管理沟通作为一种特殊的沟通类型，首先它必须是基于反映的双向沟通，其次，在沟通过程中需要媒介来连接沟通双方。

沟通过程是信息发送者把信息通过沟通渠道传递给信息接收者的过程。信息沟通必须具备四个条件：信息发送者、信息接收者、信息内容和信息传递的渠道。图4-15描述了一个完整的沟通过程。发送者（信息源）发出信息，信息首先被转化为信号形式（编码），然后通过媒介（通道）传送至接收者，由接收者将收到的信号再转译过来（解码）。经过这一过程，要传递的意义或信息就从一个人传给了另一个人。而为了确认接收者成功理解了发送者的意思，信息接收者也应该对所接收的信息进行必要的反馈，以完成管理沟通的下半部分过程。在反馈中，原来的接收者变成了发送者，原来的发送者变成了接收者。因此，管理沟通过程是一个双向的互动过程，而不是一个单向的简单的信息传送过程。

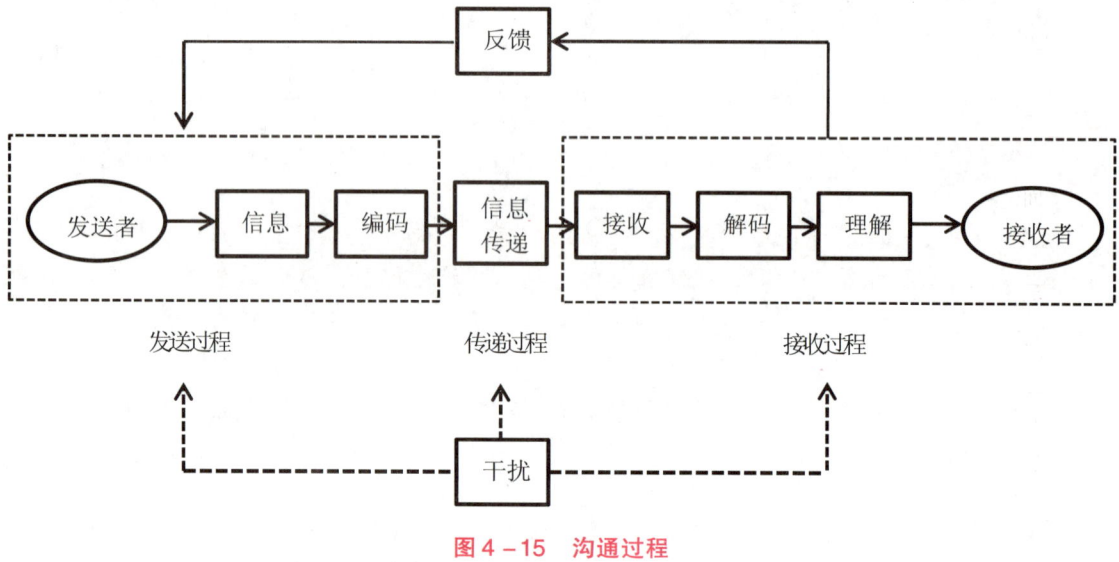

图4-15　沟通过程

（三）沟通的类型

1. 单向沟通和双向沟通

按照是否进行反馈划分，沟通可分为单向沟通和双向沟通。二者的特点比较如表4-4所示。

单向沟通是指没有反馈的信息传递，适合以下几种情况：①问题较简单，但时间较紧；②下属易于接受解决问题的方案；③下属没有了解问题的足够信息，在这种情况下，反馈不仅无助于澄清事实反而容易混淆视听；④上级缺乏处理反馈的能力，容易感情用事。

双向沟通是指有反馈的信息传递，是发送者和接收者相互之间进行信息交流的沟通，比较适合以下几种情况：①时间比较充裕，但问题比较棘手；②下属对解决方案的接受程度至关重要；③下属能对解决问题提供有价值的信息和建议；④上级习惯于双向沟通，并能够有建设性地处理负反馈。

表4-4　单向沟通与双向沟通

类型	速度	正确性	反馈	传播情况	准备	发送者	接收者
单向沟通	快	差	少	安静	充分	压力小	较少信心
双向沟通	慢	好	多	吵闹	随机应变	压力大	较有信心

2. 口头沟通、书面沟通和非语言沟通

按照沟通的表现形式来分，沟通可分为口头沟通、书面沟通和非语言沟通。三者的特点比较如表4-5所示。

组织沟通
——非语言沟通

表4-5 口头沟通、书面沟通和非语言沟通

沟通方式	举例	优点	缺点
口头沟通	开会、面谈、电话、讨论等	传媒反馈快、信息量大、弹性大、亲切、双向、效果好	不易保存,事后难查证,传递层次越多则信息失真越严重
书面沟通	文件、报告、信函、备忘录、内部期刊、公告等	正规、准确、权威、持久、有形、可核实,易于远距离传递,易于储存	效率低,费用较高,缺少反馈,保密性差
非语言沟通	声光信号、体态、语调等	内涵丰富,含义隐含灵活,信息意义十分明确	传递距离有限,界限模糊,只可意会不可言传

口头沟通是指采用口头语言进行的信息传递,是人们最经常采用的信息传递方式,包括开会、面谈、电话、讨论等形式。它的优点是用途广泛、交流迅速,有什么问题可直接得到反馈。缺点是事后无据,也容易忘记,当一个信息要经过多人传递时,由于每一个人以自己的方式传递信息,到最后信息会发生歪曲。

书面沟通是指采用书面文字形式进行的沟通,如各种文件、报告等。优点是严肃、准确,具有权威性,不容易被歪曲;有文字为据,信息可以长久地被保存;若有关此信息的问题发生,则可以进行检查、核实;可以更准确地表达信息内容;可使许多人同时了解到信息,提高信息传递速度和扩大了信息传递范围。它的缺点是沟通周期比较长,缺乏亲近感;沟通双方的应变性比较差,难以得到即时反馈,适应于单向沟通。

非语言沟通是相对于语言沟通而言的,是指通过身体动作、体态、语气语调、空间距离等方式信息交流、进行沟通的过程。在现实生活中,人们常常运用身体动作、面部表情、空间距离、触摸行为、声音暗示、穿着打扮、音乐、舞蹈、图像和装饰等来表达思想、情感、态度和意向。非语言沟通具有四种功能:①非语言暗示通过增添语言信息的含义来补充语言信息;②非语言信息调整语言沟通;③非语言信息能代替语言信息;④非语言信息能强调我们所说内容。非语言沟通类型比较如表4-6所示。

表4-6 非语言沟通类型比较

基本类型	说明、解释和举例
身体动作	手指动作、面部表情、眼神、触觉接触等
身体特征	体型、体格、姿态、身体或呼吸的气味、身高、体重、头发颜色和肤色
副语言	音质、音量、语速、音调、叹词(如"啊"、"嗯"或"哈")、笑、叹息等
生存空间	人们使用和感知空间的方法,包括座位的安排、谈话的距离以及人们界定出个人空间的"领地"倾向
环境	建筑和房间设计、家具和其他物件的摆放、内部装饰、清洁、光线和噪声
时间	早到或迟到、让别人久等、对时代感受的文化差异以及时间和地位的关系

3. 人际沟通和组织沟通

按照信息接收者和信息发送者的不同，沟通可分为人际沟通和组织沟通。

人际沟通一般指人与人之间的信息交流过程。其过程就是人们采用言语、书信、表情、通信等方式彼此进行的事实、思想、意见、情感等方面的交流，以达到人与人之间对信息的共同理解和认识，取得相互之间的了解、信任，形成良好的人际关系，从而实现对行为的调节。

组织沟通是组织内信息的交流与传递。这些信息包括很广，例如消息、情报、资料、知识、经验、情感、观点、态度等。领导者通过有效的组织沟通，可以使组织内部分工合作更为协调一致，使组织更好地适应外部环境，增强应变能力，也可以使组织成员之间、组织之间相互加深了解，融洽感情，增进友谊，激发斗志，使组织更加充满活力。

二、组织沟通

虽然在组织沟通中，仍然是人们在相互进行沟通，但组织沟通不同于一般意义上的人际沟通。首先，组织沟通有明确的目的，其目的是影响另一个人的行为，使之与实现组织的整体目的相符，最终实现企业的目标。其次，组织沟通的活动通常按照预先设定的方式，沿着既定的轨道、方向、顺序进行，作为日常活动而发生。最后，组织对信息发送者有一定的约束，管理者必须为自己的沟通行为负责，并确保实现沟通的目的。

（一）上行沟通、下行沟通、平行沟通和斜向沟通

组织中的沟通可以是向下的、向上的、横向的和斜向的，具体如图 4–16 所示。

1. 上行沟通

上行沟通是信息从下属人员流向管理者的沟通。如下级向上级汇报情况、反馈问题。这种沟通既可以是书面的，也可以是口头的。为了做出正确的决策，领导者应该采取措施，如开座谈会、设立意见箱和接待日制度等鼓励下属尽可能多地进行上行沟通。

2. 下行沟通

下行沟通是信息从管理者流向下属人员的沟通。如领导者以命令或文件的方式向下级发布指示、传达政策、安排和布置计划工作等。下行沟通是传统组织内最主要的一种沟通方式。

3. 平行沟通

平行沟通是在同一组织层次的员工之间发生的沟通。平行沟通符合管理过程学派创始人法约尔提出的"跳板原则"，它能协调组织横向之间的联系，在沟通体系中是不可缺少的一环。

4. 斜向沟通

斜向沟通是发生在同时跨工作部门和跨组织层次的员工之间的沟通。它时常发生在职能部门和直线部门之间，由于斜向沟通的目的是加快信息的传递，因此它主要用于相互之间的情况通报、协商和支持，带有明显的协商性和主动性。

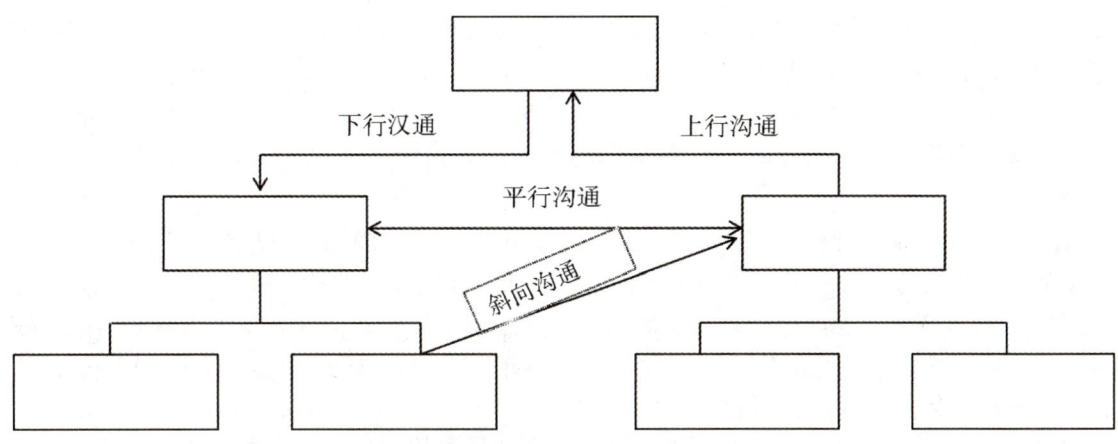

图 4-16　上行沟通、下行沟通、平行沟通和斜向沟通

（二）正式沟通和非正式沟通

正式沟通与非正式沟通优缺点比较如表 4-7 所示。

表 4-7　正式沟通与非正式沟通

沟通方式	优点	缺点
正式沟通	沟通效果好，比较严肃、慎重、约束力强，易于保密，可以使信息沟通保持权威性	依靠组织层层传递，较刻板，沟通速度慢，存在信息失真和扭曲的可能
非正式沟通	沟通形式灵活多样，直截了当，沟通速度快，效率高，容易快速了解到正式沟通难以提供的"内幕消息"，可以满足组织成员的心理需要。	难控制，传递的信息不确切，容易失真，可能导致小集团、小圈子，影响组织的凝聚力和稳定

1. 正式沟通

正式沟通指在组织系统内，依据一定的组织原则所进行的信息传递与交流。例如，组织与组织之间的公函来往，组织内部的文件传达、召开会议，上下级之间的定期的情报交换等。另外，团体所组织的参观访问、技术交流、市场调查等也在此列。

组织和群体中正式的沟通网络存有五种基本形式，分别是：链式沟通、环式沟通、Y式沟通、轮式沟通、全通道式沟通。这五种正式沟通形态如图 4-17 所示。

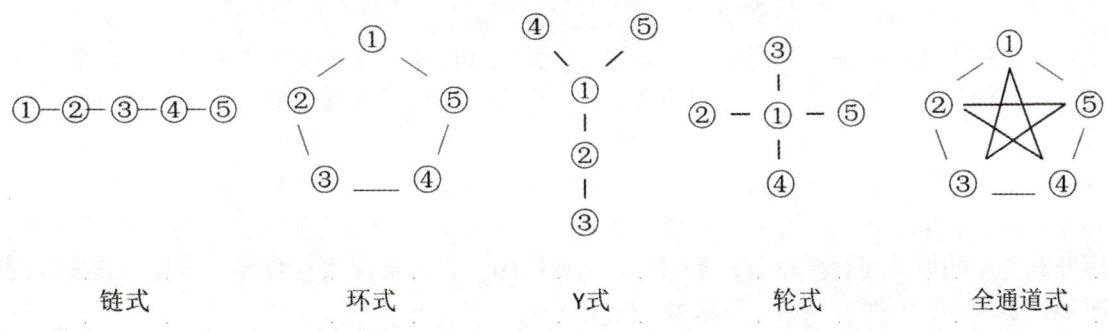

图 4-17　沟通网络

（1）链式沟通：信息在组织成员间只进行单线、顺序传递的犹如链条状的沟通网络形态。链式沟通更加突出了沟通的层次性。

（2）环式沟通：把链式形态的两头沟通环节相连贯而形成的一种封闭式结构，表示组织所有成员间都不分彼此地依次联络和传递信息，其最大特点是沟通网络中成员的平等属性。

（3）Y式沟通：有一个成员处于沟通的中心位置，成为因拥有信息而具有权威感和满足感的人。Y式沟通增加了沟通的层次，它集中表现了组织的结构特征。

（4）轮式沟通：经由中心人物向周围多线传递信息。轮式沟通表现出沟通的层次性较少，并形成一个沟通网络的中心。因此，位于沟通中心的人物表现出较强的权力特征，通常是组织和群体的领导或管理者。

（5）全通道式沟通：开放式沟通网络。所有成员之间均可以没有限制和障碍地进行信息交流，是最民主、最畅通的沟通方式。

全通道式沟通的速度快，由于能获得大量的信息，在处理复杂问题时比其他形式沟通快且失误少；环式沟通速度较慢，信息易于分散，往往难以形成中心，但是组织内民主气氛较浓，团体的成员具有一定的满意度，横向沟通一般使团体士气高昂；链式、Y式和轮式沟通一般沟通准确性比较好，在处理简单的问题时速度快且失误少；轮式沟通有利于管理者控制各项活动，环式沟通和全通道式沟通则能较好地满足成员的社交需求。五种沟通网络形式的具体特点如表4-8所示。

表4-8 五种沟通网络形式的比较

类型 标准	链式	环式	Y式	轮式	全通道式
集中性	适中	低	较高	高	很低
解决问题速度	适中	慢	较快	快（任务简） 慢（任务繁）	快
信息准确度	高	低	高	高（任务简） 低（任务繁）	适中
领导能力	适中	低	高	很高	很低
成员满意度	适中	高	不一定	低	很高

2. 非正式沟通

非正式沟通是指正式沟通渠道以外的信息交流和传递，它不受组织监督，自由选择沟通渠道。例如，团体成员私下交换看法、朋友聚会、传播谣言和小道消息等都属于非正式沟通。

非正式沟通一方面可以满足组织成员社会交往的需要；另一方面可以弥补和改进正式沟通的不足。但非正式沟通由于不负有正式沟通所具有的责任且不必按一定的程序进行，因此其传递的信息随意性较强，往往带有主观色彩，容易被夸大、曲解，导致信息失真的可能性也较大，有时候会给组织带来一定的危害。

管理思考

> 管理者应当如何看待组织中的非正式沟通？

组织中的非正式沟通有单线式、流言式、偶然式、集束式四种不同的传递形式，如图4-18所示。

（1）单线式：通过一连串的人把消息传播给最终接收者。

（2）流言式：信息发送者主动寻找机会，通过闲聊等方式向其他人散布消息，犹如其独家新闻。

（3）偶然式：每个人都是按照偶然的机会把消息传递给其他人，使信息通过一种随机的方式传播。道听途说就是其中的一种形式。

（4）集束式：信息发送者有选择地寻找一批对象传播信息，这些对象是一些与其较为亲近的人，而这些对象在获得信息后又传递给自己的亲近者。

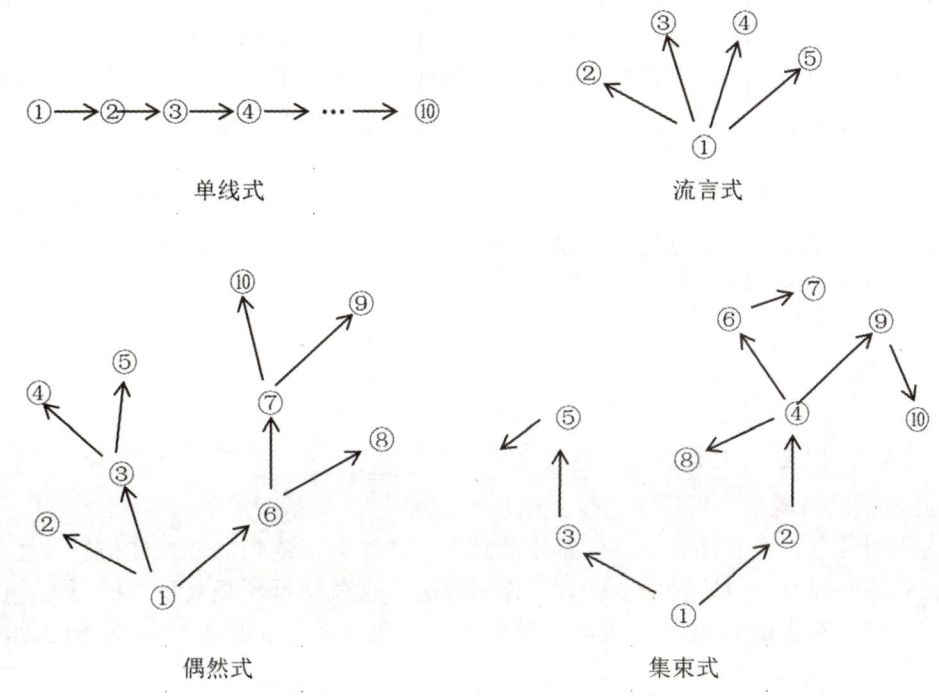

图4-18 非正式沟通的信息传递方式

三、有效沟通

（一）有效沟通的障碍

1. 信息过滤

过滤指故意操纵信息，使信息显得更易被接受。一人向上级管理者陈述的都是管理者想听到的东西时，这个人就是在过滤信息。当沿着组织层次向上传递信息时，为避免市场人员信息超载，发送者需要对信息加以浓缩和综合。而浓缩信息的过程受到信息发送者个人兴趣和对哪些信息更重要的认识的影响，因而也就造成了信息沟通中的过滤现象。

信息过滤的程度与组织层级数目和文化两大因素有关。在组织中，纵向层次越多，过滤的可能性越大。当组织更强调合作时，那么信息过滤的问题就会减弱。当组织中越来越多地使用电子邮件沟通方式，使沟通更加直接，也减少了过滤。组织文化通过奖励系统，对这类过滤行为起到或鼓舞或抑制的作用。组织中的奖励越是注重形式与外表，管理者就越是有意识地按对方的品味调整和改变信息。

2. 选择性知觉

选择性知觉是指人们根据自己的兴趣、经验和态度而有选择地去解释所看到或所听到信息。沟通的过程中，接收者会根据自己的需要、经验、背景及其他个人特质而选择性地去看或听所传递给他的信息。心理学研究表明，人们往往能听到或看到他们感情上有所准备的东西，或他们想听或想看的东西，甚至只愿意接收中听的或中看的，而拒绝不中听或不中看的信息。

3. 情绪的影响

在接收信息时，接收者的感觉也会影响他对信息的解释，情绪在很大程度上影响着沟通的效果。不同的情绪感受会使个体对同一信息做出不同的解释，狂喜或悲伤等极端情绪更可能阻碍信息沟通。因此，在组织沟通中，如遇到不如意的事情时，一定要防止出现情绪化反应，不能被情绪所左右，而应该去控制或者引导自己的情绪。

4. 信息超载

信息超载是指一个人面对的信息超过了他的处理能力。现代组织中的信息传递有两个特点：一是快，二是多。信息过量，以至管理人员无法及时处理时，有些信息只能被搁置起来，或被拖延处理，从而形成沟通障碍。

管理思考

> 你是否遇到过信息超载的问题？你是如何处理的？

5. 心理上的障碍

当人们对信息发送者怀有不信任感或敌意时，往往会拒绝信息或歪曲信息。尤其当人们感到受到威胁时，会以一种防卫的方式作出反应，这就降低了相互理解的可能。防卫心理往往表现在对对方的言语进行攻击、讽刺挖苦、品头论足，以及怀疑对方的动机等行为上。

6. 语义障碍

语义障碍主要是指因对语义的不同理解引起的障碍。语言，特别是中国语言是极为丰富的，有同形异义、同形异音、一词多义、方言土语等现象，对于同一个词语，由于理解上的差别，都会给沟通造成障碍。

组织中员工有着不同的生活背景和语言习惯，有着不同的说话方式和做事风格，对同一件事物也会有不同的认识。因此，管理者在沟通过程中，不能仅从自己的角度来选择用语，来理解事情，更重要的是要从信息接收者的立场来考虑用语，才能确保发送的信息能够被正确的理解，使信息沟通顺畅。

7. 文化差异

沟通差异不仅产生于个人沟通中所用的语言不同，也可能产生于他们作为其中一分子的民族的文化差异、地域差异。

在美国，沟通倾向于以个人为中心，语义明确。在日本，则倾向于更多的相互间的互动关系，而且人际间的接触更倾向于非正式的，这与美国倡导个人主义、日本强调集体主义的文化差异有着密切关系。文化差异会影响管理者对沟通方式的选择，如果未能很好地认识和认真地考虑这些差异，就极有可能成为有效沟通的障碍。

管理案例

美国籍副总裁和中国员工

飞利浦照明公司某区人力资源的一名美国籍副总裁与一位被认为具有发展潜力的中国员工交谈。美国上司很想听听这位员工对自己今后五年的职业发展规划以及期望达到的位置，可中国员工并没有正面回答问题，而是开始谈论起公司未来的发展方向、公司的晋升体系，以及目前他本人在组织中的位置等，说了半天也没有正面回答副总裁的问题。副总裁有些疑惑不解，没等他说完已经不耐烦了。同样的事情之前已经发生了好几次。

谈话结束后，副总裁忍不住向人力资源总监抱怨道："我不过是想知道这位员工对于自己未来五年发展的打算，想要在飞利浦做到什么样的职位而已，可为什么就不能得到明确的回答呢？"

"这位老外总裁怎么这样咄咄逼人？"谈话中受到压力的中国员工也向人力资源总监诉苦。

案例启示：文化差异是沟通中必须认真对待的重要因素，认识不足或处理不当都会成为沟通的障碍。

（资料来源：根据网络资料整理）

8. 组织机构设置不合理

在管理中，合理的组织机构有利于信息沟通。如果组织机构过于庞大，中间层次太多，信息从最高决策传递到下属单位不仅容易产生信息失真，而且会浪费大量时间，影响信息的及时性。有学者统计，一个信息在高层管理者那里的正确性是100%，到了信息的接收者手里可能只剩下20%的正确性。

同时，自下而上的信息沟通，如果中间层次过多，同样也浪费时间，影响效率。在进行信息沟通时，各级主管部门都会花时间把接收到的信息进行甄别，一层一层地过滤，然后有可能将断章取义的信息上报。

因此，如果组织机构臃肿，机构设置不合理，各部门之间职责不清、分工不明，形成多头领导，或因人设事，人浮于事，就会给沟通双方造成一定的心理压力，影响沟通的进行。

（二）有效沟通的技巧

从前文分析可见，有效信息沟通的障碍主要来自组织和个人，但归根结底，沟通成功与否关键在于信息发送者和信息接收者。对于参与沟通的双方来说，有效沟通都包含了两个重要的因素：有效倾听和有效表达。

1. 有效倾听

管理案例

> **你会听吗？**
> 　　美国知名主持人林克莱特在主持一个节目时问一名小朋友："你长大后想要当什么呀？"小朋友天真地回答："嗯，我要当飞机驾驶员！"林克莱特接着问："如果有一天，你的飞机飞到太平洋上空，所有引擎都熄火了，你会怎么办？"小朋友想了想："我会先告诉坐在飞机上的人绑好安全带，然后我挂上我的降落伞先跳出去。"当现场的观众笑得东倒西歪时，林克莱特继续注视着这孩子，问他："为什么要这么做？"没想到，接着孩子的两行热泪夺眶而出，说："我要去拿燃料，我还要回来！我还要回来！"
> 　　**案例启示**：你听到别人说话时，你真的听懂他说的意思了吗？如果不懂，就请听别人说完吧，这就是听的艺术。

　　（1）集中注意力。因为充当多种角色和承担多种任务，管理者经常超负荷和被迫同时思考多个事情；因为要应付不同的事情，管理者有时对接收到的信息没有足够的注意。这样，往往造成沟通障碍。因此，注意力集中是管理者作为信息接收者时必须要重视的。

　　（2）积极倾听。倾听是接受口头及非语言信息、确定其含义和对此作出反应的过程，是对含义的一种积极主动的搜寻，而单纯地听则是被动的。与单纯地听不同，积极倾听指不带先入为主的判断或解释地对信息完整意义的接受，它要求全神贯注。

　　（3）移情。所谓移情，也就是我们经常所说换位思考。当试图从信息发送者的感觉和描述中理解信息，而不是只从自己的观点理解信息时，作为接收者的管理者便做到了移情。移情是成功沟通中一个非常重要的因素，因此，管理者在与人的沟通过程中应该投入更多的感情，要能站在对方的立场进行思考。

2. 有效表达

　　有效的信息沟通依赖于信息发送者有效地向组织内外的人发出信息。信息发送者必须培养自己有效发出信息的技巧。

　　（1）发出清晰和完整的信息。发出的信息容易被接收者理解和领会时，信息是清楚的。当它包含了发送者和接收者达成共识所需的全部信息时，信息是完整的。因此，信息的发送者必须考虑接收者如何理解信息，并对信息进行修正以消除误会和混淆。

　　（2）将信息编译接收者易于理解的传输符号。发送者在将信息进行编码时，必须使用接收者能够理解的符号或语言。例如，当用英语给母语非英语的接收者发送信息时，应尽量使用常用词汇，避免用冷僻词汇；在向非同一职业、群体、组织的成员发送信息时，应避免使用行话。

　　（3）选择适当的传输媒介。当使用语言沟通时，信息发送者可以从许多沟通媒介中选择，包括面对面沟通、书面信函、电话、电子邮件和电视会议等。在选择这些媒介时，信息发送者要考虑所需信息的充裕程度、时间限制、书面或电子记录。在选择沟通媒介时主要考虑的是信息的性质：是否私人性的、是否重要、是否非常规、是否会引起误解、是否需要作进一步澄清。如果是，则面对面沟通可能是最好的。

　　（4）选择接收者能监控的媒介。在选择媒介时，信息的发送者要考虑的一个因素是，这个媒介是否受到接收者的关注，不同的人对他们所关注的媒介是不同的。有些人喜欢用电子邮件,几乎每几小时关注一次,有些人则喜欢面对面交流,从不或很少打电话或查看邮件,因此,信息发送者一定要注意接收者是否对你选择的媒介关注。另外一个要考虑的因素是接收者是否存在某些方面的缺陷,从而限制其对一些信息的解码能力。例如,盲人是无法阅读书面信函的。

(5) 避免信息被过滤和曲解。当信息的发送者错误地认为接收者不需要该信息或不想接收该信息时,发送者会保留部分信息,这样就导致了信息过滤。信息过滤会发生在组织的每个层次,以及垂直和水平沟通中。当信息在经过一系列的发送者和接收者后,产生了意思的改变,信息曲解就发生了。一些信息的曲解是偶然的,一些信息的曲解却是故意的。怎样才能避免信息过滤和信息曲解呢?应该在组织中建立信任,在信任和得到公平对待的环境中,信息发送者会尽可能减少信息过滤和曲解。

(6) 信息中应包含反馈机制。反馈对于有效的沟通是必要的。当发出信息时,发送者既可以在信息中提出反馈的要求,也可以表明何时或通过何种方式知道信息已收到或理解。总之,只有信息中包含这些反馈机制,发送者才能确保自己的信息被收到和被理解。

(7) 提供准确信息。小道消息,又叫传闻,是组织成员感兴趣的、无确切来源的非官方信息。一旦出现,传闻传播得很快,而且其涉及的话题往往是组织成员认为最重要的、有趣的。然而,当传闻是虚假的、恶意的或者缺乏根据时,会误导或构成对个别员工或组织的伤害。这时管理者就要作为信息发送者将准确信息发布,以制止误导性传闻的传播。

3. 组织沟通中的要点

(1) 加强对语言、文字的理解和运用能力,提高沟通技能。沟通主要是通过语言、文字方式进行,具有较强的理解和运用语言(包括肢体语言)、文字的能力,提高沟通技能才能正确地理解所获得的信息,并作出相应的决策,采取恰当的方式准确地对信息进行加工处理。

(2) 减少沟通环节,优化沟通渠道。沟通环节多,沟通渠道长,一方面会影响沟通的积极性;另一方面由于沟通过程存在"噪声"干扰,沟通环节越多干扰越多,越可能影响信息的准确传递。

(3) 创造相互信任,有利于沟通的氛围。要提高沟通效率,必须诚心诚意地去听取别人的意见,在组织的上下级以及同级之间建立相互信任的良好氛围。

(4) 加强平行沟通,促进横向交流。企业内部的沟通以与命令链相符的垂直沟通居多,横向交流较少,而平行沟通能加强横向的合作。具体来说,通过定期举行各部门之间的工作会议,加强相互交流,以强化横向合作。

(5) 设计固定沟通渠道,形成沟通常规。这种方法的形式很多,如采取定期会议、报表、情况报告等。

(6) 发挥非正式组织、非正式沟通渠道的积极作用。组织内部不可避免地存在非正式组织,组织成员往往通过非正式渠道获取和反馈大量信息。领导者要对非正式组织和非正式沟通渠道加以合理利用和引导,帮助组织成员获得相关信息,在达成理解的同时解决潜在的问题,提升组织凝聚力、发挥整体效应。管理者要允许非正式组织的存在,引导其向良性发展。

项目小结

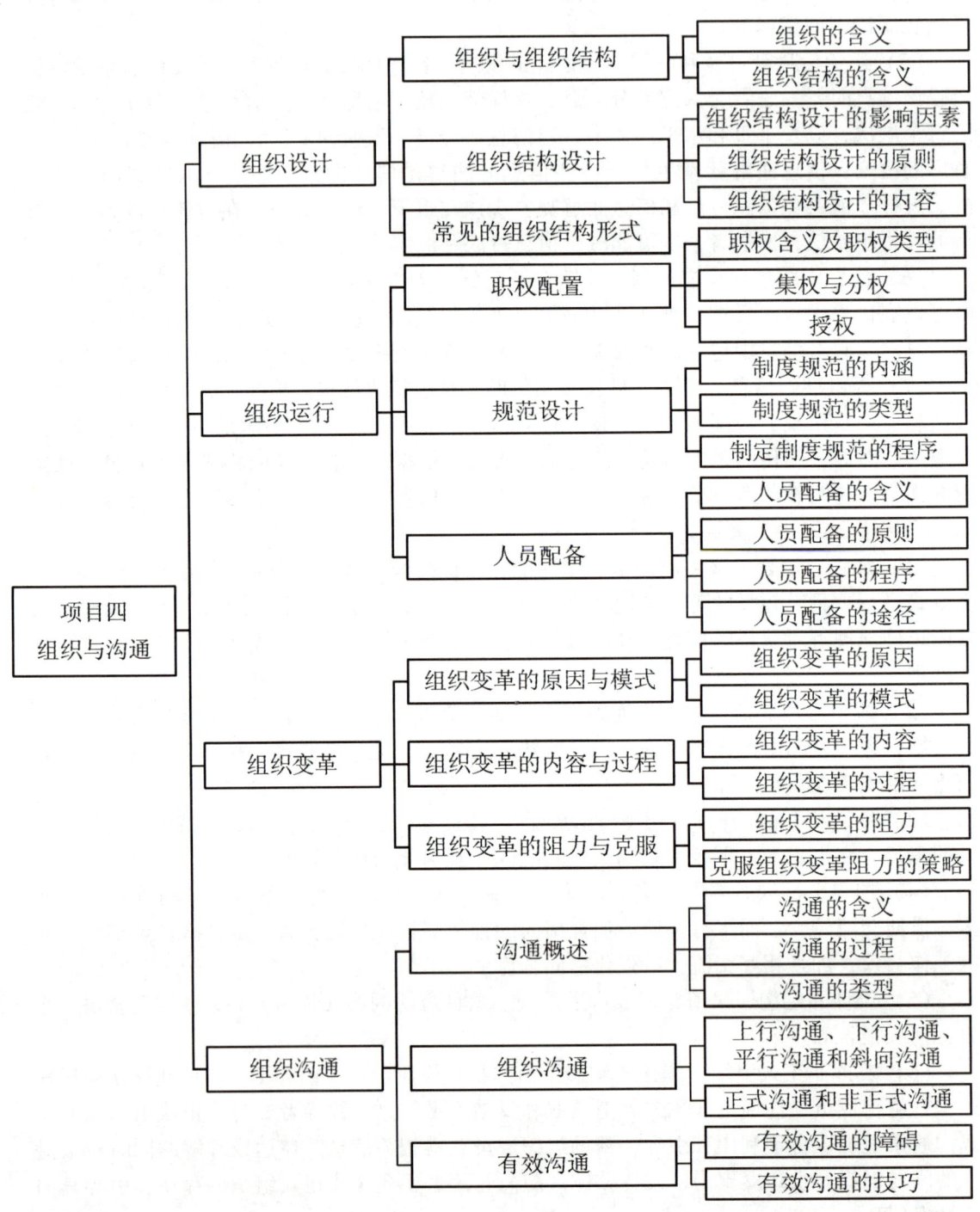

课后习题

一、判断题

1. 组织结构是一个组织的"骨骼"系统，通常用组织结构图表示。（   ）
2. 在进行组织结构设计时，职权与职责必须对等，但利益可以不予考虑。（   ）
3. 参谋职权是一种完整的职权，是协调组织的人、财、物，保证组织目标实现的基本权力。（   ）
4. 组织中较低管理层次做出的决策数目越多，则分权的程度就越高。（   ）
5. 授权不意味着授责，授权后上级不再负有相应的责任。（   ）
6. 管理幅度越宽，管理层次越少，此时组织结构的形式呈"扁平型"结构。（   ）
7. 因事择人是人员配备的首要原则，它要求根据人的兴趣和才能结构，安排其合适的工作。（   ）
8. 在短时间内，对企业组织进行大幅度的全面调整，属于渐进式变革。（   ）
9. 组织的变革必须经过解冻、变革、再冻结三个阶段。（   ）
10. 信息沟通必须具备四个条件：信息发送者、信息接收者、信息内容和信息传递的渠道。（   ）

二、选择题

1. 将岗位设计得尽可能简单，有助于提高员工的工作熟练程度，从而取得更高的效率和更好的业绩，属于（   ）。
   A. 职责专门化　　　B. 职责扩大化　　　C. 职责丰富化　　　D. 技能多样化
2. 采用"集中决策，分散经营"的组织结构是（   ）。
   A. 直线职能制　　　B. 事业部制　　　C. 矩阵制　　　D. 直线制
3. 判断一个组织的分权程度，常常根据各管理层次拥有的（   ）权的情况来确定。
   A. 计划　　　B. 组织　　　C. 领导　　　D. 决策
4. 当组织规模一定时，组织层次和管理幅度呈（   ）关系。
   A. 正比　　　B. 反比　　　C. 相关　　　D. 指数
5. 一家产品单一的跨国公司在世界许多地区拥有客户和分支机构，该公司的组织结构应考虑按什么因素来划分部门？（   ）。
   A. 职能　　　B. 地区　　　C. 产品　　　D. 顾客
6. 通过身体动作、体态、语气语调、空间距离等方式信息交流、进行沟通的过程，属于（   ）。
   A. 正式沟通　　　B. 非正式沟通　　　C. 语言沟通　　　D. 非语言沟通
7. 在组织内设置意见箱，属于（   ）。
   A. 上行沟通　　　B. 下行沟通　　　C. 平行沟通　　　D. 斜向沟通
8. （   ）可以使产品或服务更切合顾客的实际需要。
   A. 产品部门化　　　B. 顾客部门化　　　C. 地区部门化　　　D. 职能部门化
9. 规模庞大，品种繁多，技术复杂的大型企业适合采用（   ）组织结构。
   A. 直线制　　　B. 职能制　　　C. 直线—职能制　　　D. 事业部制
10. 上级授予下属一定的权力，使下属在一定的监督之下，有相当的自主权和行动权，属于（　　）。

　　A. 集权　　　　　B. 分权　　　　　C. 授权　　　　　D. 职权

三、简答题

1. 简述组织设计的原则及影响组织设计的因素。
2. 简述组织规模、管理幅度与管理层次三者的关系。
3. 组织结构的基本形式有哪些？各有怎样的优缺点？
4. 比较扁平型组织结构和高耸型组织结构。
5. 组织变革的阻力有哪些？如何克服这些阻力？
6. 简述沟通的过程。

四、案例分析题

　　老张是一个木匠，他擅长装修厨房，由于他的客户越来越多，自己忙不过来，因此他决定雇用助手来帮忙。于是，他招收了A做秘书，还有木工B和管道工C。几个月下来，老张的"企业"经营得很好。

　　随着时间的推移，老张的业务不断增加，需要更多的工匠来帮忙。于是，老张又雇用了两个木工，并且任命B为生产监工。老张的企业规模也在不断扩充，他又雇用了一个清洁工、一个勤杂工和一个保安。秘书A提出在行政管理上需要助手，于是他又招收了一名打字员，打字员和清洁工归秘书A监督管理。组织结构图随着企业一起扩大了。

　　企业的业务和规模还在进一步的扩张，老张感到需要有人专门做销售、采购和库存管理。于是他成立了销售部门和库存采购部门，并招聘了几名销售代表、采购和库存管理人员。同时，他任命秘书A为办公室主任，主管行政管理工作，并同意雇用一个接待员。

　　思考题：老张的企业的组织结构经历了多少次变革？请分别为每一次变革绘制相应的组织结构图。

项目实训

项目一：中小企业组织结构调查

（一）实训目的

1. 增强对企业组织结构的感性认识；
2. 培养对企业组织结构分析的初步能力。

（二）实训内容

1. 联系一家中小企业，对该企业的组织结构情况进行调查，收集企业的组织结构图、主要管理岗位职务说明书或和相关规范制度，并运用所学知识进行分析；
2. 在分析的基础上，提出改进建议，并重新设计组织结构图，理清各主要职位、部门的职责权限及职权关系；
3. 班级组织交流，每个小组推荐1名成员作介绍，并对组织结构、职权关系等问题进行研讨。

（三）成果与评价

1. 每个小组制定1份调研方案与分析报告；
2. 由教师与小组共同对每个小组的表现评估、打分。

项目二：素质拓展实训——信任背摔

（一）实训目的

1. 培养团队之间的高度信任感；
2. 提高组员的人际沟通能力；
3. 引导组员换位思考，让他们认识到责任与信任是相互的。

（二）实训内容

1. 规则布置。信任背摔是一个经典的素质拓展项目，每个队员都要笔直地从1.6米左右高的平台上向后倒下，由其他队员伸出双手"搭人床"接住。（1）接人动作要求：做右弓步，双手伸出，手掌掌心向上交叠放在对方锁骨上（要注意五指并拢、拇指不能向上），一组的两个人要将脚和膝盖贴紧，腰挺直，抬头斜向上45°看背摔者。（2）背摔者动作要求：背摔者手部的准备动作，前伸、内翻、相扣、翻转抵住下颚；绑带后，令背摔者站在站台上进行以下动作，脚跟并拢、膝盖绷直、腰挺直、含胸、低头、手抵住下颚，准备背摔。

2. 任务实施。要求每位队员轮流站在1.6米左右高的背摔台上，背对着大家，完成背摔。小组其他成员在其身后用双手"搭人床"做保护，接住倒下的学员。

3. 分享环节。任务完成后，小组成员轮流分享心得体会，增强对伙伴的信任感和责任感。

（三）成果与评价

1. 每位同学按要求完成背摔任务，并进行感悟分享；
2. 由教师与学生共同对每个人的表现进行评估打分。

思政园地

（一）三湾改编

1927年9月29日，毛泽东率领湘赣边界秋收起义部队到达江西永新县三湾村。部队到达三湾的时候，人数锐减到不足1000人，组织很不健全，更为严重的是部队思想混乱，士气极其低落，军纪涣散，组织乏力，士兵逃亡的现象时有发生。当时，部队没有建立基层党组织，党不能切实掌握部队；还严重存在雇佣军队的影响；加之作战失利，连续行军，斗争艰苦，一些意志不坚定的人开始动摇。在这种情况下，在这个小小的山村里，毛泽东对部门进行了影响深远的"三湾改编"，对军队领导从业务指挥（打仗）过渡到了组织设计。具体而言，"三湾改编"的整编主要内容有以下几个方面：

第一，整编部队，压缩编制，把原来的工农革命军第一军第一师缩编为一个团，下辖两个营十个连，重建作战单元，初步解决了部队接连溃败之后建制凌乱问题；重新构建了服务于军事目的的组织结构，整合了军事指挥与执行系统。

第二，党支部建立在连上，建立党代表制度，班排里建立有党小组，班有党员；连以上设党代表，营、团建立党委，全军由党的前委领导，从而确立了"党指挥枪"的原则。初步解决了基层党组织没有战斗力的问题，重新构建了服务于政治目的的组织结构，优化了军事领导与决策系统。

第三，在连队里建立士兵委员会的民主制度，实行官兵平等，经济公平，破除旧军队的那种雇佣关系；建立新型的官兵关系，重新构建了组织内部的领导参与机制以及运作流程,优化了组织成员之间的关系;并初步酝酿出"三大纪律、六项注意",开始建设统一的部队文化,对组织运行的规划和文化进行了重塑。

虽然"三湾改编"并没有完全解决我军的所有问题,但是开启了我军通过组织设计走向辉煌的篇章。

思考题:对于企业组织发展来说,三湾改编带来哪些有价值的启示?

案例启示:通过三湾改编,部队很快建立了各级党的组织。党支部建在连上,班排设党小组,连以上设立党代表,营团建立党委,整个部队有毛泽东任书记的统一领导,形成坚强的领导核心,确立了中国共产党对军队的绝对领导。对企业组织发展来说,从明确战略方向、设计合理组织结构、贯彻组织信念、确立规范的行为公约、尊重个体价值等方面强化组织职能,对企业组织的健康发展至关重要。

(资料来源:根据三湾改编干部学院网页资料整理)

(二) 向毛泽东学知人善任

毛泽东所说的"术",主要不是指权术,而是指用人的方法和策略,是"善任"的意思。首先是用人之长、人尽其才。所谓"用干部","就是用他的长处,使他的长处得到发展,短处得到克服","发挥长处是克服短处的最好办法"。也就是说,任用人才,要扬长避短。

中国炮兵部队的奠基人之一朱瑞,1945年6月,中央曾任命他担任军委副总参谋长,但他却找到毛泽东,要求去从事炮兵建设工作,理由是他在苏联炮兵学校学习过,对炮兵比较熟悉。毛泽东非常看重他在炮兵建设上的能力,且赞赏他不计较个人权位的品德,于是任命他为延安炮兵学校的代理校长。日本投降以后,朱瑞率领炮兵学校迁往东北。经过他的积极努力,东北部队不久即组建了10个炮兵团、6个炮兵营和20多个独立炮兵连,这些部队在历次大的战斗中都发挥了重要作用。1946年10月,朱瑞被任命为东北军区炮兵司令员。1948年,东北炮兵已发展到16个团,且拥有4700余门火炮,为辽沈战役的胜利立下了大功。与此同时,朱瑞领导的炮校也给其他军区输送了几百名干部,为全军的炮兵建设培养了大批骨干力量,从而使炮兵成为党的军队的一个重要兵种。

毛泽东用人之长的另一个典型案例是对刘伯承的改任。1950年初,中央军委决定创办中国人民解放军军事学院。此时担任西南军政委员会主席职务的刘伯承闻讯后给毛泽东写信,请求辞去现职,去主持学院工作。毛泽东很快复信表示同意,因为他了解刘伯承的军事教育才能。刘伯承曾在苏联高级步兵学校、伏龙芝军事学院学习过。他一向主张"治军必先治校",在他率领的部队中,经常办有轮训队、随营学校和军政学校。在中央苏区和长征途中,他还担任过中央红军学校校长、红四方面军、红二方面军红军大学校长。所以,让他担任军事学院院长一职再合适不过了。刘伯承在这一职位上干了七年之久,培养了一大批新型的军事干部,推动了中国军队的现代化和正规化。

用干部,毛泽东不主张求全责备,他说:"一个人,才有长有短,性情习惯有恶点亦有善点,不可执一而弃其一。"特别是对那些犯错的人,不能只看到他的错,而要使他知错大为。

"善任"的一个重要含义,就是善于帮助和任用那些犯过错误的人。毛泽东曾花相当篇幅论述这一点:"对于犯了错误的同志,有人说要看他们改不改。我说单是看还不行,还要帮助他们改。这就是说,一要看,二要帮。人是要帮助的,没有犯错误的人要帮助,犯了错误的人更要帮助。人大概是没有不犯错误的,多多少少要犯错误,犯了错误就要帮助。只看，是消极的，要设立各种条件帮助他改。"因为"对于革命来说，总是多一点人好。犯错误的人，除了极少数坚持错误、屡教不改的以外，大多数是可以改正的。正如得过伤寒病的可以免疫一样，犯过错误的人，只要善于从错误中取得教训，也可以少犯错误"。作为领导者，可贵之处就在于"使人改过"或"教人改过"。

思考题：毛泽东的用人之术给你带来什么启示？

（资料来源：根据人民网 – 中国共产党新闻网整理）

项目五
领导与激励

 学习目标

知识目标：
1. 了解领导的概念；
2. 理解领导的作用；
3. 掌握领导者影响力的建立；
4. 理解并掌握各类领导理论；
5. 理解并掌握需要层次理论、双因素理论、期望理论、公平理论等；
6. 了解激励的其他理论。

能力目标：
1. 能够设计提升个人领导力的有效路径；
2. 能够运用激励的手段与方法；
3. 能够有效激发团队成员的工作积极主动性。

思政目标：
1. 培育并践行符合社会主义核心价值观的领导素质和能力；
2. 理解新时代的工匠精神和企业家精神，培养学生良好的职业道德素养；
3. 了解数字化背景下中国企业家领导力的变化，提升思辨能力和创新意识；
4. 应用激励理论提升学生激励自我的能力，树立远大目标和理想。

领导职能是组织领导一个企业或部门的人、财、物资源以及调动一切积极因素的关键。当管理者把组织的决策与组织工作做好了，也不一定能保证组织目标的实现，组织目标的实现过程则是领导者的领导过程。有了领导，组织才能作为能动的主体去完成自己的目标。在完成目标的过程中，需要领导者去指导组织成员的行为，沟通成员之间的信息，增强相互的理解，统一组织成员的思想和行为，激励每个成员自觉地为实现组织目标共同努力。管理的领导职能是一门非常奥妙的艺术，它存在于整个管理活动中。因此，研究领导职能是管理学的一个很重要的课题。

本项目包括三个任务，即领导与领导者、领导理论和激励理论，具体内容如下展开。

任务一　领导与领导者

 管理情境

情境一：鹦鹉的身价

一个人去买鹦鹉，看到一只鹦鹉前面的牌子上标着：此鹦鹉会两门语言，售价200元；另一只鹦鹉前则标着：此鹦鹉会四门语言，售价400元。

该买哪只呢？两只都毛色光鲜，非常灵活、可爱。这人想了半天也拿不定主意。这时，他突然发现一只老鹦鹉，羽毛散乱、毛色暗淡，标价为800元。这人赶紧将老板叫来："这只鹦鹉是不是会说八门语言？"

店主说："不。"

这人奇怪了："那为什么这只又老又丑又没有能力的鹦鹉值这个价呢？"

店主回答："因为另外两只鹦鹉叫这只鹦鹉老板。"

情境二：用人之人

汉高祖刘邦和群臣谈论楚汉胜败原因时说：夫运筹帷幄之中，决胜千里之外，吾不如子房（张良）。镇国家，抚百姓，给馈饷，不绝粮道，吾不如萧何。连百万之军，战必胜，攻必取，吾不如韩信。此三者，皆人杰也，吾能用之，此吾所以取天下也。项羽有一范增而不能用，此其所以为我擒也。

刘邦的长处，他知道自己行军打仗不如韩信，治国理财不如萧何，运筹帷幄不如张良。可以这样说刘邦不能打仗，不能治国，不能出谋划策，但是他知道在他为难时向他的部下寻求方法，所以可以说刘邦最懂用人，他是用人之人，韩信、萧何、张良皆为可用之人。

请思考：这两则小故事带给我们什么启示？

 任务分析

领导水平的高低往往决定着一个组织的生死存亡。一个组织的领导者，犹如一支交响乐队的指挥，好的指挥能调动乐队中每一位成员的激情，并使整个乐队协调配合，演奏出和谐自然、优美动听的乐曲。即使每名演奏者都很出色，若没有优秀的指挥，也不可能有出色的乐队。

在上述任务情境中，两则小故事告诉我们：优秀的领导人，不一定自己能力有多强，但是要懂信任人才，懂放权人才，懂珍惜人才，这样就能团结比自己更强的可用之人，从而提升自己的领导力。相反，许多能力非常强的人却因为过于完美主义，事必躬亲，认为什么人都不如自己，最后只能做最好的公关人员、销售代表，而成不了优秀的领导人。

管理知识

领导——看球赛引起的风波

一、领导的概述

（一）领导的含义

"领导"一词通常有两种含义：一是作为名词，指领导者，即组织中确定和实现组织目标的首领；二是作为动词，是把领导作为一项管理工作、管理职能，通过该项职能的行使，领导者能促成被领导者努力地实现既定的组织目标，这就是管理者的领导职能。本章所说的领导的含义是指后一种含义。

关于领导的定义，有不同表述：

领导是上级影响下级的行为，以及劝导他们遵循某个特定行动方针的能力。

——切斯特·巴纳德

领导是指管理人员与下属共同进行工作，以指导和激励下属的行为，使其能符合职务；了解下属的情感以及解决行动时所面临的各种问题。

——W. H. 纽曼和小 C. E. 萨默

领导是影响力，是影响人们心甘情愿和满腔热情地为实现群体目标而努力的艺术或过程。

——哈罗德·孔茨

除此之外，国内外的管理学家对领导的含义还有不同的解释和表述，如领导是影响人们自动为实现团体目标而努力的一种行为；领导是人们促使其部属充满信心，满怀热情来完成他们任务的艺术；领导是组织内群体或个人施行影响的活动过程；领导是影响一个集体走向目标的能力；领导是关于影响别人来完成某项目标所发生的两个人或更多人之间相互关系的过程等。

同时，领导是一种多层次、多领域的立体现象，可以从不同视角进行不同的分类。按领导的权威基础分类，有正式领导与非正式领导；按领导活动的层次分类，有高层领导、中层领导和基层领导；按领导活动领域分类，可以把领导分为政治领导、行政领导和业务领导。

综上所述，我们可以把领导概括为下列四层含义：

1. 领导是一个社会组织系统

这个系统由三个要素构成——领导者、被领导者、环境。领导者就是在一定的组织体系当中，处在组织、决策、指挥、协调和控制地位的个人和集体。在领导活动中，他们处于主导的重要地位。被领导者就是按照领导者的决策和意图，为实现领导目标，从事具体实践活动的个人和集团。它构成领导活动的主体，是实现预期目标的基本力量。一般来说，领导者与被领导者的关系，就是权威和服从的关系。环境是指独立于领导之外的客观存在，是对领导活动产生影响的各种因素的总和。领导者只有正确认识环境、适应环境、利用和改造环境才能正确实现自己的预定目标。

2. 领导是一种活动过程

领导的三个要素构成两对基本矛盾：一是领导者与被领导者的矛盾；二是领导活动的主体（被领导者与领导者的统一体）与领导活动的客体（客观对象）的矛盾。领导者的决策，要通过被领导者的行为产生结果。领导活动的主体作用于客观环境的过程，表现为客观环境由"自在之物"不断地转化"为我之物"的个体过程。

3. 领导是高层次的管理

整个组织管理的层次有高层、中层和基层之分。基层管理是微观管理，直接管理具体的人、物、事，它一般按常规办事，执行上级决定的具体任务；中层管理是中观管理，担负承上启下的组织工作；高层管理是宏观管理，主要处理带有方针性和原则性的重大问题，独立性较大，现在一般把上层的管理称为领导。

4. 领导具有一定的权威性

但凡领导都意味着权威，二者有着不解之缘。权威是有威望的权力，权威表现于领导者与被领导者的关系上，它既反映领导者的权力和威望，又反映被领导者对这种权力和威望的认可和服从。

简单地说，领导是在一定的社会组织或群体内，为实现组织预定目标，运用其法定权力和自身影响力影响被领导者的行为，并将其导向组织目标的过程。领导的含义可用一个数学函数公式表示为：

领导 = f（领导者·被领导者·环境）

即领导是领导者、被领导者和环境三者相互作用的函数。

（二）领导影响力的来源

卡茨和卡恩曾提出：我们认为在组织中，领导的实质是除了对组织日常指示机械服从之外的影响的扩大。因此，领导的实质就是对他人施加影响力。所谓影响力，是指个人在与他人交往中，影响和改变他人的心理和行为的能力。领导的过程就是通过人与人之间的相互作用关系和过程，使下属义无反顾地追随领导前进，并把自己的全部力量奉献给组织，使得组织目标有效实现。领导者的影响力来源有两方面：一方面是职位权力；另一方面是非职位权力。领导者的影响力来源如图 5-1 所示。

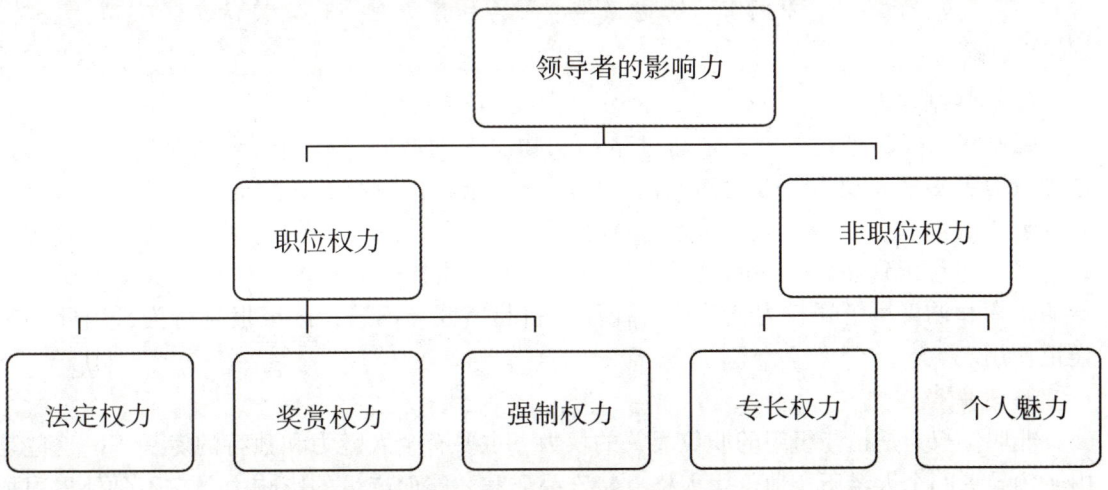

图 5-1　领导者的影响力来源

1. 职位权力

职位权力是由于领导者在组织中担任一定的职务而获得的权力，是由上级或组织制度所赋予的权力，具有很强的职位特性。这种权力与领导者的职位相对应，职位的高低决定权力的大小，如法定权力、奖赏权力、强制权力。职位权力是管理者实施领导行为的基本条件，没有这种权力，管理者就很难有效地影响下属，以实施对下属的领导。

（1）法定权力

法定权力也称合法权、支配权，是由组织机构正式授予领导者在组织中的职位所获得的，领导者享有依权发布指示、命令，指挥他人并促使他人服从的权力。法定权力是领导者职权大小的标志，是领导者的地位所赋予的，是运用其他各种权力的基础。

管理思考

> 如何理解"人一走，茶就凉"这一现象？

（2）奖赏权力

奖赏权力是在下属完成一定的任务时给予相应的奖励，以鼓励下属的积极性。奖赏属于正激励，其方式有很多，包括加薪、发放奖金、晋升职务、改善工作条件、提供培训等，领导者为了肯定和鼓励某一行为，借助物质或精神的方式，使得下属员工得到精神或物质方面的满足，从而激发他们的积极性与创造性。下属员工是否期望这种奖赏是奖赏权力的一个关键。一般来讲，一名领导者对奖赏控制的力度和范围越大，这种权力就越有力量。

管理案例

> **"士为赞赏者死"**
>
> 某大型公司的一名清洁工，本来是一个最容易被忽视的角色，但就是这样一个人，却在一天晚上公司保险箱被窃时，与小偷进行了殊死搏斗。事后，有人为他请功询问他的动机时，答案却出人意料。他说每当公司的总经理从他身旁经过时，总会不时地赞美他"你扫的地真干净"。你看，就这么一句简简单单的话，使这名员工受到了感动，并"以身相许"。中国有一句老话——士为知己者死，这名清洁工正可谓"士为赞赏者死"。

（3）强制权力

强制权力又称惩罚权力，是通过精神和物质上的威胁，强迫下属服从的一种权力。这种权力更多地表现为负强化和惩罚，如降职、免职、扣发工资甚至开除等。服从是强制权形成的前提，法律、规章是强制权的合法保证，处分、惩罚是使用强制权力的方式。当下属意识到违背领导的意愿会导致精神或物质损失的时候，往往会被动地服从领导的指挥和调度。惩罚权力在使用时往往会引起愤恨、不满，甚至报复行为，因此必须谨慎使用。

2. 非职位权力

非职位权力是指与组织的职位无关的权力，主要有个人魅力和独特的专长等。这些是由于领导者的个人经历、地位、人格、特殊品质和才能而产生的影响力。它不是外界附加的，而是产生于个人的自身因素。它可以使下属心甘情愿地、自觉地跟随领导者。这种权力对下属的影响力比职位影响力更具有持久性。

（1）专长权力

专长权力与领导者的职位没有直接的关系，是由于领导者具有较高的智商、渊博的知识或超强的专业技能而获得下属的尊重和佩服，从而在工作中引发下属的信任和依赖，产生巨大的影响力。例如，许多专家、学者虽然没有什么行政职位，但是在组织和群体中具有很大的影响力。专长权力的影响力往往限制在专长范围之内。

（2）个人魅力

个人魅力又称领导者的感召权，是建立在领导者个人素质之上的，如品质、知识、才华、毅力和气质等，是一种无形的、难以用语言描述的权力。它是领导者高尚的品德修养、高雅超凡的个性魅力、优良的品格作风等在组织成员中形成的亲和力、感染力和向心力。领导者的个人魅力能引发下属的敬佩、支持和信赖，从而使其赢得下属的忠诚、效仿和追随。

管理案例

> **道德与操守**
>
> 1976年周恩来总理去世以后，联合国为他降半旗。这件事情在联合国是非常少有的。这件事情引起了别的国家代表的抗议，他们说，他们的元首逝世了，他们的总统和总理逝世了，联合国也没降半旗，怎么中国的周恩来逝世了联合国就降半旗？联合国当时是这样答复的："各位代表，中国是一个10亿人口的大国，他们的周先生，掌管这么大的一个国家，听说他个人在世界各地没有一毛钱存款。周恩来先生没有子女，整个中国的孩子们都是他的子女，你们哪个国家的领袖、元首、总理能像他一样，联合国为其降半旗，这叫作个人魅力。"中国的周恩来先生在联合国里被认为是一个很值得尊敬的人，所以他去世时联合国为哀悼这位深受世界人民尊敬的中国伟人而降半旗，这就是他的个人魅力。

领导者的影响力来自职位权力和非职位权力的有机结合。要想提高领导效能，职位权力和非职位权力缺一不可。其中，职位权力是形成领导影响力的基础，而非职位权力是提高领导效能的重要条件。任何组织的领导者都应该在合法的范围内善于用权，同时提高自身修养，发挥非职位权力，提高领导影响力。领导以权力为基础，但是不能滥用职权，领导者必须正确对待权力。任何领导者都要清楚权力只是实施管理活动的一种工具，是为实现组织目标服务的，一定要慎重用权，客观公正地使用权力，不能以权谋私、中饱私囊。领导者既要注意维护权力的严肃性，又要注意领导的艺术性，灵活地使用权力。

3. 职位权力和非职位权力的差异

职位权力以法定权力为基础，带有一定的强制性。在它的作用下，下属的心理和行为主要表现为被动和服从。非职位权力不是由组织赋予的，是领导者的个人特殊品质和才能而产生的影响力，它对下属的影响是建立在信服的基础上的。非职位权力可以使下属心甘情愿、自觉地跟随领导者，对下属的影响比职位权力更具有持久性。因此，提高领导者的影响力关键在于提高其非职位权力。职位权力和非职位权力的差异如表5-1所示。

表 5-1 职位权力和非职位权力的差异对照

项目	职位权力	非职位权力
来源	法定职位，由组织规定和赋予	完全依靠个人的素质、品德、业绩和魅力而来
范围	受时空控制，受权限限制	不受时空控制，可以超越权限，甚至可以超越组织
大小	确定，不因人而异	不确定，因人而异（同一职位的主管，有人具有，有人不具有）
方式	以行政命令的方式实现，是一种外在的作用	自觉接受，是一种内在的影响
效果	服从、敬畏，也可以采用调职、离职的方式逃避	追随、信赖、爱戴
性质	强制性地影响	自然地影响

二、领导者的概述

（一）领导者的作用

领导职能对组织目标的实现具有决定性的影响。具体包含以下四方面的作用：

1. 指挥作用

指挥作用是指在组织活动中，需要有头脑清醒、胸怀全局、高瞻远瞩、运筹帷幄的领导者，帮助组织成员认清所处的环境和形势，指明活动的目标和达到目标的路径。正如任何乐队都离不开指挥一样，任何组织都需要领导者的统一指挥。领导者不是站在群体的后面去推动群体中的人们，而是站在群体的前列，指引组织的发展方向并促使人们前进、鼓舞人们去实现目标。

2. 激励作用

激励作用是指领导者为了使组织内的所有员工最大限度地发挥才能，实现组织的既定目标，就必须关心、爱护、尊重员工，激发、鼓舞员工的斗志和热情，充分挖掘员工的潜力，不断充实和增强人们积极进取、努力奋斗的工作动力。人是一个复杂的个体，任何外在或内在的因素，都可以使人的行为发生某种变化，而人的行为是由人的需求和动机决定的。因此，领导要善于了解和把握被领导者的行为活动及变化规律，尽可能满足组织成员的需求，使组织始终保持积极向上的发展势头。

3. 组织与协调作用

组织与协调作用是指组织在内外因素的干扰下，需要领导者来协调组织成员之间的关系和活动，朝着共同的目标前进。在任何一个组织中，人与人之间、部门与部门之间不可避免地会出现一些矛盾。领导者必须善于发现和处理各种矛盾、平衡各种关系，把各种积极的因素充分地调动起来，为实现组织的共同目标而努力。

 管理案例

> **天鹅、狗鱼和虾**
>
> 　　有一次，天鹅、狗鱼和虾想一起拉动一辆装东西的货车。它们套上车索，用尽全力拼命地拉，车上装的东西不算重，可车子却纹丝不动。为什么呢？只见天鹅拼命向云里冲，虾是使劲向后倒拖，狗鱼则向水里拖拽。
>
> 　　究竟哪个错、哪个对，用不着我们多讲，只是车子还停留在老地方。

4. 沟通作用

沟通作用是指领导者作为组织的各级首脑和联络者，在管理的各个层次中做到上情下达，以保证管理决策和管理活动顺利进行。领导者在信息传递方面发挥着重要的作用，是信息的传递者、监听者、发言人和谈判者。沟通的具体形式包括信息的传输、交换与反馈、人际交往、关系融通和交流感情等。

（二）领导者与管理者

领导者和管理者都是在组织中拥有权力的个体，在组织中处在举足轻重的位置，他们工作的最终目标都是为了组织发展，他们的工作对组织的发展产生重大影响，二者之间没有根本的利益冲突，只有二者无间合作才能使组织更好的发展。

当然，二者之间在很多方面也存在着一定的区别，领导者和管理者究竟有什么不同？

1. 在工作动机方面

领导者是用一种个人的、积极的态度来面对目标，只要是对于绩效有帮助和有影响的都可以随时去改变它。而管理者基本上是按照组织某种要求来做事情，不会越雷池一步。

2. 在行为方式方面

领导者要求做正确的事情，有关于任务的愿望，习惯从外向内看事情，喜欢深入第一线，知道如何做，对生活充满热情，受目标驱动，关注对的事情。并且强调一种适当的冒险，而这种冒险可能会带来更高的回报。管理者要求正确地做事情，知道做什么，有对任务的看法，习惯从里向外看世界，喜欢高高在上，知道说什么，喜欢得过且过，行动保守，受约束驱动。并且更多强调一种程序化和稳定性，管理总是围绕计划、组织、指导、监督和控制这几个要素来完成，这就是管理的五个要素。

3. 在工作范围方面

领导者提供的是方向性的东西，需要从宏观上把握组织的发展方向，为组织制订长期规划，而且要时刻思考如何打破固有秩序，通过进行创新型活动来进行组织变革，同时还要对组织的未来进行一定程度的预见，总的来说，其工作要具有概括性、创新性、前瞻性。而管理者要做的是具体化的东西，需要在已有规划指导下做好具体工作，为组织日常工作作出贡献，管理者要研究的不是变革，而是如何维持目前良好状态并使之稳定保持，对待问题不需要过分追本溯源，他们要做的是将已出现的问题很好的解决。总体来说，其工作具有具体性、重复性、现实性。

4. 在自身素质方面

领导者在活动中主要运用的是个人魅力，好的领导者用个人魅力影响其下属，使他们愿意去听从领导者，愿意遵照领导者说的去做。而管理者似乎更倾向于运用组织上赋予的

权力去做事，用权力树立威严，让下级"惧怕"，不得不听从其指挥，按其指示去做事。

领导者与管理者的区别，具体如表5-2所示。

表5-2 领导者与管理者的区别

领导者	管理者
强调的是结果	强调的是效率
强调未来的发展	接受现状
注重人	注重系统
培养信任	强调控制
强调价值观和理念	运用制度
强调长远发展方向	注重短期目标
强调方向	强调方法
不断向现状挑战	接受现状
鼓励员工进行变革	要求员工顺从标准
运用非职位权力	运用职位权力
勇于冒险	避免不确定性

任务二 领导理论

 管理情境

情境一：奔腾的野牛群

在草原上成千上万的野牛群奔腾起来的场面非常壮观。野牛群有一个特点：所有的野牛都服从野牛群首领的指挥，野牛群首领跑在最前面，它走到哪里，所有的野牛都是亦步亦趋地紧紧跟随。早期人类在捕猎野牛时，只需要把野牛群的首领放倒，所有的野牛都会在原地待命，任人宰割。

情境二：飞翔的大雁群

大雁是团结精神很强的动物，它们的领导方式非常有特点。大雁在飞翔的时候通常会排成"人"字形或者"V"字形，因为用这样的方式去飞行可以省时省力。最前面领航的大雁在扇动翅膀的时候，后面的大雁可以借力飞行，从而节省相当的体力。显然，领头雁最累，但是大雁这种动物很聪明，它们在飞翔过程中总是会不断地交换领航权。当领头雁飞累了的时候，就会自动地退居二线，之后由后面的大雁自动替补上去。

请思考：以上两种自然界情境带给我们什么启示？

 任务分析

在任何竞争的市场环境中，单纯地依靠技术、资金或政治优势都无法决定组织的成功。组织成功的关键是领导者如何通过有效的领导方式最大限度地提升下属的绩效、团队的绩效，从而真正地实现领导者与下属的共赢。

由情境一可知：如果组织的领导者扮演了野牛群首领的角色，采用命令式的领导风格和方法，下属就没有太多自由发挥的空间，就不会有更多的创新和补充，那么组织成功可能是因为领导者的能力，失败也可能是因为领导者的失误。

由情境二可知：大雁领飞的模式告诉人们，领导者也应该意识到并不是所有的目标和任务都是自己最擅长的或者仅凭一己之力就能完成的，对于某些具体的任务和目标，下属可能更为擅长，或者有时也需要下属参与决策、分担职权。这种情形下，领导者应该适时地交换领航权，应该懂得怎么样去授权给下属，建立一种分权的领导体制。

当然，分权或者授权具体能否成功，还需要看组织的基础。领导方式的选择与组织所处的阶段息息相关，作为组织的领导者应当熟练掌握领导理论，科学地选择领导方式。

现代领导理论认为，对管理效率起决定作用的，并不是领导者的职权大小、职位高低，而是领导者的领导方式、领导风格、领导作风。在管理发展史上，众多管理学家和心理学家对领导问题进行了广泛的研究，提出了许多管理方式与管理理论，以期解决怎样才能有效领导的问题。这些理论大致可分为三类：一是领导特质理论，集中研究有效领导者应具有的个人特质，目的是要找出领导者与管理者的区别；二是领导行为理论，集中研究领导者的工作作风和领导行为对领导有效性的影响，并将不同的领导行为进行分类；三是领导权变理论，研究各种影响领导行为成效的因素，并尝试找出各种因素与各种领导行为的最佳搭配。

管理知识

领导——不同类型的领导风格

一、领导特质理论

领导特质理论是领导理论发展的第一个阶段，也是有关领导的最古老、最普遍的理论。它产生于 20 世纪 30 年代，是根据观察到的许多领导者的特质，即成功的或不成功的，来预测领导的效率，结果得出领导特质的清单，这样就可以用来与那些将走上领导岗位的人进行对照以预测他们成功或失败的可能性。从这里可以看出，它不同于其他领导理论的是，它着重从领导者个人的特质与特性上分析领导的有效性，企图探明什么样的人做领导最有效。

（一）早期的领导特质理论

从 20 世纪 30 年代开始，国外的学者对领导的特质进行了大量的研究并构建了他们的理论。他们的理论建立在这样的假设之上：那就是，领导特质是生而具有的，不具备天生领导特质的人，就不能当领导。古希腊的亚里士多德就认为，人从出生之日起就已经注定了他是治人还是治于人的命运。

早期的学者对领导者个人特质的分析概括为六大因素：分别是：①身体要素；②能力要素；③业绩要素；④责任要素；⑤参与要素；⑥性格要素。他们采用心理测验来评价领导者的特质，当时美国心理学会鼓励心理学家从事美国军人的选拔工作，所采用的方法主要是 Alpha 智力测验。接着心理学家尝试将相同的技术与方法应用于工业系统，推动人事测验的运用，借助评价领导者的特质选拔领导者。当然除了通过测验来发现领导者品质特征之外，特质理论支持者在现实生活中也找到了一些证据，如一般领导者在社交性、坚持性、创造性、协调性和处理问题等方面都超过了普通人。

美国心理学家吉伯（C. A. Gibb）在1969年的研究报告中指出，天才的领导者应具备以下七项天生的特质，分别是：①善辞令；②外表英俊潇洒；③智力过人；④具有自信心；⑤心理健康；⑥有支配他人的倾向；⑦外向而敏感。美国另一个心理学家斯托格第尔（R. M. Stogdill）于1948年在其所写论文《与领导者有关的个人因素：文献调查》中全面总结了这方面的文献之后，将同领导有关的特质因素归纳为以下几个方面：①智力；②在学术和体育运动上取得过成就；③通过可靠性、持久性反映出来的感情的成熟性与稳定性，以及争取不断成功的干劲；④参与社会的能力和适应各种群体的能力；⑤对于个人身份和社会经济地位的欲望。到了1974年，斯托格第尔在他的《领导手册》一书中进一步提出领导者特质包括以下10个方面：①才智；②强烈的责任心和完成任务的内驱力；③坚持追求目标的性格；④大胆主动的独创精神；⑤自信心；⑥合作性；⑦乐意承担决策和行动的后果；⑧能忍受挫折；⑨社交能力和影响别人行为的能力；⑩处理事务的能力。

对于早期有关领导特质的研究，研究者基本上是从调查研究和心理测验两个方面概括地描述了领导者的许多特质，看到了有效领导者和某些品质特征相联系，这无疑是个很重要的进步。但早期领导特质理论的不足之处也是可以看到的：

首先，在观点上，他们过分强调了天生的作用，忽视了教育、环境对领导者产生的影响。事实上具有天才领导者因环境因素而没有机会当上有效领导者大有人在，相反，有些没有领导天赋的人由于环境的造就而当上了领导者。

其次，在研究方法上未采用多因素分析方法，他们在研究问题的时候只是繁杂地罗列了各种特质（所列举的特质有许多重叠的地方）。因此只能测出领导者与被领导者、有效领导者和无效领导者特质在量上的差别。

再次，没有指出各种特质的重要程度以确定它们对有效领导者所起的作用。对于个人特质分析上，没有指出哪种重要特质是谋取领导地位所需要的，哪种特质是保持或者维护领导地位所需的。

最后，对特质分析理论假定是认为有效领导者的特质是各种毫无联系的特质的混合物，未将其结合成一个有机的统一体。所以，早期的领导特质理论到20世纪40—60年代中期就不再占主导地位，研究者偏爱行为风格来考察领导者。

（二）现代的领导特质理论

由于早期的特质理论基本上是从静态的角度来研究的，所以后来的研究者尝试从动态角度深入研究领导者的特质。他们密切联系管理实践、改进研究方法。

美国心理学家吉赛利（Edwin. E. Chiselli）1971年在其《管理才能探索》一书中发表成果。在他的研究方法上采用语义差别量表来确定领导者的特质，对实验结果处理上应用了因素分析法，得出的品质分为三大类13个因素。这三个大类分别是：①能力（管理能力、智力、创造力）；②个性品质（自我督导、决策、成熟性、工作班子的亲和力、男性刚强、女性温柔）；③激励（职业成就需要、自我实现需要、行使权利需要、高度金钱奖励需要、工作安全需要）。13个因素的重要性是不同的，一些特质起作用，另一些根本不起作用。他对特质概念的阐述也不再是静态，而是动态地说明在一定情境下，人将要行动的行为方式。他的这个研究基本上抛弃了"领导天生论"的观点，强调了成功的领导行为受后天学习因素的影响。

凯思·戴维斯（Keith Davis）发现，一般来说，领导者确实具有较高的才智，广泛的社交兴趣，取得成就的强烈愿望，而且极其尊重和关心职工。

德鲁克（Peter Drucker）认为，一个有效的领导者，必须具备以下五项主要的学习习惯：①善于利用时间；②注重贡献，确定自己的努力方向；③善于发现和用人之所长；④分清主次，集中精力；⑤作有效的决策。

美国管理学会调查了4000名在事业上取得成功的管理人员，又从中选出1800余名进行研究，得出结论是领导者必须具备以下五类能力：①企业家特征；②才智方面的特征；③人事方面的特征；④心理上的成熟个性；⑤技术和管理业务方面的知识。

普林斯顿大学教授鲍莫尔（W. J. Bandmal）提出，企业领导人应具备十大条件包括：①合作精神；②决策能力；③组织能力；④精于授权；⑤善于应变；⑥敢于创新；⑦勇于负责；⑧敢担风险；⑨尊重他人；⑩品德高尚。

综合近年来我国学者的研究，概括来说，优秀领导者具备四大方面：①道德素质，指有良好的政治作风；②知识素质，指懂得一般的自然科学和社会科学；③能力素质，指筹划和决判、应变能力；④身体素质，指精力充沛。

管理案例

> **曾国藩相出刘铭传**
>
> 曾国藩有伯乐之名，左宗棠、李鸿章等名将就是他提拔起来的。由于他具有精明独到的监察力，常常能慧眼识英雄，所以终其一生为朝廷发掘了不少人才。
>
> 有一天，李鸿章带了三个人请曾国藩量才录用，当时曾国藩刚用过餐，正在院子里散步，所以那三个人就在大厅里恭候。散步之后，李鸿章恭请他接见三人，曾国藩却说不必了，李鸿章很是惊讶。
>
> 曾国藩说："在散步的时候，我都仔细观察过这三个人了。第一个始终低头未曾仰视，是一个忠厚老实的人，可以让他从事比较保守的工作；第二个人造作不实，在人面前很恭敬的样子，等我一转身，便又东张西望，将来必定阳奉阴违，这种前恭后倨的人，表里不一，绝不能任用；第三个人双目炯炯有神，将来的成就不在你我之下，可以委任。"
>
> 曾国藩果然料事如神，后来三个人的机遇正如他所言，第三人就是赫赫有名的刘铭传。

（三）对特质理论的评价

①领导特质并非所有成功的领导者都具备，而且许多非领导者也可能具备。作为一种研究方法，这种理论的体系显得比较薄弱。

②它没有指明各种特质与领导成功的相关性。没有一种品质是所有领导者所共有的。因此，领导特质理论无法指出哪些素质是领导者必需的，而且也无法对各种品质与领导成功的相关性作出评价。

③它忽视了客观因素。一个领导者能否发挥作用，会随被领导者的不同而不同，也会随环境的改变而改变。

由于特质理论对领导素质和效率的研究仍存在着许多缺陷，到20世纪40年代，有关领导理论的研究转向了对行为方式的探讨。

二、领导行为理论

领导者的领导才能和领导艺术都是以领导方式为基础，领导者个人的特性难以说明与领导有效性之间的联系，所以后来许多学者在研究领导艺术时，从研究领导者的内在特征转移到外在行为上，即对领导者的各种领导行为进行研究，以找出何种领导行为、领导方式最为有效，这就是领导的行为理论。领导行为研究的理论模式很多，归纳起来，大致为以下几类：

（一）三分法理论

美国社会心理学家勒温在实验研究的基础上，按权力定位把领导者在领导过程中表现出来的极端的领导作风划分为专制型、民主型和放任型三种基本类型，如表5-3所示。

表5-3　三分法理论划分的领导类型

类型	特点	表现
专制型（独裁型）	权力定位于领导者	领导者靠职权和强制命令让人服从，领导者从不听取下属的意见，所有决策都由领导者自己决定，下属只有奉命行事
民主型（参与型）	权力定位在群体	领导者在决策前与下属员工民主协商，并广泛采纳各方面意见，在布置工作任务时以协商态度面对下属，在执行时给下属以充分的自由发挥空间，领导者谈话时多用商量、建议和请求的口气，与职工无任何心理上的距离
放任型	权力定位于每个职工	领导者把一切权力下放给下属，对决策和实施放任不管，都由下属自行决定，对下属既没有指导也没有约束

勒温认为，这三种不同的领导风格会造成不同的团体氛围和工作效率。专制型的领导方式虽然通过严格管理能够达成目标，但下属没有责任感、情绪消极、士气低落；民主型领导方式工作效率最高，不但能够完成工作目标，而且下属之间关系融洽，工作积极主动，有创造性；放任型的领导方式工作效率最低，只能达到下属的社交目标，但完不成工作目标。在实际的组织管理中，很少有极端型的领导，大多数领导都是界于专制型、民主型和放任型之间的混合型。

（二）四分图理论

1945年，美国俄亥俄州立大学工商企业研究所在斯多基尔（Ralph M. Stogdill）和沙特尔（Carroll L Shartle）两位教授的领导下开展了对领导行为的研究。首先，他们根据对领导行为的研究，提出了领导行为的基本特征，并以这些特征为依据收集了1790个具体的描述这些领导行为特征的项目因素，逐步筛选、归并，最后把领导行为概括为两大类，即"关心组织"和"关心人"。

"关心组织"的领导行为：注重工作的组织和计划，规定成员的工作职责，建立明确的组织形态、信息沟通渠道及工作程序方法。这是一种重视组织任务和组织目标实现的领导行为。用来表明这种领导行为的一些典型说法是："领导人安排好要做的工作进度计划""领导人制定好考核绩效的明确标准""领导人要求群体成员遵守有关的规章制度"。

"关心人"的领导行为：注重与下属的友谊，相互信任，尊重下级的意见，关心他们的利益和需求，鼓励下属发表意见等。这是一种重人际关系的领导行为。用来说明这种领导行为的一些典型说法是："领导人能找出时间听取群体成员的意见""领导人能注意照顾群体成员的个人福利""领导人和蔼可亲平易近人"等。

根据上述两类因素，他们设计了"领导行为描述问卷"，每类行为列出 15 个项目，请被调查者对他们的领导人进行评定。研究结果发现，两类领导行为在同一个领导人身上有时一致，有时并不一致，因此他们认为领导行为是两种行为的具体组合。领导者的行为可以用两维空间的四分图来表示，故将这种理论称为四分图理论，如图 5-2 所示。

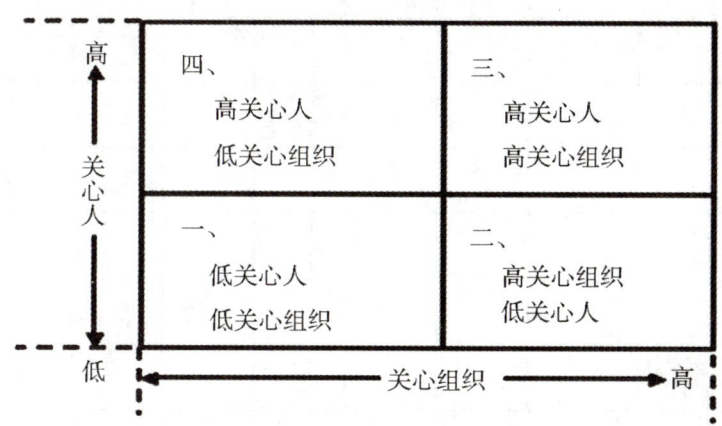

图 5-2 领导行为四分图

从图 5-2 可以看出有四种结果：

1. "低关心人—低关心组织"的领导者：既不重视抓工作，也不关心人。
2. "低关心人—高关心组织"的领导者：重视抓工作和组织目标的完成，不太关心下属的需要。
3. "高关心人—高关心组织"的领导者：既重视人际关系，又重视抓工作组织。
4. "高关心人—低关心组织"的领导者：重视人际关系，但不采用严格控制式的管理。

上述的四种领导行为哪种效果好，没有肯定的结论。如有人认为在生产部门中，效率与"关心组织"之间的关系成正比，而与"关心人"的关系成反比；而在非生产部门中情况恰恰相反。一般说来，"高关心组织"与"低关心人"带来群体成员更多的旷工、事故、怨言和调离现象。许多其他研究也证实了上述的一般结论，但也有人提出相反的证据。总之，这类研究缺少领导的环境因素的分析，故也很难得出让人们共同接受的结论。

（三）管理方格理论

理论界普遍认为理想的方式既要是绩效型又要是关怀型。美国得克萨斯大学的罗伯特·布莱克（Robert R. Blake）和简·莫顿（Jane S. Mouton）对理想的领导方式加以分析综合，于 1964 年设计了一个巧妙的管理方格图，令人醒目地表示主管人员对生产关心程度和对人的关心程度。

管理方格理论使用一张纵轴和横轴各 9 等份的方格图，纵轴和横轴分别表示企业领导者对人和对生产的关心程度。第 1 格表示关心程度最小，第 9 格表示关心程度最大。全图总共81个小方格,分别表示"对生产的关心"和"对人的关心"这两个基本因素以不同比例结合的领导方式,如图5-3所示。

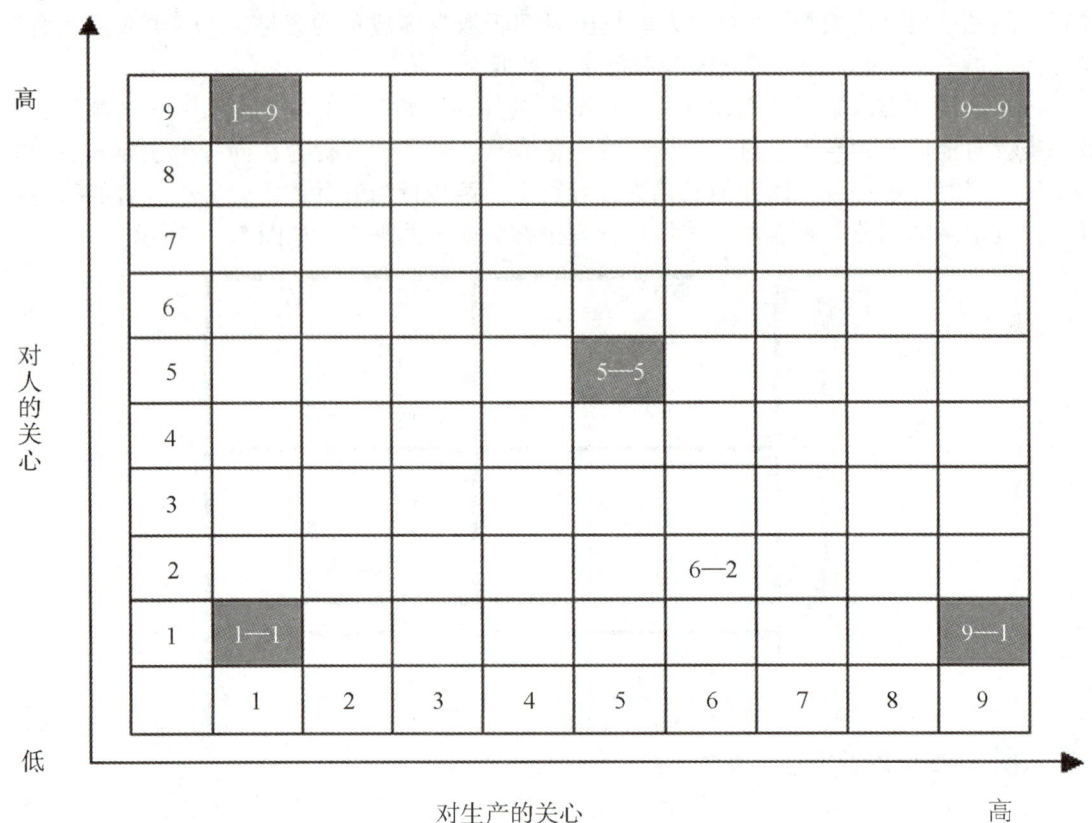

图5-3 管理方格理论的领导方式

对生产的关心表示企业领导者对各种事务所持的态度,如政策决定的质量、程序与过程,研究的创造性,职能人员的服务质量、工作效率及产品产量等。对人的关心则主要表现在个人对实现目标所承担的责任,保持对职工的自尊,建立在信任而非顺从基础上的职责,保持良好的工作环境以及只有满意感的人际关系等。

在管理方格图中,有五种典型的领导方式:(1,1)定向表示"贫乏型管理",对生产和人的关心程度都很小;(9,1)定向表示"任务型管理",重点抓生产任务,不太注意人的因素;(1,9)定向表示"乡村俱乐部型管理",重点在于关心人,企业充满轻松友好气氛,不太关心生产任务;(5,5)定向表示"中间式管理",既不偏重于关心生产,也不偏重于关心人,完成任务不突出;(9,9)定向表示"团队型管理",也称为"理想型管理",对生产和对人都很关心,能使组织的目标和个人的需求最理想、最有效地结合起来。

布莱克和莫顿认为,管理方格理论表明,在对生产的关心和对人的关心这两个因素之间,并没有必然的冲突。他们通常认为,(9,9)定向方格最有利于企业的绩效。所以,企业领导者应该客观地分析企业内外部的各种情况,把自己的领导方式努力改造成为(9,9)团队型管理方式,以达到最高的效率。

 **管理案例**

严格要求、时时关心员工的领导就会产生领导魅力

20世纪70年代,福特公司的下属工厂——生产兰吉尔载重汽车和市郎科Ⅱ型轿车的路易斯维尔装配厂,因一些独断专行的管理方式,导致劳资关系紧张,濒临倒闭。一位名叫唐·贝克的新经理以其高度的领导魅力赢得员工的心,更使得工厂再度腾飞。

唐·贝克与工会主席制定了一项"雇员参与计划",让工人有发言权,并经常与员工交谈,把工厂制定的措施坦诚告知员工。员工在生活上遇到的困难也会坦诚告知唐·贝克。当工人抱怨休息与用餐无处可坐时,工厂很快为其安装了快餐桌椅。

唐·贝克对员工工作要求是相当严格的,但他总是张弛有度,把自己的意见真诚地与员工交流,寻求最佳解决方案。唐·贝克以这种高标准、严要求、勤关心员工的风范,赢得了总公司7亿美元的扩大生产资金。

三、领导权变理论

权变理论是在考察领导者的特性、行为之后,进一步增加一个环境因素,认为不存在一种"普遍适用"的领导方式,强调领导的有效性取决于领导者特性、被领导者特性及二者所处的特定环境三个因素的相互作用。

领导——领导权变理论

目前国外有两大流派:一派认为领导者的个性特征是稳定的,要提高效率,必须探索领导者个性特征与情境特征之间的关系,安排领导者到适合他个性的环境中。另一派认为领导者的领导作风和领导行为可以改变,优秀的领导者应善于分析下级个性特点和环境因素,并据具体条件选择运用恰当的领导方式。

(一)菲德勒权变模型

美国管理学家菲德勒提出的权变理论意味着领导工作是一个过程。在这一过程中,领导者施加影响的能力取决于群体的工作环境、领导者的风格和个性,以及领导方法对群体的适合程度。菲德勒认为,各种领导方式都可能在一定环境内有效,这种环境是各种外部与内部因素的综合作用体。菲德勒指出,决定领导有效性的环境因素主要有三个,它们分别是职位权力、任务结构和上下级关系。

1. 职位权力

职位权力是指领导者具有的权威和权力的大小,或者说领导的法定权、强制权、奖励权的大小。领导者的权力越大,群体成员遵从指导的程度越高,领导的环境也就越好;反之,则越差。

2. 任务结构

任务结构是指任务的明确程度和下属对这些任务的负责程度(分为高与低两种程度)。下属人员对所担负任务的性质越清晰,下属的责任心越强,则领导者对工作质量越容易控制,领导环境越好。反之,当群体成员对自己所担负任务的性质模糊不清或其任务多有变化时,领导环境则越差。

3. 上下级关系

下级关系是指下属乐于追随的程度。如果下属对上级越尊重，并且乐于追随，则上下级关系越和谐，领导环境也就越好；反之，则越差。

菲德勒认为，根据这三个基本因素的情况，领导者所处的环境从最有利到最不利可分为八种类型，如表5-4所示。其中，三个条件齐备是最有利的领导环境，三者都缺乏的是最不利的领导环境。领导者所采取的领导方式，应该与环境类型相适应，这样才能获得有效的领导。菲德勒用很长时间对1200个团体进行调查分析，证明在最不利和最有利的两种情况下，采取以"任务为中心"的指令型领导方式效果较好；而对处于中间状态的环境，则采用"以人为中心"的宽容型领导方式效果较好。

表5-4 菲德勒对领导方式与绩效的调查总结

对领导的有利性	有利			中间状态				不利
环境因素	1	2	3	4	5	6	7	8
上下级关系	好	好	好	好	差	差	差	差
任务结构	明确	明确	不明确	不明确	明确	明确	不明确	不明确
职位权力	强	弱	强	弱	强	弱	强	弱
领导方式	以任务为中心			以人为中心				以任务为中心

（二）路径—目标理论（Path-Goal Theory）

由加拿大多伦多大学的组织行为学教授罗伯特·豪斯最先提出。该理论认为，领导者的工作是利用结构、支持和报酬，建立有助于员工实现组织目标的工作路径。"路径—目标理论"同以前的各种领导理论的最大区别在于，它立足于下属，而不是立足于领导者。这一理论的两个基本原理是：

①领导方式以下属乐于接受为前提，所以要寻求能够给下属带来利益和满足的方式；

②领导方式以激励为目的，领导者要能够指明工作方向，使其能够顺利达到目标，在工作过程中满足组织成员的需要。

根据该理论，领导方式可以分为以下四种：

①指示型领导方式（Directive Leader）。领导者对下属提出要求，包括对他们有什么希望，如何完成任务，完成任务的时间限制等。指明方向，给下属提供他们应该得到的指导和帮助，使下属能够按照工作程序去完成自己的任务，实现自己的目标。

②支持型领导方式（Supportive Leader）。领导者对下属友好，关注下属的福利和需要，尊重下属，能够真诚帮助。平易近人，平等待人，关系融洽。

③参与型领导方式（Participative Leader）。领导者邀请下属一起参与决策，虚心听取下属的意见，让下属参与管理，将他们的建议融入组织的决策中去。

④成就导向型领导方式（Achievement-oriented Leader）。领导者做的一项重要工作就是树立具有挑战性的组织目标，为下属制定的工作标准很高，寻求工作的不断改进，激励下属想方设法去实现目标，迎接挑战。

罗伯特·豪斯认为，领导方式是有弹性的，针对不同的阶段和不同的领导对象可以选择不同的领导方式，所以这四种领导方式可能在同一个领导者身上出现。豪斯强调，领导者的责任就是根据不同的环境因素来选择不同的领导方式。如果强行使用某一种领导方式，必然会导致领导活动的失败，应采用最适合于下属特征和工作需要的领导风格，如表5-5所示。

表5-5 路径—目标理论的四种领导方式

领导方式	适用情况
指导型领导	当下属能力比较低时
	当任务不明确，组织的规章和程序不清晰时
支持型领导	当下属从事于机械重复性的和没有挑战性的工作时
	当下属没有信心时
参与型领导	当下属具有独立性，具有强烈的控制欲时
	当任务不明确时
成就导向型领导	当组织要求下属履行模棱两可的任务时
	当下属能力较强时

（三）领导生命周期理论

领导生命周期理论也叫领导寿命循环理论。这个理论是由美国俄亥俄州立大学的心理学家科曼（A. K. Karman）首先提出来的，后由何塞（Paul Hersey）和布兰卡（Ken Blanchard）予以发展。

领导生命周期理论认为，有效的领导行为应该把工作行为、关系行为和被领导者的成熟程度结合起来考虑。领导者的风格应适应其下属的成熟程度，成功的领导者要根据下属的成熟程度选择合适的领导方式。当下属成熟程度提高时，领导行为也需相应地改变，从以工作为主逐渐转变为以关系为主。

成熟度是指人们完成某具体任务的能力和愿望的大小。它取决于两个方面：工作成熟度和心理成熟度。工作成熟度指一个人的知识和技能，如果一个人具有无须别人指点就能完成其工作的知识、能力和经验，那么他的工作成熟度较高，反之则较低。心理成熟度是指做事的愿望或动机的大小，如果一个人能自觉地投入工作，而无须外部的激励，则他的心理成熟度较高，反之则较低。

根据以上两个维度，可以把下属的成熟度分为四种类型：①M_1为无能力且不愿意；②M_2为无能力但愿意；③M_3为有能力但不愿意；④M_4为有能力且愿意。

科曼在分析领导行为四分图时加入了第三个因素——被领导者的成熟程度。他认为，高工作、高关系的领导并不经常有效，低工作、低关系的领导也不一定完全无效，这要看下级的成熟程度而定。他发现，工作行为、关系行为与成熟度之间是一种曲线关系。这条曲线可使被领导者了解领导方式与下属成熟度之间的关系，如图5-4所示。

根据关系行为、工作行为和下属成熟程度三个维度可以把领导方式分为四种类型。

1. 第一象限（低关系—高工作），命令式。适用于下属成熟度低的情况。因为此时下属不成熟，没有能力承担责任，也不愿意承担责任，需要采取"低关系高工作"的领导风格。

2. 第二象限（高关系—高工作），说服式或推销式。适用于下属较为不成熟的情况。因为此时下属有承担责任的愿望，但没有承担责任的能力。因此，领导者既要关心工作，

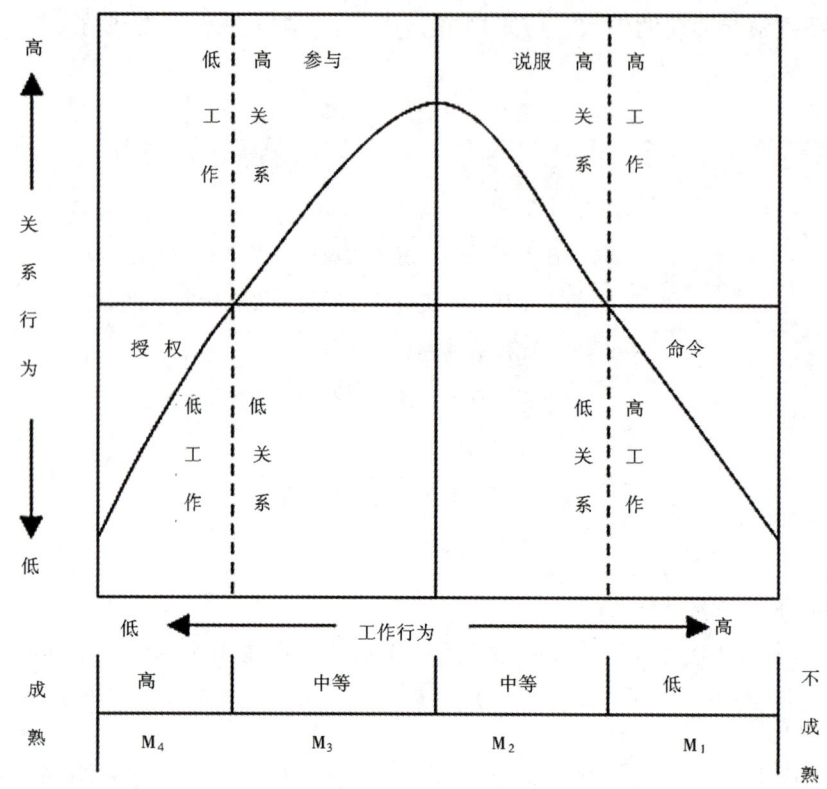

图 5-4 领导生命周期理论模型

同时又对下属关心、鼓励,需要采取"高关系高工作"的领导风格。

3. 第三象限(高关系—低工作),参与式。适用于下属比较成熟的情况。因为下属已经比较成熟,基本能胜任工作,而且还不太满意领导者过多地指示与约束。这时,领导者应通过双向沟通和细心听取意见,发挥下属积极性,需要采取"高关系低工作"的领导风格。

4. 第四象限(低关系—低工作),授权式。适用于下属高度成熟的情况。下属有能力承担责任,而且也有热情执行任务,领导者应赋予下属一定的权力,让他们进行决策,自己负责,领导者仅仅起一个监督者的角色。适用于"低关系低工作"的领导风格。

总之,对不同成熟程度的下属,应采用不同的领导方式,才能获得最为有效的领导效果。

 管理思考

对比你所了解的辅导员、学生会干部或班干部,你更欣赏谁的领导风格?为什么?他们身上分别有哪些不足之处?不足之处应当如何改进?

任务三　激励理论

管理情境

情境一：皮格马利翁效应

美国心理学家罗森塔尔（R. Rosenthal）曾做过这样一个实验：他们来到一所小学，像煞有介事地进行智能测验，然后提供给学校一些学生名单，并告诉校方，他通过测试发现，该校有几名天才学生，只不过尚未在学习中表现出来，并再三叮嘱校方要保密。其实，这是从学生的名单中随意抽取出来的几个人。然而，有趣的是，在学年末的测试中，这些学生的学习成绩的确比其他学生高出很多。罗森塔尔认为，这就是源于教师期望的影响。由于教师认为这些学生是天才，因而寄予他们更大的期望，在上课时给予他们更多的关注，通过各种方式向他们传达"你很优秀"的信息；学生感受到教师的关注，因而产生一种激励作用，学习时加倍努力，最终取得了好反成绩。由此可见，积极期望对人的行为的影响有多大，相反，消极期望对人行为的影响也不容置疑。

罗森塔尔就把这种现象称为"皮格马利翁效应"，在学术界被称为"罗森塔尔效应"。皮格马利翁（Pygmalion）是古希腊神话中的塞浦路斯国王，擅长雕刻。他用象牙雕刻了一座他理想中的美女雕像。他天天以雕像为伴，把全部热情和希望放在自己雕刻的少女雕像身上，少女雕像被他的爱和痴情所感动，从架子上走下来，变成了真人。皮格马利翁便娶了少女为妻。

情境二：马克·吐温的计谋

在马克·吐温小的时候，有一天因为逃学，被妈妈罚去刷围墙。围墙有3米高、30米长，比他的头顶还高出许多。他把刷子蘸上灰浆，刷了几下。刷过的部分和没刷的相比，就像一滴墨水掉在一个球场上。他灰心丧气地坐下来。

他的一个伙伴桑迪，提了只桶跑过来。"桑迪，你来给我刷墙，我去给你提水。"马克·吐温建议。桑迪有点动摇了。"还有呢，你要答应，我就把我那只肿了的脚指头给你看。"马克·吐温说。桑迪经不住诱惑了，好奇地看着马克·吐温解开脚上包的布。可是，桑迪到底还是提着水桶拼命跑开了，他妈妈在瞧着呢。

马克·吐温又一个伙伴罗伯特走来，还啃着一只松脆多计的大苹果，引得马克·吐温直流口水。突然，他十分认真地刷起墙来，每刷一下都要打量一下效果，活像大画家在修改作品。

"我要去游泳。"罗伯特说，"不过我知道你去不了。你得干活，是吧？"

"什么？你说这叫干活？"马克·吐温叫起来，"要说这叫干活，那它正合我的胃口，哪个小孩能天天刷墙玩呀？"马克·吐温卖力地刷着，一举一动都显得特别快乐。

罗伯特看得入了迷，连苹果也不那么有味道了。"嘿，让我来刷刷看。""我不能把活儿交给别人。"马克·吐温拒绝了。"我把苹果核儿给你。"罗伯特开始恳求。"我倒愿意，不过……"马克·吐温犹豫道。

"我把这苹果给你！"

马克·吐温终于把刷子交给了罗伯特，坐到阴凉处吃起苹果来，看罗伯特为这得来不易的权利刷着。一个又一个男孩子从这里经过，高高兴兴想去度周末，但他们个个都想留下来试试刷墙。

马克·吐温为此收到了不少交换物：一只独眼的猫、一只死老鼠、一个石头子，还有四块橘子皮。

请思考：两则情境故事带给我们什么启示？

任务分析

如果要有效地进行激励，还需要科学正确的激励行为。根据人的行为特点，按照正确的激励方式，采取科学的激励措施来达到有效激励的效果。

在上述任务情境中，皮格马利翁效应告诉我们：作为管理者，在对下属实施领导时，一定要善于把握和运用激励措施来调动他们的积极性，这是领导工作中卓有成效的有力武器。

而马克·吐温通过一定的方法让小伙伴们心甘情愿地来刷墙，这种做法非常值得管理者学习。当管理者需要员工做的事情由于主观因素而无法被很好完成，管理者的思想无法得到贯彻的时候，就需要管理者通过一定的管理技巧让被管理者服从自己。在此过程中，强硬的管理办法往往不能奏效，需要管理者通过诱导的方式激发被管理者的兴趣，并逐步让被管理者的个人兴趣发生变化，与组织的发展目标相一致。首先从外在的方面对被管理者施加影响，然后逐步让被管理者发生内在的变化，从而使得被管理者的行为由外在的强制转变为内在的自觉，就会达到一呼百应的效果。

管理知识

激励是管理学中一项非常重要的研究内容，通过激励可以使下属充分地发挥其潜能，从而保持工作的有效性和高效率。美国心理学家研究表明：一个人在没有任何激励的情况下，其能力只能发挥20%～30%，如果能充分调动他们的积极性，其潜能就能发挥75%～90%，将两者之间的差额用于提高劳动效率，效果将非常可观。但这就必须依靠有效的激励。

激励理论是关于如何满足人的各种需要、调动人的积极性的原则和方法的概括总结。有关激励理论的研究比较多，根据对需求影响的不同方式，大致可以将其分为三大类：内容型激励理论、过程型激励理论和行为改造型激励理论。

一、激励的概述

（一）激励的含义及作用

从字面上看，"激励"是激发和鼓励的意思，是激发和鼓励人朝着所希望的目标采取行动的过程，是指有机体在追求某些目标时的主观意愿程度，含有激发动机、鼓励行为、形成动力的意义。在心理学来讲，激励是指激发人的动机的心理过程。将这一概念运用于管理，是指通常所说的调动人的积极性的问题，即管理者运用各种管理手段，刺激被管理者的需要，激发其动机，使其朝向所期望的目标前进的心理过程。例如，如果学生没有学习兴趣，教师通过各种途径来提高学生的学习兴趣和积极性也属于激励范畴。

激励的主要作用在于激发、调动人的积极性，从而使人们能够更有效率地努力工作，以取得最大的成效。具体地说，激励的作用表现在以下几个方面：

1. 挖掘人的内在潜力

激励就是创造满足员工需要的各种条件，激发员工的动机，使之产生实现组织目标的特定行为的过程。人的潜在能力与平时所表现出来的能力有时存在很大的差别，前者往往会大大超出后者。人的工作积极性越高，潜在能力就越容易发挥出来。所以，挖掘人的潜在能力，关键就在于有效的激励制度和激励方法。

 管理案例

> **索尼公司的内部招聘制度**
>
> 有一天晚上，索尼董事长盛田昭夫按照惯例走进职工餐厅与职工一起就餐、聊天。他多年来一直保持着这个习惯，以培养员工的合作意识和与他们的良好关系。这天，盛田昭夫忽然发现一位年轻职工郁郁寡欢，满腹心事，闷头吃饭，谁也不理。于是，盛田昭夫就主动坐在这名员工对面，与他攀谈。几杯酒下肚之后，这个员工终于开口了："我毕业于东京大学，有一份待遇十分优厚的工作。但是，进入索尼之前，对索尼公司崇拜得发狂。当时，我认为我进入索尼，是我一生的最佳选择。但是，现在才发现，我不是在为索尼工作，而是为科长干活。坦率地说，我这位科长是个无能之辈，更可悲的是，我所有的行动与建议都得科长批准。我自己的一些小发明与改进，科长不仅不支持，不解释，还挖苦我有野心。这让我十分泄气，心灰意冷。这就是索尼？"这番话令盛田昭夫十分震惊，他想，类似的问题在公司内部员工中恐怕不少，管理者应该关心他们的苦恼，了解他们的处境，不能堵塞他们的上进之路，于是产生了改革人事管理制度的想法。之后，索尼公司开始每周出版一次内部小报，刊登公司各部门的"求人广告"，员工可以自由而秘密地前去应聘，他们的上司无权阻止。另外，索尼原则上每隔两年就让员工调换一次工作，特别是对于那些精力旺盛，干劲十足的人才，不是让他们被动地等待工作，而是主动地给他们施展才能的机会。在索尼公司实行内部招聘制度以后，有能力的人才大多能找到自己较中意的岗位，而且人力资源部门可以发现那些"流出"人才的上司所存在的问题。

2. 吸引和稳定组织人才

有效的激励制度不仅可以充分调动组织内现有的人力资源，而且还有助于吸引组织所需的人才，并保持组织人员的稳定。因为人人都愿意自己的才能得到充分的发挥，并得到公正的满足。有效激励的实质就是能够合理地满足人们的需要，这样的激励制度自然会吸引那些才能难以得到充分发挥的人才。许多组织通过各种有效的激励方法来吸引人才，如支付高额报酬、提供良好的工作环境和生活条件、给予继续学习提高的机会等。

同时，管理者有效地运用各种激励方法，也可以消除员工的不满情绪，增加员工的安全感、满意感，增强组织的吸引力，保持组织内人员的稳定性。例如，一位优秀的业务精英为公司成功地开拓了外省市场，但却未得到任何奖励，甚至连上司的一句赞赏之词都没有，结果这位业务精英跳槽去了竞争对手那里。员工的付出与回报如果不能平衡，就会丧失工作动力，更不用提激发员工的潜力了，只要竞争对手报出稍高一点的薪酬，企业就可能失去精英员工。

3. 形成良好的竞争环境

科学的激励制度包含一种竞争精神，它的运行能够形成一种良好的竞争机制，任何一个组织人员的表现都有好、中、差之分，在具有竞争性的环境中，组织成员都会受到环境的压力，这种压力将转变为努力工作的动力，可以使先进的人受到鼓励，继续保持其积极行为，也可以使表现一般和较差的人受到鞭策，认识到自己的不足，从而主动改变自己的行为。

管理案例

日本松下员工激励

日本松下公司每季度都要召开一次各部门经理参加的讨论会，以便了解彼此的经营成果。开会之前，会把所有部门按照完成任务的情况从高到低分别划分为 A、B、C、D 四级。会上，A 级部门首先报告，然后依次是 B、C、D 级部门。这种做法充分利用了人们争强好胜的心理，因为谁也不愿意被排在最后，从而进一步促进了公司内部良好竞争环境的形成。

4. 使员工的个人目标与组织目标协调一致

激励的最大目的就是调动被激励者的积极性和创造性，从而使组织向既定目标前进。个人目标是由个人需要所决定的，它往往与组织的目标和要求不一致。运用激励方法进行目标管理，让员工参与自身目标和组织目标的制定，在设置组织目标的时候尽可能地考虑个人目标，并把组织目标分解为具体的个人目标，可以使个人目标和组织目标很好地结合起来。同时，还可以运用激励方法满足员工的合理需求，减弱或者消除不合理要求，也可以调节员工的行为，使其与组织目标协调一致，更好地实现组织目标。

管理案例

美国西南航空员工激励

美国西南航空的内部杂志经常以"我们的排名如何"这个部分让西南航空的员工知道他们自己的表现如何。在这里，员工可以看到运务处针对准时、行李处置、旅客投诉案等三项工作的每月例行报告和统计数据。并将当月和前一个月的评估结果做比较，制定出西南航空公司整体表现在业界中的排名。还列出业界的平均数值，以便员工掌握趋势，同时比较公司和平均水准的距离。西南航空的员工对这些数据具有十足的信心，因为他们知道，公司的成绩和他们的工作表现息息相关。当某一家同行的排名连续高于西南航空几个月时，公司内部会在短短几天内散布这个消息。到最后，员工会加倍努力，期待赶上同行。西南航空第一线员工的消息之灵通是许多同行无法相比的。

5. 有助于增强组织的凝聚力

任何组织都是由各个个体、工作群体及各种非正式群体组成的有机结构。为保证组织整体能够有效、协调地运转，除了必需的、良好的组织结构和严格的规章制度外，还需运用激励的方法，分别满足他们的物质、精神、爱好、社交等多方面的需要，以鼓舞组织成员的士气、协调人际关系，进而增强组织的凝聚力和向心力，促进各部门、各单位之间的密切协作。

管理案例

日立公司内的"婚姻介绍所"

在把公司看作大家庭的日本,老板很重视员工的婚姻大事。例如,日立公司内就设立了一个专门为员工架设"鹊桥"的"婚姻介绍所"。一个新员工进入公司,可以把自己的学历、喜好、家庭背景、身高、体重等资料输入"鹊桥"电脑网络。当某名员工递上求偶申请书,他(或她)便有权调阅电脑档案,申请者往往利用休息日坐在沙发上慢慢地、仔细地翻阅这些档案,直到找到满意的对象为止。一旦他被选中,联系人会将挑选方的一切资料寄给被选方,被选方如果同意见面,公司就安排双方约会。约会后双方都必须向联系人报告对对方的看法。日立公司人力资源部门的管理人员说:"由于日本人工作紧张,职员很少有时间寻找合适的生活伴侣。我们很乐意帮这个忙。另一方面,这样做还能起到稳定员工、增强企业凝聚力的作用。"

(二)激励的构成要素

构成激励的要素主要包括需要、外部刺激、动机和行为,如表5-6所示。

1. 需要

需要是激励的起点和基础。需要是人们对某种目标的渴求和欲望,是人的一种主观体验,是人们行为积极性的源泉。人的需要,既可以是生理或物质上的(如对食物、水分、空气等的需要),也可以是心理或精神上的(如追求社会地位或事业成就等)。

在现实生活中,人的需要往往不止一种,而是同时存在多种需要,这些需要的强弱也不是一成不变的。在任何时候,一个人的行为动机总是由其全部需要结构中最重要、最强烈的需要所支配、决定的,这种最重要、最强烈的需要就叫优势需要。

2. 外部刺激

这是激励的条件。这是指在激励过程中,外部环境对人的需要的影响条件与因素。促使动机产生的原因是驱动力和诱因,驱动力是指人的内在需要,诱因是指外部环境,在外部环境的刺激下,人产生强烈的需要并导致动机的产生。

3. 动机

这是构成激励的核心要素。当人们有了某种优势需要而又未能满足时,心理上便会产生一种紧张和不安,这种紧张和不安就成为一种内在的驱动力,促使个体采取某种行动,这就是动机。动机是由需要产生的,它引起行为、维持行为并指引行为去满足某种需要。

实际上,一个人会同时具有许多种动机,动机之间不仅有强弱之分,而且会有矛盾,一般来说,只有最强烈的动机才可以引发行为,这种动机称为优势动机。人的行为都是由动机驱使的,有什么样的动机,就会产生什么样的行为。激励的关键在于使被激励者产生所希望的动机,以产生有助于组织目标实现的行为。

4. 行为

这是激励的目的。行为是指个体在环境影响下所引起的内在心理和心理变化的外在反应。人的行为是人的内在因素和外在因素相互作用的结果。一般来说,内在因素是根本,起着决定作用;外在因素是条件,起着推动作用。

动机对于行为,有着重要的功能,表现为三个方面:一是始发功能,即推动行为的原动力；二是选择功能，即它决定个体的行为方向；三是维持和协调功能，行为目标达成时，相应的动机就会获得强化，使行为持续下去或产生更强烈的行为，趋向更高的目标，相反，则降低行为的积极性，或停止行为。激励要达到的目的就是要通过恰当的激励措施和手段，使被管理者的行为朝着实现组织目标的方向发展。

表5-6 激励四要素

要素	内容	备注
需要	人的需求是人的积极性和创造性的源泉和实质，而动机则是需求的表现形式	需要是激励的起点与基础
外部刺激	管理者为实现组织目标而对被管理者所采取的种种管理措施及相应形成的管理环境	外部刺激是激励的基本条件
动机	动机是一种推动人们从事某项活动的心理动力，动机驱使人们向满足需求的目标前进。需要产生动机，而动机是需要的表现形式	动机是激励的核心要素
行为	人在激励状态下为动机驱使所采取的实现目标的一系列动作表现	行为是激励的目的

管理思考

员工士气低落的原因主要有哪些？

综上所述，人的任何动机与行为都是在需要的基础上产生的，没有需要，也就无所谓动机和行为。需要、外部刺激、动机、行为这几个因素相互结合与作用，构成了对人的激励。管理者实施激励，就是想方设法做好需要引导和目标引导，强化员工动机，刺激员工的行为，从而实现组织目标。

（三）激励的过程模型

激励是一个过程。对人的行为的激励，实质上就是通过采用能满足人需要的诱因条件，引起行为动机，从而推动人采取相应的行为，以实现目标，然后再根据人们新的需要设置诱因，如此循环往复。

激励的具体过程表现为：在各种管理手段与环境因素的刺激（诱因）下，被管理者未被满足的需要（驱力）被强化；从而造成心理与生理紧张，寻找能满足需要的目标，并产生要实现这种目标的动机；由动机驱使，被管理者采取努力实现上述目标的行为；目标实现，需要满足，紧张心理消除，激励过程完结。当一种需要得到满足后，人们会随之产生新的需要，作为未被满足的需要，又开始了新的激励过程。激励的过程模型如图5-5所示。

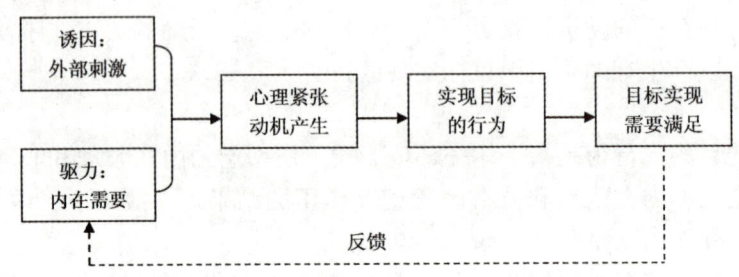

图5-5 激励的过程模型

 管理案例

老农喂牛的启示

一位游人旅行到乡间，看到一位老农把喂牛的草料铲到一间小茅屋的屋檐上，不免感到奇怪，于是就问道："老公公，你为什么不把喂牛的草放在地上，方便它直接吃呢？"老农说："这种草草质不好，我要是放在地上它就不屑一顾；但是我放到让它勉强可以够得着的屋檐上，它就会努力去吃，直到把全部草料吃个精光。"

管理上正是如此，太容易得到的东西没有人会珍惜，很多时候一个头衔、一点儿奖励，哪怕官职再小、奖品再薄，也不要轻易授人，最好能够激励下属通过公平竞争的方式去获得。激励的特征，决定了激励过程是一个激发人动机、诱导人行为、使他人产生内在动力，由多种内在、外在因素交织起来持续作用和影响的复杂过程。

激励过程受内外因素的制约。各种管理措施，应与被激励者的需要、理想、价值观和责任感等内在的因素相吻合，才能产生较强的合力，从而激发和强化工作动机，否则不会产生激励作用。

同时，激励还具有时效性。每一种激励手段的作用都有一定的时间限度，超过时限就会失效。因此，激励不能一劳永逸，需要持续进行。

 管理案例

鲇鱼效应：生于忧患，死于安乐

挪威人喜欢吃沙丁鱼，尤其是活鱼。市场上活鱼的价格要比死鱼高许多，所以渔民总是想方设法让沙丁鱼活着回到渔港。可是虽然经过种种努力，绝大部分沙丁鱼还是在中途因窒息而死亡。但有一条渔船却总能让大部分沙丁鱼活着回到渔港。船长严格保守着秘密，直到船长去世，谜底才揭开。原来是船长在装满沙丁鱼的鱼槽里放进了一条以鱼为主要食物的鲇鱼。鲇鱼进入鱼槽后，由于环境陌生，便四处游动。沙丁鱼见了鲇鱼十分紧张，左冲右突，四处躲避，加速游动。这样沙丁鱼缺氧的问题就迎刃而解了，沙丁鱼也就不会死了。因此，一条条沙丁鱼欢蹦乱跳地回到了渔港。这就是著名的"鲇鱼效应"。

管理启示：鲇鱼效应对于"渔夫"来说，在于激励手段的应用。渔夫采用鲇鱼来作为激励手段，促使沙丁鱼不断游动，以保证沙丁鱼活着，以此来获得最大利益。在组织管理中，管理者要实现管理的目标，同样需要引入"鲇鱼型"人才，以此来改变一个组织相对一潭死水的状况。

二、内容型激励理论

内容型激励理论是研究需要的内容和结构以及它们推动人们行为的理论。这类理论是从静态的角度探讨激励问题。激励的内容理论主要包括：马斯洛的需要层次理论、赫茨伯格的双因素理论、麦克利兰的成就需要理论等。

(一) 马斯洛的需要层次理论

人的需要层次理论，是由美国心理学家亚伯拉罕·马斯洛（A. H. Maslow）于1943年提出来的，是提出最早、影响最大的一种激励理论。

马斯洛把人的需要由低到高划分为五个层次，即生理的需要、安全的需要、社交的需要、尊重的需要和自我实现的需要。

1. 生理的需要

这是人类生存所必需的，因而也是最基本的需要。这类需要主要包括人对食物、水分、空气、睡眠和休息等方面的需要。

2. 安全的需要

这是指人们寻求保护自己免受生理与心理上侵害的一类需要。如人们都希望自己身体健康，喜欢安全的、有秩序的、可以预测的环境，要求有稳定的职业和生活保障等。

3. 社交的需要

又称爱与归属需要，包括对人际交往，对某群体或家庭的依赖，同事的友谊和异性的爱情等方面的需要。

4. 尊重的需要

人们需要自尊，也需要被别人所尊重。因此，追求名誉、地位、权力、威望，要求别人承认、赏识、关心、重视、高度评价自己。

> 如何理解"士为知己者死"这句话？

5. 自我实现的需要

这是指使人最大限度地发挥自己的能力，完成与自己能力相称的一切事情，实现自己理想抱负的需要。这是人类最高层次的需要。这五个层次的需要是由低到高逐级形成和发展起来的，如图5-6所示。

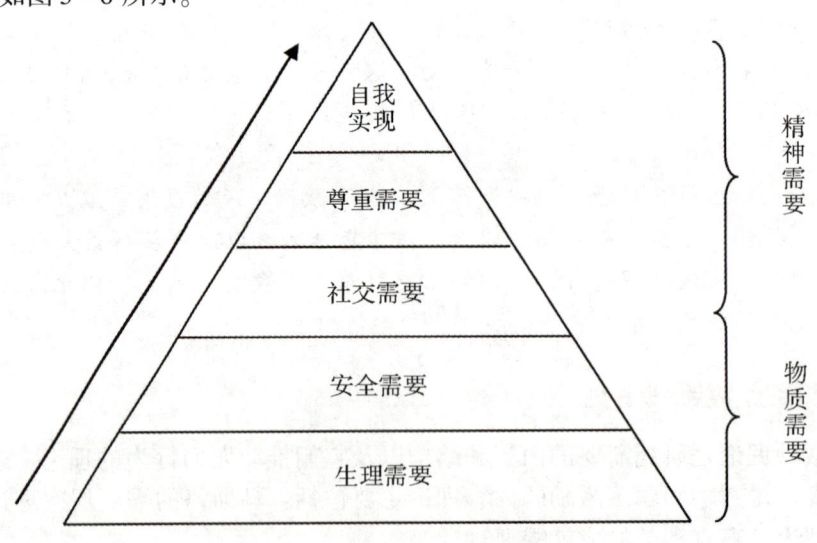

图5-6 马斯洛需要层次理论金字塔分布

管理案例

小猴进城

小猴想进城，可没人拉车。他想呀想，终于想出了一个好主意，他在车上系了三个绳套：一个长，一个短，一个不长也不短。他叫来了小老鼠，让他闭上眼，拉长套；又叫来小狗，让他闭上眼，拉短套；他又叫来小猫，在小猫背上系了一块肉骨头，让小猫闭上眼，拉不长不短的绳套。小猴爬上车，让大家一齐睁开眼，小老鼠看见身后有猫，吓得拉着长套拼命跑；小猫看见前面有只老鼠，拉着套使劲地追；小狗看见猫背上的肉骨头，馋得直往前撵。小猴快快活活地坐在车里，不一会儿就进了城。

调动员工的积极性，最重要的是要分析员工的不同需要，为员工设置看得见的目标，让他们感到有奔头、有动力，领导者在激励时要考虑到人的不同需求从而"投其所好"。

马斯洛需要层次理论的主要观点可概括为以下几个方面：

①强调需要与激励的重要关系。需要本身就是激发动机的原始驱动力，一个人如果没有什么需要，也就没有什么动力与活力。反之，一个人有所需要，也就存在着激励的因素。

②生理需要和安全需要属于低级需要，尊重需要和自我实现需要属于高级需要，社交需要起着中间过渡作用，人的需要次序由低至高逐级发展，自我实现需要是人类需要发展的顶峰。马斯洛认为，一个健全的人首先受"发挥和实现自己最大潜力与能量"这种需要所激励，能自我实现的人是有高度感受能力的社会的人，他们在较大程度上能自己鞭策自己。

③各级需要层次的产生和个体发育密切相关。儿童期生理需要、安全需要占优势；青少年期社交需要和尊重需要占优势；中年期自我实现的需要占优势。但个人需要结构的演进不像间断的阶梯，低一级的需要不一定完全得到满足才产生高一层次的需要，需要的演进是波浪式的。较低一级需要的高峰过去之后，较高一级的需要才能起优势作用。

④低级需要是有限度的，一旦得到满足，便不再有激励作用；高级需要的满足却是无限的，对行为具有持久的激励作用。但越是高层次的需要，其满足度越低。据马斯洛估计：80%的基本生理需要和70%的安全需要一般会得到满足；而只有50%的社交需要、40%的尊重需要和10%的自我实现需要能得到满足。

管理思考

根据需要层次理论，你现在处在哪个层次？不同类别的人在不同层次上其需求强度有什么不同？

在管理上，要借鉴马斯洛需要理论的积极方面，注意研究和掌握组织成员的需要情况，把握共性与个性，了解成员的需要差异，分析哪些是优势需要，哪些是一般需要。将满足成员需要所设置的目标与组织的目标密切结合起来，同时要坚持物质激励与精神激励相结合，注意引导培养员工高层次的需要。这样才能把激励工作做到实处，真正起到调动积极性的作用。表5-7说明了需要层次与管理措施的关系。

表 5-7 需要层次理论与管理措施相关

需要层次	追求的目标（诱因）	管理制度与措施
生理的需要	薪水、健康的工作环境、各种福利	身体保健（医疗设备）、工作时间（休息）、住宅设施、福利设备
安全的需要	职位的保障、意外的防止	雇佣保证、退休金制度、健康保险制度、意外保险制度
社交的需要	友谊（良好的人群关系）、团体的接纳、与组织的一致	协谈制度、利润分配制度、团体活动制度、互助金制度、娱乐制度、教育制度、教育训练制度
尊重的需要	地位、名分、权力、责任、与他人薪水的相对高低	人事考核制度、晋升制度、表彰制度、奖金制度、选拔进修制度、委员会参与制度
自我实现的需要	能发展个人特长的组织环境、挑战性的工作	决策参与制度、提案制度、研究发展计划、劳资会议

需要层次理论对管理实践的启示具体有以下几个方面：

①正确认识被管理者需要的多层次性。管理者应对下属的需要进行科学分析，并区别对待，防止片面性。

②要努力将本组织的管理手段、管理条件同被管理者的各层次需要联系起来，不失时机、最大限度地运用管理手段、管理条件满足被管理者的不同需要。

③在科学分析的基础上，找出受到时代、环境及个人条件差异影响的优势需要，有针对性地采取激励措施，以收到"一把钥匙开一把锁"的预期激励效果。

（二）赫茨伯格的双因素理论

双因素理论出称为"激励因素—保健因素"理论，是美国心理学家弗雷德里克·赫茨伯格（Frederick Herzberg）采用关键事件法对 200 名工程师和会计师进行了广泛的调查和研究后提出来的。他把影响人的积极性的因素分为"激励因素"和"保健因素"两大类。

激励：赫茨伯格双因素理论

1. 激励因素

激励因素属于和工作内容相关的因素，主要包括成就感、责任感、荣誉感、创造性、挑战性、发展前景与晋升的机会等因素。当上述因素具备时，员工会对工作产生浓厚的兴趣，工作主动性增强，对员工有明显的激励作用。此类因素不具备时，则员工工作积极性差，但不会产生明显的不满意情绪。

2. 保健因素

保健因素属于与工作环境或工作条件相关的因素，主要包括政策与制度、监督与控制、工作环境与条件、人际关系与环境、报酬福利、职务地位、工作安全等因素。当人们得不到这方面的满足时，就会产生不满情绪，积极性下降，从而影响工作；当这些因素具备时，员工工作情绪稳定，工作安心是保持员工努力工作的基本条件，但对员工起不到明显的激励作用。就像保健药品一样，只能预防疾病，不能治疗疾病，故称为保健因素。

这两类不同因素的具体内容如表 5-8 所示。

表 5-8　激励因素与保健因素的具体内容

激励因素	保健因素
工作上的成就感	公司的政策与行政管理
工作中得到认可和赞扬	公司的监督制度
工作本身的挑战性和兴趣	与上级、同级和下级之间的人际关系
工作的发展前途	工作环境和条件
个人成长的空间	薪金报酬
工作中获得晋升的机会	工作的安全保障
……	……

管理思考

你们对学校感到满意吗？对哪些条件不满意？假如学校给你们提供最好的学习条件并且免收学费，你们会好好学习吗？

自 20 世纪 60 年代以来，双因素理论在管理界越来越被人们所注意，因为它指出了：激励人的积极性，更重要的是要提供能使人感到具有价值实现意义的工作，工作内容具有挑战性，应让人们承担更重要的责任。而不仅仅是把眼光局限于提高工资水平、办好福利事业上来。从这个意义上来说，赫茨伯格的双因素理论是与马斯洛的需要层次理论相通的。激励因素就是人的高层次的需要，与尊重与自我实现需要相对应；而保健因素只是人们在低层次上的需要，则对应于生理、安全、社交需要三个层次。双因素理论与需要层次理论两者的关系如图 5-7 所示。

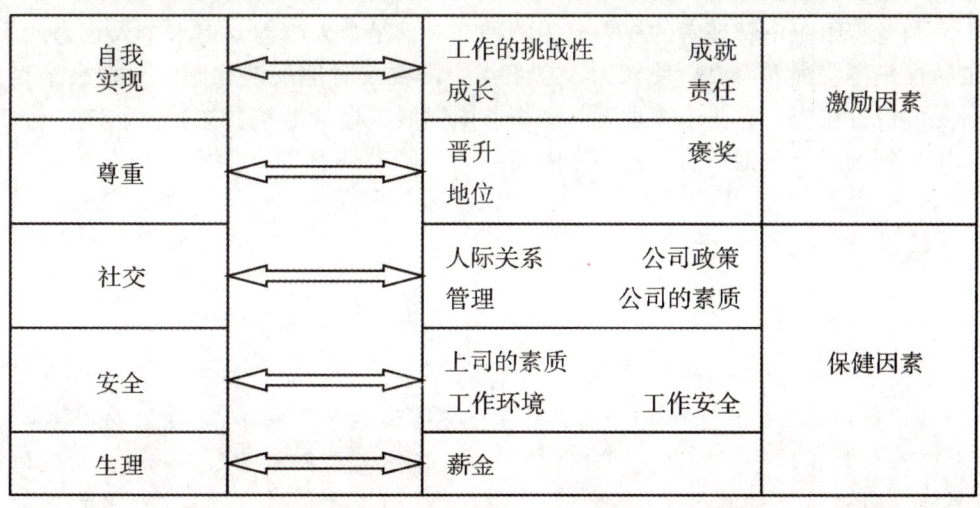

图 5-7　赫茨伯格的双因素理论和马斯洛的需要层次理论的关系

但赫茨伯格的双因素理论与马斯洛的需要层次理论又有区别，前者注重满足需要的具体对象的研究，而后者注意人的需要结构。可以说，赫茨伯格对需要层次理论作了补充，他划分了激励因素和保健因素的界限，分析出各种激励因素主要来自工作本身，这就为激励工作指出了方向。

双因素理论对管理实践的启示具体有以下几个方面：

①要善于区分和应用两类因素的作用。管理者要善于区分管理实践中的两类因素，对于保健因素要给予基本的满足，创造良好的工作外部环境和条件，以消除员工的不满意情绪和态度，这对提高工作效率和管理效率有积极的作用。虽然物质需要的满足是必要的，没有它会导致不满，但是即使获得满足，它的作用往往是很有限的，不能持久。

②要调动人的积极性，不仅要注意物质利益和工作条件等外部因素，更重要的是要在保健因素的基础上，抓住激励因素，进行有针对性的激励。要提供使员工感到具有价值、现实意义的工作，多安排有挑战意义、战略意义的关键性工作，给员工更多的主人翁感和承担更重要的责任，扩大工作范围，增强成就需要，让工作本身成为一种强有力的激励因素，以增加员工对工作的兴趣，提升员工在工作中的满意情绪和态度。

③要正确识别与挑选激励因素。赫茨伯格所说的保健因素和激励因素在实际的工作中有所交叉，也因管理对象的不同而存在差异。能够对员工产生激励的因素在实践中也不是绝对的，常常因人因地而不同，有时差别很大，因此，管理者要正确识别与挑选激励因素，必须在实际分析的基础上，灵活地加以确定。

（三）麦克利兰的成就需要理论

美国管理学家大卫·麦克利兰（David Meclelland）提出了成就需要理论，他认为人的基本需要得到满足之后，还有三种需要，即权力需要、社交需要和成就需要。所有需要都与管理工作有着特别的联系。

1. 权力需要

麦克利兰发现具有较高权力欲的人，对施加影响和控制表现出极大的兴趣，因为这样的人大多会寻求领导者的地位。他们十分健谈、好争辩、直率、头脑冷静，善于提出要求，喜欢讲演，喜欢教训人，希望自己能够做出更大的成就和得到更高的职位。

麦克利兰将组织中管理者的权力分为两种：一种是个人权力，追求个人权力的人表现出来的特征是围绕个人需要行使权力，在工作中需要及时地反馈和倾向于自己亲自操作；另一种是职位性权力，它要求管理者与组织共同发展，自觉地接受约束，从体验行使权力的过程中得到满足，但把权力建立在个人需要的基础上是不利于组织发展的。

管理案例

一日厂长制

韩国精密机械株式会社实行着一种独特的管理制度，即让职工轮流当厂长管理厂务。一日厂长和真正的厂长一样，拥有处理公务的权力。当一日厂长对工人有批评意见时，要详细记录在工作日记上，并让各部门的员工查阅。各部门、各车间的主管依据批评意见随时审视自己的工作。这个工厂实行"一日厂长制"后，大部分员工都坐过"厂长"的职位，工厂的向心力增强，工厂管理成效显著，制度开展的第一年就节约生产成本300多万美元。

2. 社交需要

社交需要也称为关系需要。需要社交的人通常从友爱中得到快乐，并总是设法避免因被某个团队拒之门外带来的痛苦。作为个人，他们往往希望保持一种融洽的社会关系；与周围的人亲密无间和相互谅解；随时准备安慰和帮助危难中的伙伴，并喜欢与他保持友善关系。

麦克利兰指出，注重社交需要的领导者容易因讲交情和义气而违背或不重视管理工作的原则，从而导致组织的绩效下降。但是如果将关系需要强烈的人安排在需要众人合作的工作岗位上，将会大大提高工作效率。

3. 成就需要

高成就需要的人，对成功有一种强烈的要求，同样也强烈担心失败。高成就需要的人喜欢自己设置目标，不满足随遇而安，总是渴望有所作为，并承担达成目标的责任。在选择目标时倾向于回避极端的困难，他们愿意接受挑战，对自己树立具有一定难度的目标。对待风险采取一定现实主义的态度，宁愿承担所做工作的个人责任，对他们正在进行的工作情况，希望得到明确而又迅速的反馈。如果得不到反馈，就不知道自己的工作成绩如何，更谈不上满足成就的需要。相反，如果经常从上级那里得到嘉奖、赞许或晋升，他们就会有一种成就感。具有成就需要的人追求成功本身而不是成功的报酬，仅仅把报酬当成衡量成就大小的工具。

管理案例

激励——海底捞的激励秘密

> **你的需要是什么？**
>
> 假如你的面前有1袋豆子和5个靶子。你的任务是要用豆子击中靶子。靶子一个比一个远，一个比一个更难击中。靶子A只有一步之遥，击中会得到2美元；靶子B稍微远一些，约有80%的人能击中，报酬是4美元；靶子C约有50%的人能击中，报酬是8美元；靶子D约有20%的人击中，报酬是16美元；靶子E几乎没有人击中，报酬是32美元。你只有一次机会，你会选择那个目标呢？如果你选择了C，就是一个高成就需要的人。

麦克利兰认为，不同的人对这三种需要的排列层次和比例不同，个人行为主要决定于其中被环境激活的那些要素。例如，具有成就需求的人事业心强，比较实际，敢冒风险，他们对企业和国家有重要作用，而且成就需求的人才可通过教育和培训来造就。

成就需要理论对管理实践的启示具体有以下几个方面：

①在人员的选拔和安置上，通过测量和评价，根据人员需要特征进行选拔和安置。

②由于具有不同需要的人需要不同的激励方式，了解员工的需要与动机有利于合理建立激励机制。

③动机是可以训练和激发的，如果某项工作要求高成就需要者，那么管理者可以通过直接选拔的方式找到一名高成就需要者，或者通过培训的方式培养自己原有的下属。

三、过程型激励理论

过程型激励理论是着重研究如何由需要引起动机，由动机引起行为，并由行为导向目标的理论。此类理论是从动态的角度研究激励理论，主要是了解对行为起决定作用的关键因素，掌握这些因素之间的关系，以达到预测或控制人的行为的目的。过程型激励理论主要有弗鲁姆的期望理论、亚当斯的公平理论等。

（一）弗鲁姆的期望理论

期望理论是由美国心理学家弗鲁姆于 1964 年提出来的。他认为人之所以能够积极地工作，是因为这项工作会帮助他们达成自己的目标，满足自己某方面的需求。所以某项活动对某人的激励力取决于该活动结果给此人带来的价值，以及实现这一结果的可能性。因此，激励水平取决于期望值与效价的乘积，用公式表示为：

$$激励力 = 效价 \times 期望值$$

激励力，指一个人受到激励的强度，即激励作用的大小，表示人们为达到目的而努力的程度。

效价，指一个人所从事的工作或所要达到的目标对于满足个人需要的价值。对于同一个目标，由于人们的需要、兴趣和所处的环境不同，对目标的效价也往往不同。如果一个人希望通过努力工作得到升迁的机会，在他心中，升迁的效价就很高；如果他对升迁毫无要求，漠不关心，那么升迁对他来说效价就等于零；如果这个人对升迁不仅毫无要求，而且害怕升迁，那么，升迁对他来说效价就是负值。

期望值，也叫期望概率，指一个人根据过去的经验判断自己达到某种结果（目标）的可能性大小。一个人往往根据过去的经验来判断行为所能导致的结果，或所能获得某种需要的概率。

该公式说明，激励力的大小，与效价、期望值成正比。即效价、期望值越高，激励力越大；反之，则越小。如果其中一项为零，激励力自然也就为零。

一个简单的例子：

一位公司销售经理对他的一位销售员说："如果你今年完成 1000 万元的销售任务，公司就奖励给你一套住房。"

效价——销售员可能的反应：

A：天哪！一套住房！这正是我梦寐以求的，我一定努力争取。

B：住房？我现在住得已经够好了，况且如果我一人拿了住房，同事们会不满的，这对我没什么吸引力。

期望值——销售员可能的反应：

A：1000 万元的销售额，照今年的行情，如果我比去年再卖力一点，是能够做到的。

B：1000 万元？简直是天方夜谭。经理要么是疯了，要么是根本不想把住房给我，我才不会白花力气呢！

由此可见，效价和期望值越高（A 情况），则对人的激励力越强；反之（B 情况），对人的激励力则越弱。

管理者要根据期望理论，选择员工感兴趣、评价高，即认为效价大的项目或管理手段，以产生较大的激励作用；确定合适的激励目标，只有大多数人经过努力能实现的目标才能真正起到激励的效果，并且不同的人有不同的目标，即便同一个目标，对不同的人也会有不同的价值，因此，在确定目标时，一定要具体问题具体分析，才能真正调动员工的积极性。

管理案例

军民的期望

宋朝时期，某位将军被派驻边地镇守。他到了边地之后发现守城的尽是些老弱残兵，虽然人人都会武艺，但全都是些花拳绣腿，根本无法打仗。用这样的军卒来防守，根本抵挡不了如狼似虎的金兵，怎么办？这位将军计上心头。他颁布了一条命令，就是用一块银子作为靶，凡是射中者，银子便归他所有。自此后，边地军民争以习箭为任，箭术均有提高，个个精于箭术。不久，金兵入侵，边地军民同仇敌忾，把金兵打得抱头鼠窜，成功地守住了边城。

这位将军正是把军民期望得到银子的心理运用到训练中，使得军民人人习箭，最终达到了守城的目的。作为领导者，也可以将这种心理应用于激励下属的措施中，定会取得良好的效果。

期望理论对管理实践的启示具体有以下几个方面：

①激励手段的选择。管理者不要泛泛地抓各种激励措施，而应当抓多数组织成员认为效价最大的激励措施。选择员工普遍感兴趣、评价高的激励手段，这样才能产生较大的激励作用。如果不从实际出发，不考虑员工的实际需要，只从管理者的意志出发，推行对员工来说价值不高的项目，是不可能收到激励效果的。

②标准的确定。确定的标准不宜过高。凡能起到激励作用的工作项目，都应是大多数人经过努力都能实现的，可以通过增大目标实现的概率来增强激励的作用。如果一个人通过努力有较大可能获得好成绩时，他就会信心十足地做好工作，如果工作太难或是目标定得太高，就会丧失信心。

③成绩与奖励挂钩。人们总希望在取得成绩后能够得到奖励，如果没有奖励，那他的工作干劲就很难保持下去。这种奖励是广义的，既包括提高工资、多发奖金等物质奖励，也包括表扬等精神奖励。奖励是维持和提高激励效果的重要手段。

（二）亚当斯的公平理论

公平理论是由斯达西·亚当斯提出的。亚当斯认为，员工在一个组织中很注重自己是不是受到公平对待，常常以此来决定自己的行为。亚当斯认为，员工对自己是否被公平对待的评价，是首先考虑自己所得的收入与付出的比例，然后将自己的收入付出比与有关他人的收入付出比进行比较。如果员工感觉到自己的比例与他人相等，则为公平状态；如果员工感到两者比率不相等，则会产生不公平感。所以，公平理论的本质可以用下式表示：

$$\frac{自己所得收入}{自己的付出} = \frac{别人所得收入}{别人的付出}$$

这里的收入包括薪金、晋升、认可等因素；付出是指努力程度、工作经验、教育程度及能力水平等。就单个个人来说，收入往往由上级或组织来决定，而付出由自身来决定。当员工发现自己处于不公平状态时，则会产生紧张感，会设法摆脱不公平，并采取一系列的行为，具体如表5-9所示。

表 5-9 重新获得公平感的方式方法

方式	做法
改变投入	一个人可以选择对组织增加或减少投入的方式来调节内心的平衡
改变报酬	一个人可以通过要求增加工资等改变报酬，改变投入对报酬的比率
改变知觉	改变对于投入或报酬的知觉，重新获得公平
改变他人投入	一个人可以试图说服参照人增加他的投入
改变参照人	当自己和一个人比较产生不公平的结果，可能会改变参照对象，减少不舒服的感觉
离开这种环境	如果一个特定的环境总是使一个人感到不公平对待，最激烈的解决方式就是离开

人生活在一个社会中，人的天性就是相互攀比，所以公平地对待员工对一个组织特别重要。作为一个组织的管理者，对待员工应一视同仁，应善于发现组织中的不公，及时纠正不公，这样才能形成一个具有凝聚力的、高效率的组织。

在实际生活中，当个人认为不公平时，一般会有哪些表现？

小刘的失落

小刘去年进入一家小有名气的外资企业。这家公司实行工资保密制度，一般情况下，员工之间都不知道彼此的收入。小刘对这份工作还是很满意的，一方面公司人际关系和谐，气氛轻松，工作虽累却挺舒心；另一方面是薪水令人满意，底薪每月 3000 元，还有不固定的奖金。

小刘一门心思扑到了工作上，经常加班加点，有时还把工作带回家做，而且也确实取得了显著的成效。年终考核，人力资源主管对小刘的工作予以了高度评价，并告诉小刘公司将给他加薪 15%。听到这个消息，小刘高兴极了。这不仅是钱的问题，也是公司对他的业绩的肯定。

同年进入公司的小李却开心不起来，因为他今年的业绩并不好。午饭时两人聊了起来，小李唉声叹气地说："你今年可真不错，不像我这么倒霉，薪水都加不了，干来干去还是 3900 元，什么时候才有希望啊！"

猛然间小刘才意识到，原来小李的底薪比他高 900 元。他对小李并没有意见，可是他想不通，即使不考虑业绩，他们俩同样的职务，小李的学历、能力都不比他强，为什么工资却比他高这么多呢？他不仅感到不公平，而且有一种上当的感觉：我一直还以为自己的工资不低了，应该好好干，原来别人的工资都比我高。他马上就往人力资源部跑去。

公平理论对管理实践的启示具体有以下几个方面：

①影响激励效果的不仅有报酬的绝对值，还有报酬的相对值。在管理中要高度重视相对报酬问题，员工对自己的报酬进行横比、纵比是必然现象，管理者如果不加以重视，很可能出现员工"增收"的同时也"增怨"的现象。自古就有"不患寡而患不均"这种普遍的社会心理现象，管理者必须始终将相对报酬作为有效激励手段来加以运用。

②激励时应力求公平，使等式在客观上成立。尽管有主观判断的误差，管理者还是应尽可能实现相对报酬的公平性，也不致造成严重的不公平感。

③在激励过程中应注意对被激励者公平心理的引导，使其树立正确的公平观，一是要认识到绝对的公平是不存在的，二是不要盲目攀比。

④为了避免员工产生不公平的感觉，企业应采取各种手段，在企业中营造一种公平合理的氛围，使员工产生一种主观上的公平感。

四、行为改造型激励理论

（一）斯金纳的强化理论

强化理论是美国心理学家和行为科学家斯金纳（Burrhus Frederic Skinner）等人提出的一种理论，也叫操作条件反射理论、行为修正理论。他认为人的行为由外部因素（强化物）控制。

所谓强化，从其最基本的形式来讲，是指对一种行为的肯定或否定的后果（报酬或惩罚），它至少在一定程度上会决定这种行为在今后是否会重复发生。在管理实践中，常用的强化手段有正强化、负强化、惩罚和自然消退四种类型。

1. 正强化

又称积极强化，指对某种行为给予肯定和奖赏，以增强其重复出现的可能性的方法。

海尔正激励

海尔集团开始宣传"人人是人才"的时候，员工反应平淡。他们想：自己没有受过高等教育，仅仅在工厂当名工人能算得上什么人才呢？但是海尔把一名普通工人发明的一项技术革命成果以这位工人的名字命名时，在工人们之间就掀起了一股革新之风。例如，工人李启明的焊枪被命名为"启明焊枪"，杨晓玲发明的扳手被命名为"晓玲扳手"。这一举措大大激发了工人的创作激情，创新成果接连不断地出现。

对员工创造价值的认可就是正激励，激发了员工更大的创造性。

2. 负强化

又称消极强化，是指通过人们不希望的结果的结束，而使行为者得以强化。例如，员工努力按时完成任务，就可以避免领导的批评，于是员工就一直按时努力完成任务。员工之所以努力完成任务，是为了避免领导的批评。

 管理案例

> **拿破仑救人**
>
> 拿破仑在一次打猎时,看到一个落水男孩,一边拼命挣扎,一边高呼救命。这河面并不宽,拿破仑不但没有跳水救人,反而端起猎枪,对准落水者,大声喊道:"你若不自己爬上来,我就把你打死在水中。"那男孩见求救无用,反而增添了一层危险,便更加拼命地奋力自救,终于游上岸。
>
> 对待自觉性比较差的员工,一味地为他创造良好的软环境,去帮助他,并不一定能让他感受到"胡萝卜"的重要,有时还离不开"大棒"的威胁。偶尔利用你的权威对他们进行威胁,会及时制止他们消极散漫的心态,激发他们发挥出自身的潜力。自觉性强的员工也有满足、停滞、消沉的时候,也有依赖性,适当的批评和惩罚能够帮助他们认清自我,重新激发新的工作斗志。

3. 惩罚

惩罚是指当某行为出现后给予某种带有强制性、威胁性的不利后果,以其减少这种行为出现的可能性或消除该行为的方法。例如,当有的员工工作没有做好时,管理者即施以不利的回报,如警告、记过、降职、罚款、开除等,其目的在于杜绝以后再出现类似情况。

激励——什么是末位淘汰制

4. 自然消退

自然消退指取消正强化,对某种行为不予理睬,以表示对该行为的轻视或某种程度的否定。例如,对于那些喜欢打小报告的人领导可以采取故意不理会的态度,以使这类人因自讨没趣而自动放弃这种不良行为。研究表明,一种行为长期得不到正强化,会逐渐消失。

强化理论对管理实践的启示具体有以下几个方面:

①要依照强化对象的不同采取不同的强化措施。人们的职业、年龄、性别、学历、经历不同,需要就不同,强化的方式也应不一样。物质奖励主要满足人的低层次需要,而精神奖励则主要满足人的高层次需要。实际中,有的人更重视物质奖励,有的人更重视精神奖励,就应区分不同情况,奖人所需,形式多样,采用不同的强化措施。

②要坚持奖励与惩罚相结合。对正确的行为,给予适当的奖励,对不良的行为则要给予处罚,奖惩结合优于只奖不罚或只罚不奖。

③正强化比负强化更有效。正强化宜在大范围内进行,而负强化宜在小范围内实施。在强化手段的运用上应以正强化为主,采用负强化手段时要慎重,即要以奖励为主,以处罚为辅。因为,多运用奖励、少运用惩罚有利于调动积极性,也符合人们的"尊重需要",防止过多惩罚所带来的消极影响。

④要及时而正确地强化。采用强化的时间对于强化的效果有较大的影响。要取得最好的激励效果,就应该在行为发生以后尽快采取适当的强化措施,迟延较长时间的强化会由于弱化而减弱强化的作用。一个人在实施了某种行为以后,即使是领导者表示"已注意到这种行为"这样简单的及时反馈,也能起到正强化的作用;但是如果领导者对这种行为不予注意,这种行为重复发生的可能性就会减少以至消失。

强化理论较多地强调外部因素或环境刺激对行为的影响，忽略了人的内在因素和主观能动性对环境的反作用，具有机械论的色彩。但是，强化理论有助于对人们行为的理解和引导。因此，强化理论已被广泛地应用在激励和人的行为的改造上。

（二）海德的归因理论

归因理论最早是美国心理学家弗里茨·海德（Fritz Heider）发展起来的。归因理论是说明和推论人的活动的因果关系的理论。归因理论的主要研究对象：对人们心理活动的归因，即研究人们产生某种心理活动的原因是什么；对人们的行为归因，即根据人们外在的行为和表现，对其心理活动作推论；对人们未来行动的归因，即根据人们过去的行为表现，来预测他们在以后有关的情境中将会产生什么行为。归因理论强调的是个人的知觉与其行为间的关系。

归因理论认为，人们的行为成功或失败主要归于四个因素：努力、能力、任务难度和机遇。这四个因素可以按内外因、稳定性与可控性三个维度来划分：从内、外原因方面看，努力和能力属于内部因素，而任务难度和机遇属于外部因素；从稳定性来看，能力和任务难度属于稳定性因素，努力和机遇属于不稳定因素；从可控性来看，努力是可控制因素，任务难度和机遇是不以人的意志为转移的。研究表明，人们把成功和失败的原因归因于何种因素，对今后工作积极性有很大的影响，具体如表5-10所示。

表 5-10 归因要素与行为结果之间的关系

归因要素	行为结果	
	成功	失败
内在因素（努力、能力）	使人感到满意和自豪	使人产生内疚和无助感
外在因素（任务难度、机遇）	使人产生惊喜和感激之情	使人产生气愤和敌意
稳定因素（能力、任务难度）	有助于提高以后的积极性	可能降低以后的积极性
不稳定因素（努力、机遇）	以后的积极性有可能降低	可能提高以后的积极性

如果把失败的原因归结为相对稳定的因素、可控的因素或者内部因素，就会容易使人不再坚持努力行为；相反，如果把失败的原因归结为相对不稳定的因素、不可控因素或外部因素，则人们比较容易继续保持努力行为。如果当员工感到主要受内因控制，他们会觉得可以通过自己的努力、能力或技巧来影响行为的结果；当员工感到主要受外因控制，他们会觉得行为的结果非自己所能控制，而是受到外力的摆布，正是这种被感知的控制，会对人们的满足和绩效带来不同的影响。归因理论也提出，个人的知觉是可以改变的。由于它们可能会导致意外或不想要的变化，所以领导者应懂得其效应。一个靠内在激励的人，如果分派给他的工作的报酬和奖励是外部的，将可能使他更多地依靠外部激励，而内在激励将减少。在激励过程中，归因过程起着很大的作用。

项目小结

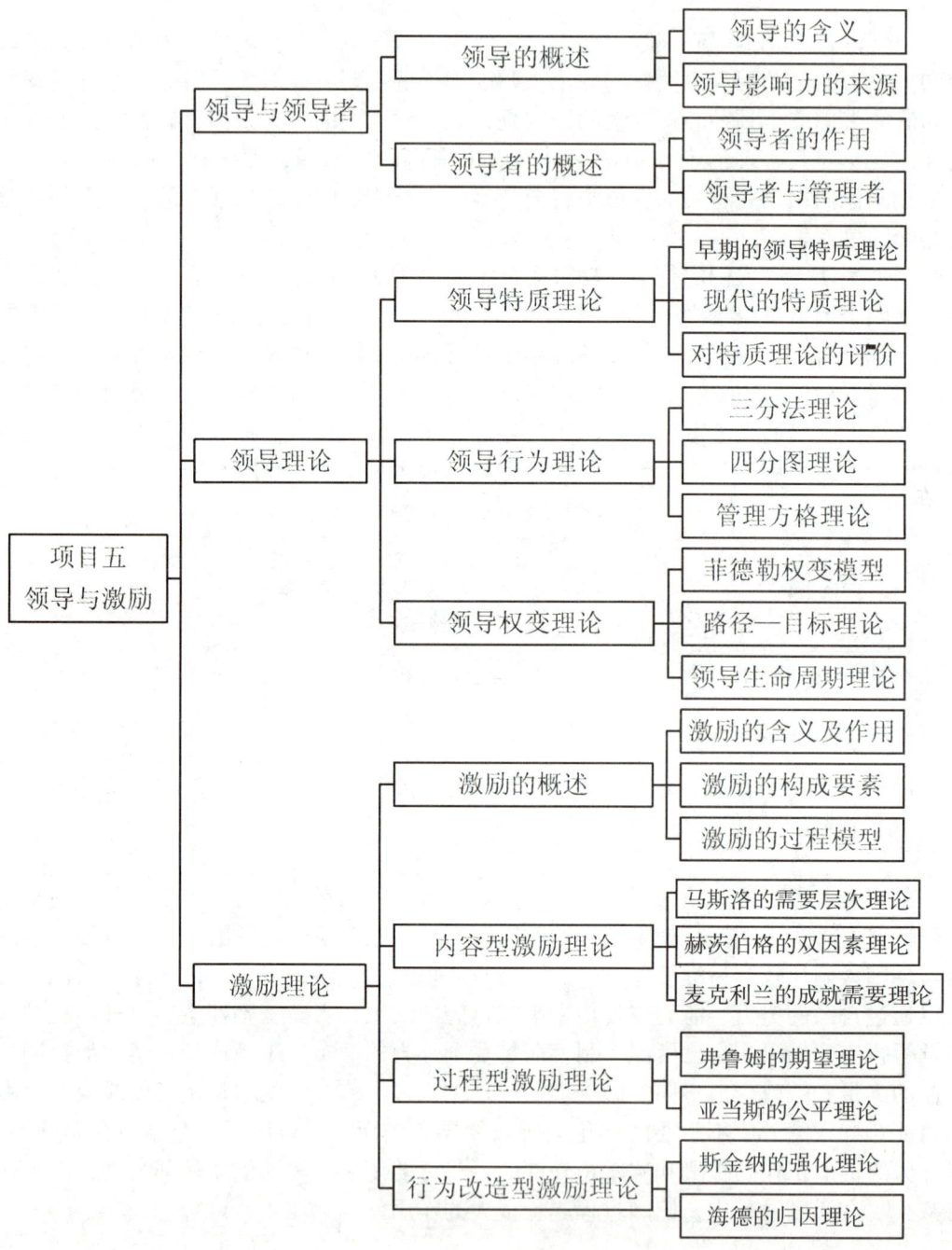

课后习题

一、判断题

1. 管理者正确地做事情，领导者做正确的事情。（　　）
2. 领导依靠影响力来引导和改变群体和下属的行为。（　　）
3. 具有非职位权力的领导者能够对下属心理产生激励的作用。（　　）
4. 领导者的才能是天生的，不能后天开发。（　　）
5. 命令式领导方式适用于下属成熟度低的情况。（　　）
6. 成就需要强的人比较适合做领导者。（　　）
7. 企业建立较完善的人事考核制度、晋升制度、表彰制度、奖金制度等都是为了更好地满足员工的生理与安全需要。（　　）
8. 领导不仅讲究科学，而且讲究艺术，领导艺术决定着领导的成效。（　　）

二、选择题

1. 刘邦在打败项羽的庆功宴上兴奋地说："运筹帷幄，我不如张良；决胜于千里之外，我不如韩信；筹集粮草银饷，我不如萧何。而他们却都被我所用，这就是我得天下的原因。"从管理学角度看，以下哪种说法更准确（　　）。
   A. 知人善任，是领导者成功的一个关键因素
   B. 一个领导者各方面的才能并不一定都要高于下属
   C. 领导者不需要具备专业技能
   D. 领导者要实现组织目标，必须把各方面能人吸引到自己的组织中来
2. 根据领导生命周期理论，对成熟度很高的下属应采取（　　）领导方式。
   A. 高工作、高关系　　　　　　　　B. 高工作、低关系
   C. 低工作、高关系　　　　　　　　D. 低工作、低关系
3. 有些从某一职位退下来的干部常常抱怨："人走茶凉。"这反映了他们过去曾经拥有的影响力来自于（　　）。
   A. 个人专长　　B. 个人品质　　C. 职位权力　　D. 个人魅力
4. 管理方格理论提出了五种最具代表性的领导类型，（　　）领导方式对生产和工作的完成情况很关心，却很少关心人的情绪，属于任务式领导。
   A. （1，1）型　　B. （9，1）型　　C. （1，9）型　　D. （5，5）型
5. 在勒温的领导风格理论中，他认为效率最高的领导者作风是（　　）。
   A. 专制式　　B. 民主式　　C. 放任式　　D. 压榨式
6. 总经理办公室的王翔受命组建企业的信息中心。为此，他在企业内挑选了一些人员作为信息中心的工作人员，包括小陈、小蔡和老林等。其中，小陈是王翔的中学同学，在他看来，小陈虽然人比较朴实，但能力确实有限，做工作虽然不至于犯错误，但动作太慢。尽管如此，他觉得小陈其他方面，如为人等还是不错，又是老同学，便选他到信息中心工作。据此可以判断王翔属于（　　）领导。
   A. 任务导向型　　B. 关系导向型　　C. 民主型　　D. 专制型
7. 下述关于"激励"概念的理解中，正确的是（　　）。
   A. 激励就是要对被激励者多鼓励，少批评

B. 激励是指对被激励者的激发和鼓励

C. 通过采取某种有吸引力的手段,如奖励、提拔等,对被激励者的行为加以肯定,使其重复出现

D. 通过使被激励者的需要和欲望得到满足,促使其产生所期望的行为

8. 张宁从大学计算机系毕业以后,到一家计算机软件公司工作。三年来,他工作积极,取得了一定的成绩。最近,他作为项目小组的成员,与组内其他人一道奋战了三个月,成功开发了一个系统,公司领导对此十分满意。某天,张宁领到领导亲手交给他的红包,较丰富的奖金令张宁十分高兴,但当他随后在项目小组资金表上签字时,目光在表上注视了一会儿后,脸很快阴沉了下来。对于这种情况,(   )可以较恰当地给予解释。

A. 双因素理论　　　B. 期望理论　　　C. 公平理论　　　D. 强化理论

9. 对大多数企业主管来说,最困扰他们的不是如何与竞争对手抢夺市场,而是如何找到、培养和留住优秀的员工,对高新技术企业尤其如此。请你为这些主管在以下几项中找出一种最佳的方法(   )。

A. 提供诱人的薪水和福利　　　　B. 提供舒适的工作环境

C. 提供具有挑战性的工作　　　　D. 提供自由工作的便利

10. 一位父亲为了鼓励孩子用功学习,向孩子提出,如果下学期每门功课都考95分以上,就给予物质奖励。孩子会因受到激励而用功学习的情况有(   )。

A. 平时成绩较好,有可能各门功课都考95分以上

B. 奖励的东西是孩子最想要的

C. 父亲说话向来都是算数的

D. 上述三种情况同时存在

三、简答题

1. 领导者的素质是不是天生的?你是否赞成领导的特质理论的观点?为什么?

2. 马斯洛需要层次理论的主要观点是什么?如何评价?

3. 结合实际,谈谈如何应用期望理论来调动人们的积极性?

4. 说明班干部的权力来源。为了进行有效的管理,班干部应该采用什么样的领导方式比较好?

5. 假如你是一个领导者,你认为自己具有哪些优势?在你的劣势方面,你应该采取什么样的措施来改进领导能力?

项目实训

项目一:校园体验——策划团队建设方案

(一)实训目的

1. 培养团队管理的能力;

2. 培养团队建设的能力。

(二)实训内容

1. 分析学生所在的班级、小组或寝室的群体状况(和谐程度、优势与缺点、团体氛围等),并表述群体的目标;

2. 在分析的基础上,提出改进建议并制订出团队建设方案;

3. 班级组织交流，每个小组推荐 1 名成员作介绍，并对团队建设问题进行研讨。

（三）成果与评价

1. 每个人制订 1 份团队建设方案；
2. 由教师与学生共同对每个人的表现评估、打分。

项目二：制订激励计划

（一）实训目的

1. 培养对实际管理系统进行观察分析的能力；
2. 培养运用激励理论，进行有效激励的能力。

（二）实训内容：为所在班级制订一份激励计划

1. 调查与深入研究本班学生学习积极性以及包括奖学金在内的激励状况；
2. 小组为单位，就如何在本班进一步调动学习积极性、实现有效激励组织研讨；
3. 每人为班级起草一份激励计划；
4. 在班级组织研讨，深入分析目前的激励状况，研讨如何有效激励，充实完善同学们的激励计划。

（三）成果与评价

1. 每位同学拟定一份简单的激励计划，并在班上进行交流；
2. 由教师与学生共同对每个人的表现进行评估打分。

 思政园地

（一）百团大战中的彭德怀

震惊中外的百团大战是抗日战争期间中国共产党人独立发动的规模最大、时间最长、战绩最辉煌、影响最深远的战略性进攻战役。战线包括华北地区的 7 条铁路干线，长达 2800 多千米；地域涉及河北、山西、热河、察哈尔、绥远、山东 6 省，整个华北都卷入了战斗；敌我双方直接参战部队有 55 万人之多，即日军 20 多万人，伪军约 15 万人，八路军 20 多万人；时间长达 5 个月。

战线之长，地域之广，时间之久，参战部队之多，战场环境之恶劣，在敌后抗日战场上是绝无仅有的，在整个中华民族抗日战争史上也是罕见的。战役的主要指挥者彭德怀以其惊人的军事谋略和高超的指挥艺术，赢得了中外战争史上一场以少胜多、以弱胜强的胜利战役。

1. 审时度势，慎重运筹

彭德怀对 1940 年国际国内形势的发展变化进行了客观的分析判断。他认为百团大战之前是中华民族危机最为严重的时期，组织一场大规模的对日作战并取得胜利是以战略影响政略、争取时局好转的关键。

2. 尊重客观，造势制敌

在敌强我弱的总态势下，华北八路军敢不敢打一场大规模的进攻战役，能不能取得大规模进攻战役的胜利？彭德怀的回答是：尊重客观，造势制敌，在战术上进攻，应当先找弱一点的消灭，如此，强的亦将变为弱的。百团大战前夕，彭德怀对华北战场的局势进行了精密的分析和研究。正确把握敌我双方力量的对比，制定出胜我败敌之良策。

3. 精心谋划，把握战机

在定下战役决心与明确作战原则之后，彭德怀及其战役指挥集团精心谋划，战役目标的选择显得尤为重要。百团大战之所以选定"截断正太路交通"为战役目标，就是精心谋划的结果。实战表明，百团大战战役目标的选择是正确无误的。

4. 灵活机动，果断指挥，赢得战役最后胜利

坚持游击战与运动战相结合的战略战术，大战每一个环节都在彭德怀的精心策划和指挥下有条不紊地运行着：周密组织，统一指挥部队协同作战；果断决策，牢牢掌握战役主动权敢打硬仗，在实践中锻炼提高部队；动员民众，以人民战争赢得战役的胜利。

启示：彭德怀是开国元帅，领导能力超群。他作为一名优秀共产党领导干部，做人做事严于律己、光明磊落、刚正不阿、正气凛然、实事求是。战场上审时度势、谨慎果断、精心谋划、灵活果断，展现了卓越的军事指挥才能，立下了赫赫战功。

思考题：你从彭德怀元帅身上学到了哪些优秀品质？

（资料来源：根据党史资料整理）

（二）敢为人先的劳模雷军

雷军除了被称为"雷布斯"，还有另外一个称号——劳模。这个称号是雷军自22岁加入金山，到38岁离开金山，以平均每天16个小时的工作时间换来的。这种不要命的工作模式，直到他创立小米后才稍有改变。不过据雷军自己说，"现在我和我的员工都是一天工作12个小时左右"。雷军的一切行为都围绕着做事展开，所以对他来说，只要能达到目的，出行时坐商务舱还是经济舱不重要，私人电梯还是公共电梯也不重要。与生活中的低调相比，在某些方面，雷军却敢为人先。

1998年，金山奖励了雷军20万元，他把这笔钱放到股市赚了40万元，之后把钱全部捐给了母校——武汉大学。雷军说："我可能不是武汉大学捐钱最多的人，但是我应该是毕业后短期内回馈母校最多的人"。此后，雷军仍多次为母校捐款，设立奖学金、新建科技楼等。

启示：雷军作为小米的领导者，以身作则为企业员工树立"劳模"榜样，虽然生活中低调，但承担社会责任却敢为人先。雷军的工作作风和生活方式是小米文化和员工凝聚力的重要来源。

（资料来源：根据网络资料整理）

（三）马云：领导力的挑战是企业数字化最大的挑战

2020年是一个转折之年，技术在变，世界格局在变，国内经济形势也在变，加上疫情一夜之间好像问题很多，问题很大，但其实做企业不管什么时候都很艰难，创业最好的时候是大家鼓励你的时候，所以现在便是最好的机会。

真正让企业倒霉的是我们对未来和对自己能力的误判，不管是过高的判断还是过低的判断，很多人把侥幸当成能力，并且相信自己永远有这样侥幸的运气。今年很难，相信明年会更难，但是未来一定很美好，10年、20年以后，中国大企业一定比今天多，20年以后中国有钱人一定比今天多，这就需要考验你的能力。今天世界发生巨大的变化，很多以前认为不可能的事情现在都在发生，这些巨大的变化，年轻人特别是青年企业家要具备三观，未来观、全球观和全局观。

第一，未来观。所有今天所谓成功的企业，包括最近看到的福耀玻璃、泰康、复星、阿里巴巴，这些企业都不是今天做出来的，都是20年或30年前企业家对未来的判断决定的，昨天的看法和行动决定了企业的今天，而今天的看法和思考又决定了企业的明天，未

来观不是两年以后会怎么样，而是20年以后的企业会怎么样。所以青年一代的企业家一定要有看未来的眼光。

第二，全球观。今天很多人认为全球化出现了这样或那样的问题，就认为全球化终结了，其实今天真正的全球化才刚刚开始。原来传统的工业时代全球化正在终结，新的真正的数字时代的全球化正慢慢到来。这是巨大的机会，企业家应该要推动新一轮的全球化，搭建桥梁，建立更大的沟通。

第三，全局观。希望大家看清大局，知道自己在大局里面担当什么样的角色，发挥如何的作用，创造什么样的价值，才会有自己的战略定力。每个企业只有明白自己在整个大局中的价值链，自己企业的价值点，才能真正懂得战略的坚持和战略的坚定。

企业家具备未来观、全球观、全局观以后，面对今天暂时的迷茫和困难就会显得非常冷静和清醒，并且会采取行动，抓住机会。今天，世界面临三个巨大无比的战略性机会：一个是数字变革，二是中国强大的内需，三是新一轮的全球化开始。所以青年企业家是真正跨时代的一代企业家。

读万卷书，不如行万里路，疫情过后我们希望更多的年轻企业家到全世界看看，去感受、去体会。很多企业家觉得不懂英文，其实懂不懂外语并不重要，重要的是理解、尊重不同的文化、不同的体制、不同的宗教。拥有全球化思考的能力，懂得尊重多元文化，学会欣赏不同、适应不同、融入不同。

世界在发生剧烈的变化，技术也在发生快速的变化，所有的变化都会深刻影响到我们每一家企业，所以青年企业家朋友们，明天我们的企业能走到哪一步，关键在于眼光，在于对未来的判断。如果能够把握变化，观察到变化，就能够把自己变成一家能够适应变化，创造变化的企业。

（资料来源：根据马云演讲实录资料整理）

（四）"工匠精神"与"企业家精神"双双写入政府工作报告

2017年政府工作报告提出，要大力弘扬工匠精神，厚植工匠文化，恪尽职业操守，崇尚精益求精，培育众多"中国工匠"，打造更多享誉世界的"中国品牌"，推动中国经济发展进入质量时代。

作为见证了北京两大老字号——"义利"和"北冰洋"变迁发展历程的全国政协委员、北京一轻食品集团有限公司董事长李奇说，"传承"是老字号持续发展的关键，先义后利、精益求精是匠人精神之精髓，是传承的内在基因。自中央提出培育工匠精神以来，社会反响热烈。当然，匠心回归，需要形成尊重工匠、尊崇工匠精神的社会氛围和制度、经济环境，树立技能宝贵、劳动光荣的社会风尚。

报告提出，要加快完善产权保护制度，依法保障各种所有制经济组织和公民财产权，激励人们创业、创新、创富，激发和保护企业家精神，使企业家安心经营、放心投资。

在全国政协委员、福耀集团董事长曹德旺看来，抓机遇、重创新是企业家精神的体现。他认为，危中寻机是一个企业家所必备的素质。当下，对于企业来说，机遇之一是全球化，二是转型升级。2016年中央经济工作会议提出，保护企业家精神，支持企业家专心创新创业。他比喻说："我过去三年盖了一座很漂亮的大楼，现在进入精装修阶段，要把里面装得更丰富，更精致，更适用。"企业家精神第一要遵守国家法律法规，第二要敬民爱民，包括自己的员工、供应商，第三要尊重和回馈社会。

（资料来源：根据新华网资料整理）

（五）华为——以奋斗者为本

华为技术有限公司于1987年正式注册成立，是全球领先的ICT（信息与通信）基础设施和智能终端提供商，致力于把数字世界带入每个人、每个家庭、每个组织，构建万物互联的智能世界。华为是靠什么成长起来的呢？《以奋斗者为本》一书表明，华为的生命力靠的是核心竞争力，来自它的核心价值观，即以客户为中心，以奋斗者为本，长期坚持艰苦奋斗。

以客户为中心，是企业存在的根本意义所在，也是华为存在的唯一理由，客户需求是华为发展的原动力。要站在客户的立场上，比客户多想一步，快速响应客户的需求，持续为客户创造长期价值，并把利润分给产业链或上下游的合作伙伴，共生共赢。

以奋斗者为本，不仅是讲劳动者，还包括投资者，可以说一切为客户创造价值付出的人，都是企业的奋斗者。他们首先具备刻苦学习的精神；其次具备"狼性"，狼有三大特性——敏锐的嗅觉；不屈不挠、奋不顾身的进攻精神，群体奋斗精神；最后是敬业奉献，具有自我批判的精神，以大局为重，始终保持危机感和使命感。公司的考核、评价机制也向奋斗者、奉献者倾斜。这样的文化得以传承的基础是不让奋斗者吃亏，奉献者定当得到合理的回报。

奋斗者与劳动者最大的区别是劳动者的待遇只能跟业界相比，而不是华为的内部标准。奋斗者要自愿舍弃一些东西，比如加班费，但他们可以享有饱和配股。这是奋斗者才享有的股权激励资格，因此识别奋斗者本身就形成了某种内部竞争。华为以虚拟股票的方式进行激励，激励对象有分红权及净资产增值收益权，但没有所有权、表决权，不能转让和出售虚拟股票。在其离开企业时，股票只能由华为控股公司工会回购。

当然，企业并不奖励辛苦的无效劳动。如果奋斗者很卖力，但是没有给客户、给公司创造价值，那么他的努力就是无效的。

（资料来源：根据网络资料整理）

项目六
控制与纠偏

学习目标

知识目标：
1. 了解控制的基本概念；
2. 了解控制的基本过程；
3. 理解控制的基本类型；
4. 掌握纠偏的基本措施；
5. 掌握控制的一般方法。

能力目标：
1. 培养学习者运用现代控制方法实现有效控制的能力；
2. 培养纠偏的能力。

思政目标：
1. 培养学生注重自我控制和调整；
2. 培养学生具有较强的自我管理能力；
3. 培养学生具有较强的规则意识。

控制是根据计划的要求设立衡量标准，然后把实际工作结果与预定的标准进行比较，以确定组织活动中出现的偏差及其严重程度，并在此基础上有针对性地采取一定的纠偏措施。控制作为管理职能的一个重要组成部分，是一个组织计划、组织、领导职能实现的保障，而计划、组织、领导又是控制的基础。没有有效的控制，计划、组织、领导就不能实现；而没有计划、组织、领导，也不可能实现有效控制。

本项目包括控制与控制系统、控制的过程、控制的方法三个任务，这些任务的实施有助于培养学习者运用现代控制方法实现有效控制能力和纠偏能力，也能较好地培养学生注重自我控制和调整、培养学生具有较强的自我管理能力以及培养学生具有较强的规则意识。

任务一　控制与控制系统

 管理情境

亡羊补牢

从前有一个牧民，养了50只羊，白天放牧，晚上赶进一个用柴草和木桩等物围起来的羊圈内。一天早晨，这个牧民去放羊，发现羊少了一只。原来羊圈破了个窟窿，夜间有狼从窟窿里钻了进来，把一只羊叼走了。

邻居劝告他说："赶快把羊圈修一修，堵上那个窟窿吧。"

他说："羊已经丢了，还去修羊圈干什么呢？"没有接受邻居的好心劝告。

第二天早上，他去放羊，发现又少了一只羊。原来狼又从窟窿里钻进羊圈，又叼走了一只羊。

这位牧民很后悔没有认真接受邻居的劝告，去及时采取补救措施。于是，他赶紧堵上那个窟窿，又从整体进行加固，把羊圈修得牢牢实实的。

从此，这个牧民的羊就再也没有被野狼叼走过了。

请思考：牧民的故事告诉我们什么？

 任务分析

牧民就是我们的管理者，羊群就是我们的被管理者。管理必须有检查、监督、纠偏，这三项加起来就是我们管理上的控制。那么到底什么是控制呢？今天我们就来学习——控制与控制系统。

 管理知识

一、控制的基本概念

（一）控制的含义

控制作为一个专门的术语，其概念来自于"控制论"，是由美国数学家、生物学家、工程师诺伯特·维纳在1948年创立的一门科学理论。

所谓控制就是指组织在动态变化的环境中，为确保实现既定目标，由管理者对被管理者的行为活动进行检查、监督、纠偏等的管理活动过程。

控制的概念主要包括以下三点内容：①控制有很强的目的性，即控制是为了保证组织中的各项活动按计划进行。②控制是通过"监督"和"纠偏"来实现的。③控制是一个过程。

(二) 控制职能与计划职能的关系

计划和控制是一个问题的两个方面。先制订计划,然后计划又用于评定行动及其效果是否符合需要的标准。计划越明确、全面和完整,控制的效果也就越好。

这个基本观点在实际工作中有以下几种意义:

①一切有效的控制方法首先就是计划方法,例如预算、政策、程序和规则,这些控制方法同时也是计划方法或计划本身。

②如果不首先考虑计划以及计划的完善程度,就试图去设计控制系统的话,是不会有效果的。换句话说,之所以需要控制,就是因为要实现目标和计划。控制到什么程度、怎么控制都取决于计划的要求。

③控制职能绝不是仅限于衡量计划执行中出现的偏差,控制的目的在于通过采取纠正措施,把那些不符合要求的管理活动引回到正常的轨道上来,使管理系统稳步地实现预定目标。纠正的措施可能很简单,例如批评某位负有责任的主管人员。但是更多的情况下,纠正措施可能涉及需要重新拟定目标、修订计划、改变组织机构、调整人员配备并对指导或领导方式作出重大的改变等。这实际上是开始一个新的管理过程。从这个意义上说,控制工作不仅是实现计划的保证,而且可以积极地影响计划工作。

二、控制的内容

组织的控制范围很广泛,主要可以分成三大块,即对组织目标计划的控制、对资源投入的控制和对组织运行活动的控制。

(一) 对组织目标计划的控制

包括两个方面的内容:一是为了保证组织目标的实现,必须把总目标制订成各个层次的计划,只有当各层次的计划都完成了,组织的目标才能得以实现。组织目标计划控制就是要对各层次计划的执行过程进行监督,当出现偏差时及时采取措施进行纠正。二是当环境发生了变化时,要对计划进行相应的调整,以保证组织目标的实现。

(二) 对资源投入的控制

主要包括:人员控制、信息控制、资金使用控制、设备和技术装备控制、物资消耗控制、库存控制等。

1. 人员控制

组织的目标是要由人来实现的,员工应该按照管理者制订的计划去执行,为了做到这一点,就必须对员工进行控制。对人员控制最常用的方法是直接巡视,发现问题马上进行纠正;另一种有效的方法是对员工进行系统化的评估,通过评估,对绩效好的予以奖励,使其维持或加强良好的表现,对绩效差的管理者就采取相应的措施,纠正出现的行为偏差。

2. 信息控制

随着人类步入信息社会,信息在组织运行中的地位越来越高,不明确、不完整、不及时的信息会大大降低组织的效率。因此,在现代组织中对信息的控制显得尤为重要。

对信息的控制就是要建立一个管理信息系统，使它能及时地为管理者提供充分、可靠的信息。

3. 资金使用控制

为了保证效率，维持组织正常运转，必须要进行资金使用控制。这主要包括审核各期的财务报表，以保证一定的现金存量，保证债务的负担不至于过重，保证各项资产都得到有效的利用。预算是最常用的资金控制衡量标准，是一种有效的控制工具。

4. 设备和技术装备控制

主要是为了保证在一定成本条件下使生产技术条件达到最佳、生产效率达到最高。主要工作内容：选择与组织规模及其发展规划相适应的设备和技术、提高现有设备和技术装备的利用率、对设备和各种技术装备进行定期的维护、保养和修理，以保证生产的顺利进行等。

5. 物资消耗控制

即尽量在保证正常生产经营的情况下，减少物资消耗，从而达到降低成本提高产出率的目的。例如，可通过提高产品合格率而降低物资消耗，还可以通过对产品的数量控制来降低物资的占用量。

6. 库存控制

库存控制的目的就是在保证生产正常运行、产品及时供货的情况下，使采购费用和仓库保管费用之和最低。

（三）对组织运行活动的控制

主要包括：组织绩效控制、生产作业控制以及公关行为控制。

1. 组织绩效控制

组织绩效是组织上层管理者的控制对象，组织目标的达成与否都从这里反映出来。无论是组织内部的人员，还是组织外部的人员，如潜在的投资者、贷款银行、供应商以及政府部门都十分关注组织的绩效。一个组织的整体效果很难用一个指标来衡量，生产率、产量、市场占有率、员工福利、组织的成本等都可能成为衡量指标，关键是看组织的目标取向，即要根据组织完成目标任务的实际情况并按照目标所设置的标准来衡量组织绩效。

2. 生产作业控制

所谓作业，就是指从劳动力、原材料等资源到最终产品和服务的转换过程。组织中的作业质量很大程度上决定了组织提供的产品或服务的质量，而作业控制就是通过对作业过程的控制，来评价并提高作业的效率和效果，从而提高组织提供的产品或服务的质量。

3. 公关行为控制

组织还通过公关手段搞好与有业务关系的其他组织的关系；与有影响力的竞争对手或技术领先者建立各种合作关系；通过各种方式促进主管单位、政府部门给予包括政策方面的各种支持。

三、控制的作用

在管理工作中，人们借助计划工作确立目标，借助组织工作来调整组建分工协作网络，借助领导与激励来指挥和激发员工的士气和工作积极性。但是，这些活动并非一定能够保证实际工作按计划进行和组织目标的真正实现。可见，控制尤为重要，可以说控制是管理职能链上的最终环节。

（一）控制可以使组织适应环境的变化

在组织管理中，管理者在制定目标之后到目标实现之前，总有一段时间。在这段时间内，组织内部和周围环境往往会发生变化：政府可能会制定新的法规或对原有政策进行修正，竞争对手可能会推出新产品和新的服务项目，新材料和新技术可能会出现，组织内部的人员可能会产生很大的变动等。这些不仅会阻止目标的顺利实现，甚至可能要求对目标本身进行修改。因此，要构建有效的控制系统帮助管理者预测和确定这些变化，并对由此带来的机会和威胁做出反应。这种环境探测越有效、越正确、持续的时间越长，组织对外部环境的适应能力就越强，计划实现的可能性就越大，组织在激烈变化的环境中生存和发展的可能性也就越大。

（二）控制可以保障计划的顺利实施

由计划与控制关系我们已经知道，控制是计划顺利实施的保障，没有控制，就像汽车没有驾驶员一样，会偏离既定的轨道。控制通过"纠偏"，使计划执行中偏差得以及时防止或减少，从而确保计划的顺利实施；同时通过积极调整原定标准或重新制定新的标准，以确保计划运行的适应性。

（三）控制可以促进管理创新

创新能促进企业在竞争中拥有更大的优势。控制的前提就是反馈，在具有良好反馈机制的控制系统中，通过反馈，管理者不仅可以及时掌握计划的执行情况，纠正所产生的偏差，还可以从反馈中受到启发，激发管理方法、手段的创新，从而促进组织管理各个环节的创新。

（四）控制可以提高管理效率

通过"纠偏"，有助于提高组织员工的工作责任心和工作能力，可以防止类似偏差再次发生，以降低其他成本；此外，通过反馈，有助于管理者增加经验，有助于提高管理者的决策能力水平，达到提高管理效率的良好效果。1979年12月，学者洛伦兹在华盛顿召开的美国科学促进会的一次讲演中提出来这样一个观点：一只蝴蝶在巴西扇动翅膀，有可能会在美国的得克萨斯州引起一场龙卷风。他的演讲和结论给人们留下了极其深刻的印象，从此以后，所谓"蝴蝶效应"的说法不胫而走。从科学的角度看，"蝴蝶效应"反映了混沌运动的重要特征——系统的长期行为对初始条件的敏感依赖性。在混沌系统中，初始条件的十分微小的变化经过不断放大，对未来的状态会造成极其巨大的影响。

管理案例

> 美国的Whistler公司是一家制造雷达探测器的大型厂商，曾经由于需求日益旺盛而放松了质量控制。次品率由4%上升到9%，再到15%，直至25%。终于，有一天该公司的管理者才意识到公司全部250名雇员中有100人被完全投入到了次品修理工作中，待修理的库存产品达到了200万美元。

工作中的偏差即工作失误一般是不可能完全避免的，但是可以减轻偏差的幅度，关键是要能够及时地获取偏差信息，及时采取有效的纠正措施。20 世纪 90 年代出版的畅销著作《第五项修炼》始终强调管理中的两个关键点——寻找杠杆和减少时滞，这都要求有效的控制系统予以保证，从而可以较大幅度提高管理效率和效益。

（五）控制可以降低成本

从事经营管理工作的人，最熟悉的一个公式应该是：利润 = 收入 − 成本。成本领先是企业获得竞争优势的一个主要手段，它要求达到有效规模生产设施，强化成本控制，减少浪费。为了实现这些目标，有必要在管理方面对成本控制予以高度重视，通过有效的成本控制，降低成本，增加产出。

（六）控制有利于处理组织内部的复杂局面

企业的内部组织是复杂的，有设计、生产、销售、财务、人事等，如果一个企业只购买一种原材料，生产一种产品，组织设计简单，并且市场对其产品需求稳定，那么它的管理者只需一个非常基本和简单的系统就能保持对企业生产经营活动的控制。但这样的企业在现实中几乎没有，大多数企业要选用很多的原材料，制造多种产品，市场区域广阔，组织设计复杂并且竞争对手林立。他们需要复杂的系统来保证有效的控制。

面对组织内部的复杂局面，领导者授权很有必要，但是现实中许多管理者怕授权，原因是怕下属将他们负责的事情做错。然而，管理者一旦建立起有效的控制系统，由它给管理者提供有关下属工作绩效的信息，那么管理者对授权的担心就会减轻，从而使组织内的复杂局面变得井然有序。

四、控制的特点

管理工作中的控制，其控制的目的、过程以及原理与生物、经济方面的控制并无区别。例如，一国经济的控制，当一个国家经济持续高速发展，并引发物价上涨、货币贬值时，该国管理当局就会采取如提高法定准备金率、再贴现率、税率等措施加以控制，使经济运行回到正常的轨道上来。但是，管理中控制与经济的控制相比，又有其自身的特点。

（一）控制具有整体性

控制的整体性包含三层含义：一是控制的对象是组织的各个环节，确保组织各部门和单位彼此在工作上的均衡与协调是管理工作的一项重要任务，为此需了解、掌握各部门和单位的工作情况并予以控制；二是管理控制是组织全体成员共同的职责，完成计划是组织全体成员共同的责任；三是控制必须是一个系统，不能分割，否则就达不到预期的控制效果或增加控制成本。

（二）控制具有动态性

管理工作中的控制不同于电冰箱的温度调控，后者的控制过程是高度程序化的，具有静态的特征。而组织不是静态的，其内部环境和外部环境都在不断地发生变化，因而控制标准和方法也就不同，管理控制也就具有动态的特征，这样不仅可以提高控制的适应性，也可以提高控制的有效性。

（三）控制的主体是人

管理控制是保证工作计划顺利实施并最终完成的条件。在这个过程中，人一直都是活动的主体,因此,管理控制首先是对人的控制;其次,管理控制者也是人,由人来执行控制。所以,人是控制的主体,控制要充分认识人的个性特点。

(四) 控制是提高员工工作能力的重要手段

控制不仅仅是监督,更重要的是指导和帮助。管理者可以制订偏差矫正计划,但这种计划要靠员工去实施,只有员工认识到纠正偏差必要性并具备纠偏能力时,偏差才会真正被纠正。通过控制工作,管理者可帮助员工分析偏差产生原因,端正员工的工作态度,指导他们采取纠正措施。这样,既能达到控制目的,又能提高员工的工作质量和自我控制能力。

五、控制的类型

由于控制点的位置不同,控制源不同,控制的手段不同,就形成了不同的控制类型。下面介绍三种分类。

(一) 按控制点的位置不同划分

控制活动可以按控制点处于事物发展进程的哪一阶段,而划分为事前控制、事中控制和事后控制三种类型。

1. 事前控制

事前控制是指控制点处于事物发展的初始端,这个点既是整个活动过程的开始点,又是整个活动时间的开始点,而使控制具有特殊意义。它可以防止组织使用不合要求的资源,保证组织投入资源在数量上和质量上达到预定的标准,在整个活动开始之前剔除那些在事物发展进程中难以挽回的先天缺陷。

2. 事中控制

事中控制是指控制点处于事物发展进程的过程中,是对正在进行的活动给予指导与监督,以保证活动按规定的政策、程序和方法进行。

管理案例

某天上午,一辆面包车缓缓在武汉三镇行驶。车内坐的是分管城建的副市长,各城区区长及市各有关部门的"一把手"。副市长说,今天请各位局长现场管管长期不知由谁来管的市容"小问题"。他掏出几张上面密密麻麻记满了各种问题的纸条,环视了一下大家后说:"我侦察了很长一段时间,今天就点兵点将了。"

在江汉一桥,副市长径直来到琴台公交站,他指着站旁的一个破旧不堪的土围子说,这个墩子竖在这儿已经5年了,我们的工作到位了吗?一旁的市容办主任当即表态:3天内我搞掉它。

看着港湾车站凹凸不平的道路,副市长眉头紧蹙,他问市政局长,全市像港湾车站这样的道路有多少?市政局长回答,有很多。副市长又问,"十一"前能否全部解决?市政局长立即立下军令状,保证完成。

公交车站的站牌上长了"牛皮癣",副市长点将市公用局局长,公用局局长说,马上从公汽公司抽1000人对全市所有站名牌全面清洗。

面包车缓缓驶过长江大桥汉阳桥头，突然，副市长高喊："停——停"，指着被车撞缺的桥栏杆问："这谁来管？"市政局长接榜："我来，我来！"随后，他拉着汉阳区区长的手来到桥边一堆渣滓前说，这堆渣滓在这里已待了好几年，现在成了假山……话音未落，汉阳区区长接过话来：交给我，马上铲除。

徐东路上，一排门面的招牌参差不齐。一家店铺，歪歪斜斜"补胎"二字，大煞风景，招牌上堆满了废弃的轮胎。副市长说，一个月内，所有脏乱差的遮阳棚、残破的广告牌统统去掉。

3. 事后控制

事后控制是指控制点处于事物发展的结尾，这是历史最久的控制类型。事后控制的控制点位于活动过程的终点，把好最后一关以保证使错误的态势不再扩大。而这种控制缺点在于整个活动已经结束，活动中出现的偏差已在系统内造成无法补偿的损害。

 管理案例

马力公司的成功秘密

马力公司是一家公开上市的汽车马达制造企业，目前拥有6000名员工，年销售额达10亿元。多年来，其他公司都力求发现马力公司的秘密——为什么管理者能发掘出员工的最大生产率和生产质量。马力公司采用多种多样的控制模式。任务被严格地界定，员工必须达到绩效标准。生产工人实行计件工资制度外加业绩奖金，还有依照公司财富发放的年终奖金，同时，他们也有员工持股计划。奖金与一系列因素相关，诸如生产率、质量、可靠性以及同其他员工的合作等。因此，员工年收入超过10万元，还有其他一些非实物的奖励，赏识、参与、贡献感、团队精神都是在公司盛行的内在激励方式。公司重视预测和解决客户问题，对销售代表进行技术培训以便使他们可以理解客户需求，帮助客户了解和使用公司产品和解决问题。对客户的重视还体现在对所有员工的生产率、质量和革新采用严格的标准和正式的衡量办法。此外还采用一个被称为"Route"的软件来规划生产过程中的物流。马力系统的成功在很大程度上还要归功于其组织文化，通过有效的组织文化的建设提高员工的工作积极性和自我控制能力。其组织文化建立在诚信、公开、自我管理、忠诚、可依赖和协作精神等价值基础之上。虽然公司中管理者和工人之间界限分明，但是管理者尊重生产工人的技能，重视他们对业务的贡献。公司倡导所有员工公平的、面对面的交流。工人们被鼓励挑战管理者的权威，只要他们认为事实和报酬率不公平。大多数工人都是从专业学校直接雇佣的，经过岗位培训和交叉培训以完成不同的工作。其中一些最终会晋升到管理岗位，因为公司更注重内部提升制，因此，大多数员工会在公司工作一辈子。由于公司文化价值、公开的沟通、规范的控制和奖励系统相互作用，将管理者、员工和组织的目标有机地结合在一起，所以员工在工作中的自我控制程度很高。

思考：

（1）本案例描述的是什么类型的控制？事前、事中还是事后？请加以解释。

（2）基于材料，你认为公司成功的原因是什么？

（二）按照控制源划分

按照控制源把控制分成正式组织控制、群体控制和自我控制三种类型。

1. 正式组织控制

正式组织控制是用管理人员设计和建立起来的一些结构或规定进行控制。像规划、预算和审计部门等都是正式组织控制的例子。组织可以通过规划指导组织成员的活动；通过预算来控制消费；通过审计来检查各部门或每个人是否按照规定进行活动，并提出更正措施。在大多数组织中，普遍实行的正式组织控制的内容有以下几个方面。

（1）实施标准化。依靠管理人员的设计和监督，制定出标准的工作程序或作业计划等。

（2）保护组织的财产不受侵犯。如防止偷盗、浪费或错误地使用组织的资源，包括设备使用记录、审计作业程序及责任的分派等。

（3）质量标准化。主要是采取措施对职工进行培训、工作检查、统计质量控制及激励系统等。

（4）防止滥用权力。这可以通过明确的权力和责任制度、工作说明、指导性政策、规划以及财务方面的要求来完成。

（5）对职工的工作进行指导和测量。这可以通过评价系统、产品报告、直接观察和指导等方式来完成。

正式组织控制可以确保组织获利和继续生存与发展。

2. 群体控制

群体控制是由非正式组织基于群众的价值观念和行为准则来加以维持的。非正式组织的行为规范，虽然没有明文规定，但非正式组织的成员都十分清楚它的内容，都知道自己遵循这些规范，就会得到奖励，获得其他成员的认可，可以强化自己在非组织中的地位。如果违反这些规范就可能遭到处罚，这种处罚可能是遭到排挤、讽刺，甚至是被驱逐出该组织。

3. 自我控制

自我控制是指个人有意识地去按某一行为规范进行活动。自我控制的能力取决于个人本身的素质。具有良好素质的人一般自我控制力较强，顾全大局的人比仅看重自己局部利益的人有较强的控制力，具有高层次需求的人比具有低层次需求的人有较强控制力。

管理案例

> 东汉时期，有个清官叫杨震。他在荆州做官的时候发现了才华横溢的王密，就推举他做了昌邑县令，当杨震出任太守途经昌邑时，王密为答谢杨震以前对自己的举荐之恩，趁夜深人静怀揣10锭黄金到驿馆拜见杨震。杨震对王密此举很是生气，毅然拒绝。王密四下瞅了瞅说："夜深人静，是不会有人知道的。"杨震义正词严地说："天知，地知，你知，我知，你怎么说没有人知呢？"说完他生气地将黄金掷于地上。好一句：天知，地知，你知，我知。虽然你不说我不说就没人知道了，但心知道了就整个世界知道了啊！

(三) 按控制的手段划分

按控制的手段把控制划分为直接控制和预防性控制两种类型。

1. 直接控制

直接控制是指人们没有觉察到哪些将要出现问题，因而未能及时采取适当的纠正或预防措施，往往是根据计划和标准，对比和考核实际结果，追查出现偏差的原因和责任，然后才去进行纠正的控制过程。

2. 预防性控制

预防性控制是相对于直接控制而言的。它是通过主管人员的素质进行控制工作的。预防性控制是指以合格的主管人员差错最少为指导思想，所谓"合格"，就是指他们能熟练地运用管理概念、原理和技术，能以系统的观点来进行工作，这样的合格主管人员能觉察到正在形成的问题，能及时地采取纠正措施、实施控制。

在现实的企业经营活动中，常常不是单一地采用一种控制方式，而是多种控制方式同时进行，构成一个复合控制系统。掌握管理控制的不同分类方式有利于我们更好地了解各类控制的特征，做好控制工作。

 管理思考

> 如果没有控制，你的学习和生活将会是怎么样的？

 任务二　控制的过程

 管理情境

脱贫有标准 "摘帽" 需评估

10月13日，国务院新闻办公室召开2016年扶贫日新闻发布会。国务院扶贫办新闻发言人、政策法规司司长苏国霞在发布会上表示，今年全国脱贫攻坚战全面展开，中央和省级财政专项扶贫资金投入首次超过1000亿元，全国派出驻村干部54万多人，建档立卡"回头看"补录807万贫困人口，各项重点任务进展顺利，形成了全党全社会合力促脱贫攻坚的良好局面。

今年扶贫工作一大亮点是中央和省级财政专项扶贫资金投入创历史新高。其中，中央财政专项扶贫资金增加到667亿元，比去年增长43.4%；省级财政专项扶贫资金预算超过400亿元，比上年增长50%以上。

苏国霞说，今年扶贫工作的另一大亮点是全面实施精准扶贫精准脱贫战略，形成了脱贫攻坚工作机制。为做到扶持对象精准，国务院扶贫办开展建档立卡"回头看"工作，全国动员近200万人参与，共剔除识别不准的贫困人口929万人，补录807万人，建档立卡指标体系逐步完善，数据精准度不断提高。此外，东西部扶贫协作进一步强化。东部共有9省市和9个大城市对口帮扶西部10个省区市，以及对口支援西藏、新疆和四省藏区。

针对一些贫困地区追求政绩，为尽快甩掉贫困帽而弄虚作假的现象，苏国霞表示，一些地方出现了脱贫急躁症的现象，但脱贫有标准，不能想脱就脱。为了杜绝这种现象，至少要从4个方面采取措施：一是教育干部树立正确的政绩观。二是定好规矩。要严格执行相关规定，中部地区贫困县的贫困发生率要降到2%以下，西部地区贫困县的贫困发生率要降到3%以下，才能宣布摘帽。贫困人口除了收入要达到国家标准以外，还必须解决义务教育、基本医疗和住房安全问题。三是加强监督。把贫困退出作为重要内容，组织开展督查巡查，督促各地实现有序有质量的脱贫。四是加强考核评估。省级政府脱贫攻坚的考核办法已经制定出来，弄虚作假要被问责。对提出要摘掉贫困帽的县、村、户，都要邀请第三方进行独立评估。

任务分析

控制标准是控制的行为指南和考核依据。缺乏控制标准，往往导致执行者的努力方向与发展目标不统一，造成大量的人、财、物等资源的浪费。管理者要及时根据控制标准衡量计划执行情况，并及时纠正偏差。

管理知识

一、控制的要素

任何一项控制工作，都必须由以下三个基本构成要素：控制标准、偏差信息和纠正措施。

控制标准是控制工作得以开展的前提，是检查和衡量实际工作的依据和尺度。科学的控制标准，涉及以下两点：一是根据管理组织所要到达的目标，选择一些有关键意义的项目，确定为控制点。这个目标，可以是管理组织的总目标，也可以是各个部门以至各个个人的分目标。二是控制标准单位的确定。一个较好的控制标准体系，在内容上一般包括数量标准（实物数量和货币数量）、质量标准（实物质量和工作质量）、综合标准和时间标准等。确定控制标准单位，就使标准便于计量，提高控制的精确度和可行性。

（一）控制标准

控制标准在整体上应当符合以下要求：

1. 明确

应当达到的标准，可允许的偏差，都应该有明确不会产生歧义的说明。标准措辞简练，人们容易理解。

2. 适应

标准可操作，可投入实际使用。

3. 科学

标准是平均先进的，使成员按照这样的标准工作既有压力又有信心。

4. 稳定

标准可有适当的调整，但不能频繁改动，要保持相对稳定。

（二）偏差信息

偏差信息是指实际情况和工作结果与控制标准之间产生偏离的信息。它一般涉及以下两个方面：一是实际工作的测定。按照标准衡量实际成效，最理想的是在偏差出现之前就有所察觉，并采取措施加以避免。富有经验的管理者一般是这样做的。但是，对复杂的管理控制系统，光凭管理者的经验是远远不够的，必须凭借切实可行的控制标准和测定手段，才能客观实际地或预期地执行情况。一般而言，工作情况的测定方式主要有三点：①管理者定期分析固定信息反馈形式，如统计表、业务报表；②管理者听取执行者的口头或书面汇报；③管理者抓住控制的关键环节，实地重点检查。二是通过差异分析获取偏差信息。差异分析是以受控对象所表示的状态或输出的管理特征值，与原定控制标准进行对比分析。

在正常情况下，实际业绩与控制标准之间存在若干偏差信息在所难免，但是当前的偏差信息有严重的倾向时，就要及时分析研究，找出原因和问题症结。受控系统的偏差信息主要有两种：①顺偏差信息，即输出的管理特征值（或状态）优于控制标准，表明受控系统取得良好绩效。应及时总结经验，肯定控制工作实绩。但是顺偏差信息太多也应引起注意，应对原控制目标和标准进行检查，看其是否合理，是否需要重新修订或提高。②逆偏差信息，即输出的管理特征值（或状态）劣于控制标准，表明受控系统的成效不好，必须迅速、准确地查明原因。

在管理过程中，对待偏差信息的基本要求：①冷静客观，全面公正，注意偏差信息的标准性；②抓住重点和关键，做到事半功倍；③主观和客观并举，使原因和责任明确；④实事求是，不匆忙下结论。

有了这样的偏差信息，才能提出和采取有效得力、针对性强的纠偏措施。

（三）纠正措施

没有纠正措施，控制过程只能成为监察过程而起不到控制作用。采取纠正措施，是根据受控系统产生各种偏差信息的原因而确定的，并认真组织实施，而达到有效控制的目的。

二、控制的过程

控制过程分为三个步骤：拟定标准；衡量成效；纠正偏差。

控制过程——哈勃望远镜

（一）拟定标准

拟定标准是控制过程的起点。由于计划是进行控制的依据，所以从逻辑上讲，控制过程的第一步是制订计划。但是计划内容详尽、环节复杂，各级管理人员在实际管理活动中，往往不便于掌握其中的每个细节，因而有必要建立起一整套的控制标准。

1. 控制标准与控制标准体系

控制标准就是计量实际或预期工作成果的尺度。这些是衡量工作的规范，是在一个完整计划中选出的计量工作成果的关键点。

控制标准体系是指多层次、多形式地围绕着管理组织及其内部各环节所要完成的目标体系，而制定的控制标准的总和。控制标准的确定，也就是选择关键控制点。选择关键控制点的能力乃是一项管理艺术，有效的控制就取决于这种能力。在实际管理工作中，要根据管理系统所要达到的目标来确定关键点。这个目标可以是系统的总目标，也可以是各个子系统以至各个个人的分目标。由于人们在实现目标中所达成的最终成果是衡量计划完成情况的最好尺度，因而建立起一个可以考核的、完整的目标体系，也就获得了最好的控制体系。

2. 控制标准体系的内容

一个较好的控制标准体系，在内容上一般包括数量标准、质量标准、综合标准和时间标准等。并要求有较大的稳定性和较强的适应性，在文字表述上要明确具体，便于考核。

（1）实物标准。这是一类非货币标准，一般适用于原材料、人员、提供劳务和产品的基本单位。

（2）财务标准。它是一类货币标准，它同实物标准一样普遍适用于基层单位。它的内容具体包括：费用标准、资金标准和收入标准。

（3）无形标准。这是一类既不能用实物也不能用货币来计量的标准。这类问题很难确定为定量或定性的标准。

（4）目标标准。即在各级管理机构中，建立一个可考核的完整目标网络，这样就可以使无形标准的作用逐渐减少。可考核的目标分为定量目标和定性目标两种，定量目标多半是可以准确考核的，而定性目标则难以准确考核。不过，定性目标可以用详细说明计划或其他具体目标的特征和完成日期的方法来提高可考核的程度。

（二）衡量成效

衡量成效是控制过程的第二个步骤，常常把这个步骤称为控制过程的反馈。

1. 明确衡量的手段和方法，设置监测机构，落实进行衡量和检查人员

为准确地测定执行情况，必须凭借切实可行的测定手段，还要考虑测定的精度和频率。测定精度是指对执行情况的衡量结果能在多大程度上反映出被控制对象的变化。精度越高越能反映被控制对象的状态，但衡量工作就越复杂。因此，总的原则是衡量的精度要适度。测定频率是指对被控制对象多长时间进行一次测量和评定。频率越高越能掌握状态变化，但同时会增加机构的工作量，或有时根本做不到。因此，总的原则是测定频率要适当。

2. 通过衡量工作，获得大量信息

一方面，反映出计划的执行进程，使主管人员了解实际成效，以便对它们进行协调；另一方面，可使主管人员发现那些已经发生或预期将要发生的偏差。把实际与标准进行比较，对工作作出评价。

（三）纠正偏差

纠正偏差是控制过程的最后一步，纠正偏差包括两个方面：

1. 发现偏差

找出产生偏差的原因是采取控制措施的基础，这一步是在衡量工作的基础上，针对被控制对象的状态相对于标准的偏离程度，及时找出产生偏差的原因。产生偏差的原因是多方面的，有的是执行部门或当事人的责任；有的是外部条件的突然变化造成的；有的甚至是计划预测阶段预测不准或决策失误所致等。

2. 采取纠正措施

找出偏差的原因，还要采取措施予以纠正。而纠正偏差，往往要结合其他管理职能，可以把控制看成是整个管理系统的一个组成部分。这是因为管理系统只有不断发现并纠正执行中的偏差，才能实现目标。

上述控制过程的三个基本步骤构成了完整的控制体系，三个步骤完成一个控制周期。通过一次次的循环，使偏差不断缩小，保证管理活动向目标方向健康发展。

三、控制工作的要求

控制是管理的基本职能，为了使控制有成效，必须满足以下要求。

（一）控制的目的性

控制必须有明确的目的性。控制作为管理职能，它为组织目标服务。由于不同的组织具有不同的层次，不同的工作性质，不同的对象，所以控制的目的也是不同的。无论什么性质的工作都能列举出许多目标，但总有一个或几个目标是最关键的。达到这些关建目标，其他目标就可能随之达到，即使有些次要目标不能达到也无碍大局。

（二）控制的及时性

控制的及时性是指及时发现偏差，并能及时采取措施加以纠正。由于信息滞后，往往会造成不可弥补的损失。时滞现象是反馈控制的一个难以克服的困难，较好的解决办法是采用前馈控制，使管理者尽早发现乃至预测到偏差的产生，采取预防性措施。为此，控制的及时性就要依靠现代化的信息管理系统，随时传递信息，随时掌握工作进度，才能尽早发现偏差，以便及时采取措施进行控制。

（三）控制的经济性

控制的经济性是指控制活动所需费用同控制所产生的结果进行比较，当通过控制获得的价值大于所需费用的时候，才实施控制。控制的费用是否经济是相对的，因为控制的效益随业务活动的重要性、业务规模的大小的不同而有所不同。当费用成为控制系统限制因素，会促使主管人员在他们认为重要的业务领域中，选择一些关键因素来加以控制。

（四）控制的客观性

控制的客观性是指管理者对绩效评价工作应客观公正，防止主观片面。实现客观控制，首先要尽量采用客观的计量方法，即尽量把绩效用定量的方法记录并评价，把定性的内容具体化；其次是管理者要从组织目标的角度来观察问题，应避免形而上学的观点，避免个人偏见和成见。

（五）控制的灵活性

控制的灵活性是指控制必须保证在发生了未能预测的事件时，包括环境突变、计划的疏忽、计划变更等，控制工作仍然有效、不受影响。在某些特殊情况下，一个复杂的管理计划可能失常。控制系统应当有足够的灵活性，以便在失常情况下保持对运行过程的管理控制。这就要求在制订计划时，要考虑各种可能情况来拟订备选方案。一般来说，灵活的计划最有利于灵活的控制。应注意，这仅仅是应用于计划失常的情况，不适用于在正确计划指导下人们工作不当的情况。

（六）控制的适应性

控制的适应性是指所有的控制系统都应反映所制订的有待实施的计划；控制应该同组织结构、职位分工相适应。所有控制系统都应反映所制订的有待实施的计划。每项计划和每个方面的业务活动都有独特之处，主管人员必须针对不同的计划采取不同的控制措施。

（七）控制的关键点与例外情况

控制的关键点是指主管人员把有限的精力，投入到对计划的执

控制——袋鼠与笼子

行和完成具有举足轻重的关键问题上,尽可能选择计划的关键点作为控制标准,使控制工作更有效。

例外情况是指在一个职责分明的组织机构中,每个问题应由相应的职能部门或主管人员去处理,最高主管处理各部门权限以外的问题。在实际工作中只有坚持例外原则,控制才能有效率。应注意到,在偏离标准的各种情况中,某些方面的微小偏离比其他方面的较大偏离情况影响更大。

管理思考

> 请举例说明控制过程的三个步骤。

 ## 任务三　控制的方法

管理情境

戴尔公司与电脑显示屏供应商

戴尔公司创建于1984年,是美国一家以直销方式经销个人电脑的电子计算机制造商,经营规模已迅速发展到当前120多亿美元销售额的水平。戴尔公司是以网络型组织形式来运作的企业,它联结有许多为其供应计算机硬件和软件的厂商。其中有一家供应厂商,电脑显示屏做得非常好。戴尔公司先是花很大的力气和投资使这家供应商做到每百万件产品中只能有1000件瑕疵品,并通过绩效评估确信这家供应商达到要求的水准后,戴尔公司就完全放心地让他们的产品直接打上"Dell"商标,并取消了对这种供应品的验收、库存。类似的做法也发生在戴尔其他外购零部件的供应中。

通常情况下,供应商将供应的零部件运送到买方那里,经过开箱、触摸、重新包装,经验收合格后,产品组装商便将其存放在仓库中备用。为确保供货不出现脱节,公司往往要储备未来一段时间内可能需要的各种零部件。这是一般的商业惯例。因此,当戴尔公司对这家电脑显示屏供应商说道:"这种显示屏我们今后会购买400万到500万左右,贵公司为什么不干脆让我们的人随时需要、随时提货"的时候,商界人士无不感到惊讶,甚至以为戴尔公司疯了。戴尔公司的经理们则这样认为,开箱验货和库存零部件只是传统的做法,并不是现代企业运营所必要的步骤,遂将这些"多余的"环节给取消了。

戴尔公司的做法就是,当物流部门从电子数据库得知公司某日将从自己的组装厂提出某型号电脑多少部时,便在早上向这家供应商发出配额多少数量显示屏的指令信息,这样等当天傍晚时分,一组组电脑便打包完毕分送到客户手中。如此,不但可以节省检验和库存成本,也加快了发货速度,提高了服务质量。

请思考:

(1) 戴尔公司对电脑显示屏供应厂商是否完全放弃和取消了控制?

(2) 如果是,戴尔公司的经营业绩来源于哪里?如果不是,那它所采取的控制方法与传统的方法有何切实的不同?

任务分析

要对整个组织的活动进行全面的控制，并达到预期的控制好效果，必须借助各种有效的控制方法。

管理知识

一、预算

预算也是计划的一种形式，是用数字反映组织在未来某一时期的综合计划，并通过形式把计划数字化，并把这些计划分解落实到组织的各个层次和各个部门中去，达到实施管理控制的目的。所以，预算在组织中的作用主要表现在明确工作目标、协调部门关系、控制日常活动和考核业绩标准四个方面。

（一）预算的种类

1. 按综合程度不同可将预算分为一般预算和全面预算

（1）一般预算。一般预算是以货币及其他数量形式所反映的有关组织未来一段时间内局部经营活动各项目标的行动计划与相应措施的数量说明。

（2）全面预算。全面预算是以货币及其他数量形式所反映的有关组织未来一段时间内全部经营活动各项目标的行动计划与相应措施的数量说明。在现代管理实践中，全面预算处于承上启下的地位，即以经营决策的结果为依据，是决策的继续，同时又是控制的先导与考核业绩的前提条件。

2. 按预算的内容可分为收支预算、产品预算、基本建设费用预算、现金预算及资产负债预算

（1）收支预算。这是以货币来表示组织经营管理的收支计划。其中最基本的是销售预算，它是表示销售预测的详细正式说明，也是预算控制的基础。

（2）产品预算。这是一种以实物单位来表示的预算，常用的实物预算单位有直接工时数、台时数、原材料的数量、占用的面积、空间和生产量。

（3）基本建设费用预算。它主要用于投资厂房、机器设备等方面的费用支出。

（4）现金预算。这实际上是一种现金的收支预测，可用来衡量实际的现金使用情况。

（5）资产负债预算。它可用来预测将来某一特定时期的资产、负债和资本等账户的情况。

（二）预算编制方法

1. 固定预算与弹性预算

只依赖一种业务量编制预算的方法称为固定预算。弹性预算是为了克服固定预算的缺点而设计的，它是在成本性态分析的基础上，按一系列可能达到的预计业务量水平（如按一定百分比间隔）编制能适应多种情况的预算方法。由于它能规定不同业务量条件下的预算收支，适用面宽，机动性强，具有弹性，故称为弹性预算，也有人将其称为变动预算或滑动预算。

2. 增量预算与零基预算

增量预算一般是以现有成本费用水平为出发点，结合预算期的业务量水平及有关降低成本的措施，调整有关费用项目而编制预算的方法。这种预算往往不加分析地保留或接受原有成本项目，或按主观臆断平均削减，或只增不减，容易造成浪费，并使不必要的开支合理化。零基预算是区别于传统的增量预算而设计的一种编制费用预算的方法。它不是以现有费用为前提，而是一切从零做起，从实际需要和可能出发，逐项审议各种费用，进行综合平衡，从而确定预算成本的一种方法。

需要指出的是，预算是一种普遍使用的行之有效的计划和控制方法，但它也存在不足，即容易导致控制过细，从而出现预算过细过死的危险；容易导致本位主义；容易导致效能低下和缺乏灵活性。

二、作业控制

（一）成本控制

成本控制是指使用成本核算方法，通过制定成本总水平指标值、可比产品成本降低率以及成本中心控制成本的责任等实现对组织活动有效控制目的的管理活动与过程。

进行成本控制最重要的是制定控制标准。一般组织可以采用预算成本或标准成本作为成本控制的标准。预算成本是指用财务核算方法为各部门或各项活动规定的在资金、劳动、材料、能源等方面支出的额度。标准成本则是根据组织一段时间内各成本项目的实际耗费情况来确定的。

在控制方法上，可以采用成本中心法控制成本。各部门、分厂或车间都可以被当作独立的成本中心，其主管人员对其产品的成本负责。加强成本控制，必须建立健全有关的基础性工作。主要是建立分级控制和归口控制的责任制度；建立费用审批制度；加强和完善流程管理工作以及组织发动员工开展各种降低成本的活动。

管理案例

> **5个1分钱与1个5分钱**
>
> 狮王食品公司的成功秘诀众人皆知：品种全、价格低。但是别的公司照此方抓药却并不灵验，总也达不到狮王食品公司的水准。该公司在价格低这一点上为全美消费者的口碑，公司以仅略高于成本价，甚至有时以低于成本价的价格令购物者闻风而至。最难能可贵的是：别的公司仅在岁尾节前才削价出售商品，而狮王食品公司却能做到"天天在降价"。这种倾尽血本讨好消费者的做法不但没有使狮王食品公司元气大伤，反而让该公司获取了巨额利润，其间确有耐人寻味之处。
>
> 人们非常奇怪：为什么别的公司蚀本的生意却在狮王食品公司成了盈利的生意呢？其实，狮王食品公司能够长期维持低价的诀窍很简单，就是节俭。公司的员工想方设法地从进货、运输、管理、经销等各个环节节省开支，把公司的经营费用压缩到最低点。以下几个例子可使人们对此窥见一斑。

据拉尔夫透露：当初公司根本没有想到用母公司的名称，最后之所以选择了"狮王"，是因为一个雇员提出这是一个最省钱的方案。使用这个新名称，只需更换两个字母：把 T 换成 L，把 W 改为 I，然后把 I 和 O 的位置作一个对换，新名称就改好了。使用这个新名称的结果是狮王食品公司下属的 300 家商店在更换招牌的过程中省下了 10 万美元。

狮王食品公司在日常经营的点点滴滴中把费用压下来。香蕉包装纸板箱一般是比较结实的。所以在香蕉摆上柜台后，公司的员工又利用这些包装箱去装载化妆品、保健用具。当这些箱子已有些破损时，员工们又用它去装冷冻鱼虾。最后这些反复使用多次的包装箱被集中起来，出售给回收公司。细心的顾客还会发现，狮王食品公司的速冻食品柜台是不安装暖气的。冬天雇员就利用冷冻机马达排出的热量取暖。

狮王公司还打破了传统的商品库存与销售的比例，加大进货数量，以便从批发商那里获得更多一些的优惠折扣，使商品成本下降。

根据美国《商业周刊》统计，美国零售业的经营开销一般来说要占销售额的 21% 左右，而狮王食品公司的经营费用只占销售额的 13% 左右，当佛罗里达州的新商店还在装修之中时，狮王食品公司就在该州的各新闻媒介上推出"我们节俭一些，你就省下许多"的宣传口号。当设在佛罗里达州的三家新商店开业时，蜂拥而至的顾客把商店挤得水泄不通。在收银处不得不雇佣专业保安人员来维持秩序。顾客在商店内买了东西后，却要跑到商店外开始排队，等着再进商店付款。史密斯当年在狮王食品公司作包装员，70 年代又当过进货员，80 年代后担任公司的销售主管。他亲身经历了公司从困顿到繁荣的全过程，深得公司薄利多销政策的奥秘。史密斯对狮王食品公司的经营宗旨做过一个著名的、一针见血的诠释："5 个周转着的 1 分钱的价值大于 1 个闲置着的 5 分钱。"

思考题：

（1）狮王公司起死回生的主要原因是因为它采取了降价策略吗？为什么？为什么别的公司"照方抓药"却无法成功？

（2）"5 个周转着的 1 分钱价值大于 1 个闲置着的 5 分钱。"这句话你如何理解？

（二）采购控制

物料成本是产品成本的重要部分，在一些产品中可达 70% 以上。因此，有效地控制物料成本自然就成了企业降低成本和增加利润的重要渠道。而组织对物料成本的控制很大程度上依靠采购控制。

采购控制的主要内容是供应商交付的物料的性能、质量、数量和价格等，以及寻找、评价、决定能够提供最好产品或服务的供应商。采购控制的目标是确保原材料来源正当、质量可靠、价格合理，同时减少采购流程、降低成本。目前，国内一些企业采用"比价采购"的方法，对企业的采购工作进行价格控制以降低采购成本，多数都收到了比较好的效果。

管理案例

沃尔玛将采购控制系统与其开发应用的客户管理系统紧密相连，客户管理系统主要是通过高智能的电子技术，系统地收集、存储和分析客户的有关知识信息，如顾客的购买特点及习惯、购买时间、一次性购买商品的种类等，由此得出货架的使用效率、畅销商品的类别、商品在不同地区的销售对比、经常光顾的顾客群等数据，将客户的需求不断细化、整合，实现距离较近的连锁店之间不同的售卖重点或是根据不同店面销售差别进行货物调配。商品种类繁多，而且许多生鲜商品时效短，这就要求零售企业的系统能实时监控整个企业资源，并且能根据资源发出正确指令，沃尔玛完全实现了这一管理流程。

（三）质量控制

质量控制是指通过对作业系统运行全过程的监控，确保产品质量满足预先制定的标准。其主要注重：一是管理者应明确对产品是采用全数检测的方法还是采用抽样检测的方法。二是管理者应该确定何时、何地检测。在制造业中，检验主要用于六个方面：当供应商生产时在其厂应商处收到货时进行检测；在高成本或不可逆转的工序之前检验；依次在生产工序、完工产品、装运之前检测。在有条件的地方，还应该尽量采用源头检测的方法，即在有可能产生缺陷之前检测。三是管理者还要考虑是采用计数值检测还是采用计量值检测。前者是将产品简单地分成合格品和不合格品，并不标出缺陷的程度。后者则需要设置一个可接受的偏差范围，然后衡量诸如重量、速度、尺寸或强度等指标，看是否落在可接受的范围内。

最有影响的质量管理方法被称为全面质量管理（total quality management，TQM）。全面质量管理主要通过组织的战略承诺、员工参与、技术和物料、方法等步骤来实现，同时，也要注重使用一些特定的工具和技术来提高质量。比较常见的是增值分析、设立标杆、外包、缩短周转时间以及统计质量控制。

（四）库存控制

与企业物料采购相关的另一项需要控制的内容是库存，对库存的控制不仅可以提高准确的关于采购数量和采购时间等信息，更重要的是通过对库存的控制，可以减少库存、降低各种占用、提高经济效益。库存控制包括对原材料库存、在制品库存、制成品库存和在途库存的控制，但不同库存由于用途和存储方式的差异，控制方法也不相同。

进行库存控制可以借助 ABC 分类法确定不同库存物资控制的重要程度。在库存物资的补充时间控制方面，常用的方法是订货点法和定期补充法。订货点法是指设置一个订货点，当库存量降低到订货点时，就向供应商发出订货，每次的订货量均为固定的值，如经济购批量。而近年来比较流行的是准时制（just—in—time，JIT），它给库存管理带来了重大变化，不仅有效地降低了库存空间与投资，也实现了原材料在需要时的准时到达。

三、审计控制

审计是常用的一种控制方法，从审计内容划分，包括财务审计和管理审计两大类。从审计主体划分，有外部审计和内部审计。

（一）财务审计

财务审计是由专职机构和人员，依法对审计单位的财务、财政收入及有关经济活动的真实性、合法性、效益性进行审查，评价其经济责任，以达到维护财经法纪，改善经营管理，提高经济效益，促进宏观调控的独立性的经济监督活动。财务审计的主要方法有以下几种：

1. 审计检查法

审计检查法是指在审计项目实施过程中所采用的各种检验、查证方法。按检查的对象不同，可分为资料检查法和实物检查法。资料检查法也称查账法，是对会计凭证、账簿、报表以及其他有关资料进行检查的方法。实物检查法是指收集书面以外的信息及其载体，证实书面资料及其反映的经济活动的真实性、合法性的一种方法。

2. 审计调查法

审计调查法是指审计人员通过调查，对被审计单位的会计资料和有关事实进行查证的一种方法。其具体方法包括审计查询法、观察法和专题调查法等。

3. 审计分析法

审计分析法是指审计人员利用各种分析技术对审计对象进行比较、分析和评价的一种方法。主要用来查找可疑事项的线索，验证和评价各种经济资料所反映经济活动的真实性、合法性和效益性。常用的方法有账户分析法、经济活动分析法、经济技术分析法。

4. 抽样审计法

抽样审计法是指先从被查总体中抽取一部分资料作为样本进行审查，然后根据审查结果来推断被查总体正确性和合法性的抽样审计法和统计抽样审计法。

抽样是一种审计方法。常用的方法有任意抽样审计法、判断抽样审计法和统计抽样审计法。

（二）管理审计

管理审计是指以管理原理为评价准则，系统地考察、分析和评价一个组织的管理水平和管理成效，进而采取措施克服存在的缺点或问题。管理审计目标不是评价个别主管人员的工作质量和管理水平，而是从系统的观点出发来评价一个组织整个管理系统的管理质量。

应该把管理审计和经营审计区别开来，二者的差别类似于评价主管人员的管理能力及评价主管人员在制定和实现目标方面的能力。管理审计的方法与财务审计的一般方法基本一致，其中查明事实真相是管理审计工作的最基本任务。

（三）内部审计与外部审计

1. 内部审计

内部审计是指企业的经营审核。从广义上说，经营审核就是企业内部的审计人员对会计财务和其他业务经营活动所作的定期的和独立的评价。内部审计提供了检查现有控制程序和方法能否有效地达成既定目标和执行既定政策的手段。内部审计是对经营活动进行全面评价所采用的主要形式。

2. 外部审计

外部审计是由外部机构选派的审计人员和专家对组织财务报表及其反映的财务状况进行独立的评估。外部审计的主要目标是为股东、政府和其他感兴趣的团体证实组织的财务管理和报告以及文件的合法与恰当。法律规定，公众持股公司必须进行外部审计。

管理思考

请问你在对自己进行管理时用了什么控制方法？

项目小结

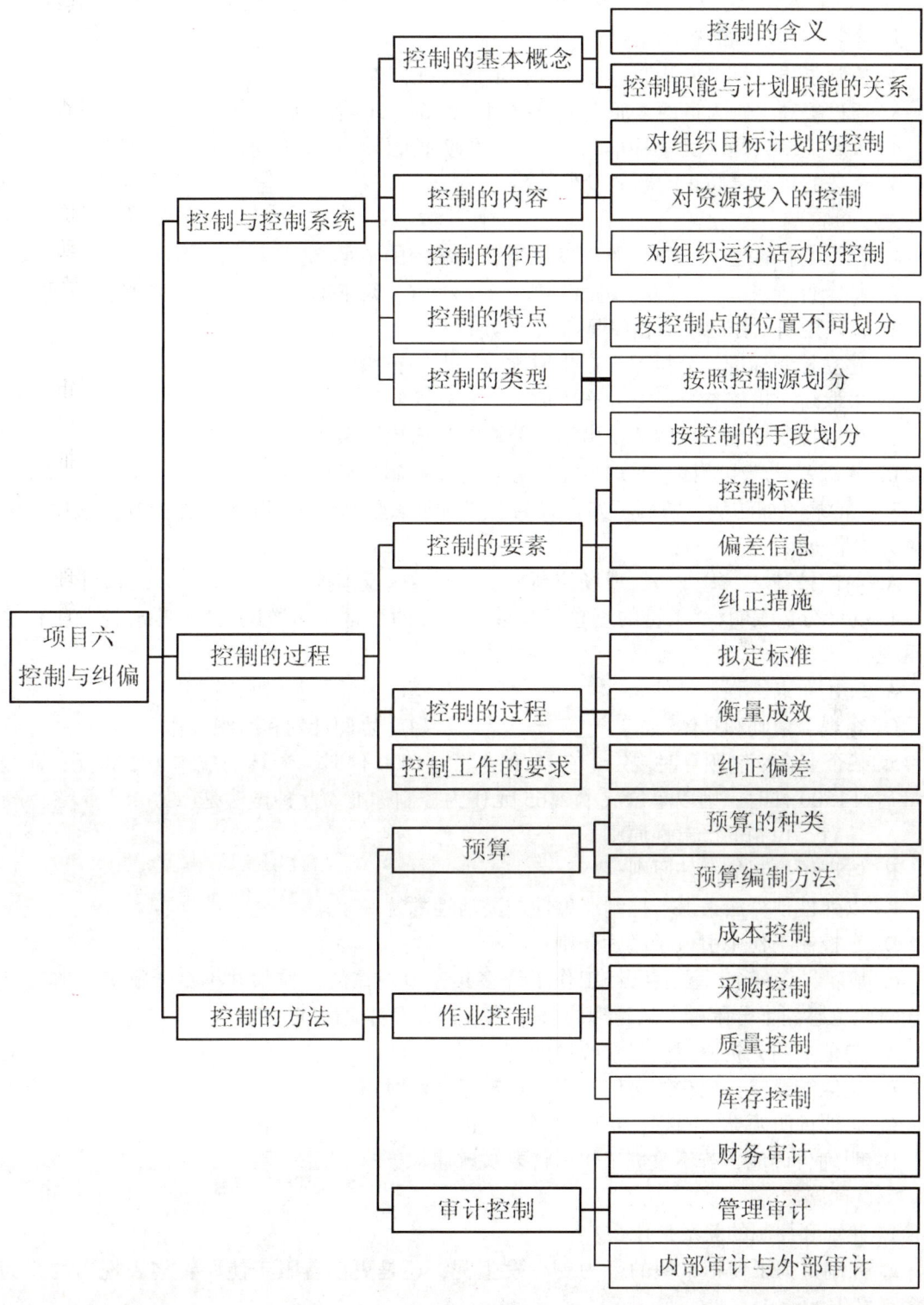

一、判断题

1. 控制职能贯彻管理的全过程。（ ）
2. 控制是指必须严格按照计划执行，不能有任何偏差。（ ）
3. 通过提高主管人员的素质来进行控制工作属于间接控制。（ ）
4. 事后控制只是"亡羊补牢"，对企业的管理工作没有太大的帮助。（ ）
5. 最佳的控制是防止问题的发生。（ ）

二、单选题

1. 管理控制通过（　　），可以发现管理活动中的不足之处。
   A. 拟定标准　　　　B. 衡量绩效　　　　C. 纠正偏差　　　　D. 信息反馈
2. 管理控制工作的一般程序是：（　　）。
   A. 建立控制标准、分析差异产生原因、采取矫正措施
   B. 采取矫正措施、分析差异产生原因、建立控制标准
   C. 建立控制标准、采取矫正措施、分析差异产生原因
   D. 分析差异产生原因、采取矫正措施、建立控制标准
3. "治病不如防病，防病不如讲究卫生。"根据这一说法，以下几种控制方式中，哪一种方式最重要：（　　）。
   A. 前馈控制　　　　B. 现场控制　　　　C. 反馈控制　　　　D. 直接控制
4. 统计分析表明，"关键的事总是少数，一般的事常是多数"，这意味着控制工作最应重视（　　）。
   A. 突出重点，强调例外　　　　　　B. 灵活、及时和适度
   C. 客观、精确和具体　　　　　　　D. 协调计划和组织工作
5. 某企业在编制预算时规定，在产品销量为 1000 件时，预算的成本为 2.8 元；而当销量达到 1500 件时，则以单位成本 2.65 元作为控制标准。此种做法是（　　）。
   A. 违背了控制的严肃性原则
   B. 体现了控制的例外原则
   C. 以弹性预算法来谋求控制严肃性与灵活性的统一
   D. 在控制工作中引入了激励原则
6. 某雇员在一个岗位上已经工作了许多年，他现在的工作却并不令人满意，其直接上司对此也感到十分困惑。从管理的角度看，你认为对他最好采取（　　）措施。
   A. 与他共同分析原因，寻求改进的措施
   B. 让他继续留在现在的岗位，再注意观察一段时间
   C. 向他说明领导的困惑，希望他努力改进工作
   D. 明确告诉他，若不改进工作，将要被解雇

三、简答题

1. 计划和控制的关系是什么？
2. 控制是为了使不希望的行为更少发生呢，还是更多着眼于使所希望表现出的行为更多地发生？

3. 无论是在学校读书，还是在企业工作，你都不难发现有一系列的规章制度存在。对规章制度的控制作用，你是怎么看的？

4. 谈谈你对自己的学习生活如何进行控制？

四、案例分析题

查克停车公司的两项业务

你要是在美国好莱坞或贝弗利山举办一个晚会，肯定会有这样一些名人来参加：尼科尔森、麦当娜、克鲁斯、切尔、查克·皮克。

"查克·皮克？"

"自然！"

没有停车服务员，你不可能成功地举办晚会。在南加州，停车业内响当当的名字就数查克·皮克了。

查克停车公司是一家小企业，但每年的营业额有几百万美元。公司拥有雇员100多人，其中大部分为兼职人员。每个星期，查克停车公司至少要为几十个晚会料理停车业务。在最忙的周六晚上，公司可能要同时为6~7个晚会提供停车服务，每一个晚会可能需要3~15位服务员。

查克停车公司经营的业务包含两项：一是为晚会料理停车事宜；二是同一个乡村俱乐部办理停车经营特许权合同。这个乡村俱乐部要求提供2~3个服务员，每周7天都是这样。但查克的主要业务还是来自私人晚会。他每天的主要工作就是拜访那些富人或名人的家，评价道路和停车设施，并告诉他们需要多少个服务员来处理停车的问题。一个小型的晚会可能只要3~4个服务员，花费大约400美元。然而一个特别大型的晚会的停车费用可能高达2000美元。

尽管私人晚会和乡村俱乐部的合同都涉及停车业务，但它们为查克提供收入的方式却很不相同。私人晚会是以当时出价的方式进行的。查克首先估计大约需要多少服务员为晚会服务，然后按每人每小时多少钱给出一个总价格。如果顾客愿意"买"他的服务，查克就会在晚会结束后寄出一份账单。在乡村俱乐部，查克根据合同规定，每月要付给俱乐部一定数量的租金来换取停车场的经营权。他收入的唯一来源是服务员为顾客服务所获得的小费，因此，在私人晚会服务时，他绝对禁止服务员收取小费，而在俱乐部服务时小费则是他唯一的收入来源。

思考题：

1. 你是否认为查克停车公司的控制问题在两种场合下是不同的？如确实如此，为什么？

2. 在前馈、反馈和现场控制三种类型中，查克应采取哪一种手段对乡村俱乐部业务进行控制？对私人晚会停车业务，又适宜采取何种控制手段？

 项目实训

项目：模拟管理——时间管理

一、实训目的

1. 学会管理好自己的时间；
2. 提高做事的效率和效果。

二、实训内容

1. 用一整天的时间观察你自己，尽可能详细地记录所做的事情、起止时间、效率和自己的感受；

2. 观察自己使用时间的情况时要提问自己：

（1）你通常用哪些方式浪费时间？

（2）你在什么情况下效率最高？

（3）你效率最佳的时间是什么时候？

三、成果及评价

1. 每个同学交一份一天的计划安排表及计划执行情况记录表，并谈谈体会；

2. 教师对有代表性（好、中、差）的同学进行点评。

思政园地

（一）监控与控制

有一家公司为了使管理者更好更直接地进行管理和控制，在办公室安装了电子监控系统。电子监控系统在安装之初，产生了一定的成效，员工们上班开小差的情况有所减少，但却并没有激发员工更多的热情，员工的工作效率反而降低了。因为有些员工认为，公司对员工应有最基本的信任，有责任心的员工自然会自觉地完成手头的工作，而对于那些没责任心的员工即使是管理者每天亲自督促他们工作，也不会有什么明显的改善。他们感到这种被称为"电子警察"的系统总是在监视他们的一举一动，并认为管理者是在通过"遥控"来威胁他们。

思考题：1. 你认为该公司这种控制措施是否有效？

2. 你认为该公司应该怎么做才能实现有效控制？

（二）三大纪律八项注意

诞生于革命年代的三大纪律八项注意，是党为人民军队制定的最具代表性的统一革命纪律。这一简单务实的规定为党塑造一支纪律严明的军队做出了重大贡献，至今仍为人们津津乐道。

把党的部队建成一支什么样的军队成为革命时期党需要重点考虑的大问题。1927年9月29日，毛泽东率领秋收起义部队在江西永新县三湾村进行改编，针对部分官兵破坏群众利益的行为，毛泽东宣布行军纪律："说话要和气，买卖要公平，不拿群众一个红薯。"10月23日，在向井冈山前进途中，毛泽东又强调了三项纪律："第一，行动听指挥；第二，打土豪款子要归公；第三，不拿群众一个红薯。"这是人民军队发展史上最早的三项纪律。

1928年1月4日，工农革命军攻占遂川县城，在部队发动群众的过程中违反群众利益的事情时有发生，毛泽东又宣布了六项注意："第一，上门板；第二，捆铺草；第三，说话要和气；第四，买卖公平；第五，不拉夫；第六，不打人，不骂人。"1928年3月，在工农红军南下湘南的过程中，毛泽东将此前的三项纪律和六项注意合并，正式定为"三条纪律六项注意"予以颁布。三条纪律是："第一，行动听指挥；第二，不拿工人农民一点东西；第三，打土豪要归公。"六项注意是："一、上门板；二、捆铺草；三、说话和气；四、买卖公平；五、借东西要还；六、损坏东西要赔。"此后，毛泽东、朱德在赣南、闽西开辟根据地期间，对六项注意做了修改，加上"不得胡乱屙屎；不搜敌兵腰包"两项。至此，三大纪律八项注意从条款上被完整提出来了。

抗日战争胜利后，各解放区的人民军队从本区实际情况出发，对三大纪律八项注意的内容作了不同的规定。随着解放战争进入到战略反攻阶段，为进一步加强党对军队的领导，加强部队的正规化建设，同时考虑到各路野战军在同一战区作战，需要同一纪律规范部队的行为，1947年10月10日，中国人民解放军总部发布《关于重新颁布三大纪律八项注意的训令》："三大纪律如下：一、一切行动听指挥；二、不拿群众一针一线；三、一切缴获要归公。八项注意如下：一、说话要和气；二、买卖公平；三、借东西要还；四、损坏东西要赔；五、不打人骂人；六、不损坏庄稼；七、不调戏妇女；八、不虐待俘虏。"从此，三大纪律八项注意，不但从形式上，而且从内容上被固定下来，全军有了统一的革命纪律。

语言形象生动，规定具体细致，是三大纪律八项注意的重要特征。因此，三大纪律八项注意能够被每一个革命军人理解、接受，并自觉地贯彻执行，塑造了人民军队优良的作风和传统。新中国成立以后，毛泽东多次提出要用三大纪律八项注意教育军队、教育干部、教育党员和人民。后来，党的主要领导人都对三大纪律八项注意作出了高度评价。2015年1月13日，习近平总书记在十八届中央纪委五次全会上指出："'三大纪律、八项注意'就那么几条，很容易记，更容易执行。"这说明了三大纪律八项注意的生命力，为我们健全党的纪律提供了宝贵经验。

（资料来源：共产党员网）

思考题："三大纪律、八项注意"对你有何影响？

项目七 管理职能新发展

知识目标：
1. 了解战略管理的概念，理解战略管理的过程、类型；
2. 了解创新的含义、特点及内容，掌握创新管理的内容及方法；
3. 了解危机的含义、特征，理解危机管理的原则，熟悉危机管理的过程。

能力目标：
1. 培养战略管理意识，提升战略管理思维能力；
2. 学会运用管理创新的方法，提升管理创新的能力；
3. 培养危机管理意识，提升危机应对能力。

思政目标：
1. 培养学生的全局观、发展观，提升忧患意识；
2. 激发学生创新热情，提升创新能力，增强责任使命感。

 任务一 战略管理

 管理情境

菲利普·莫里斯公司经营战略的改变

菲利普·莫里斯公司是世界上最大的烟草公司，近年来面临着巨大的威胁，美国国会通过决议，禁止电视台打香烟广告，卫生组织认定该公司的主要产品对健康有害，电视台也拒绝为该公司做广告。该公司采取了什么对策?

在20世纪50年代,当医生们把香烟与癌联系在一起时,烟草公司就立即意识到,如果它们自己要正常地生存下去,就必须采用新的战略。由于消费者和广告限制构成的威胁对企业十分强大,因而不能忽视,于是绝大多数著名的烟草制造商就开始寻求进行多种经营,进入新的市场领域。

菲利普·莫里斯公司是规模最大,获利最丰的烟草公司之一,它的主要产品——万宝路牌香烟风靡世界,它强大的财力,足可以使它购买其他企业。

1959年,菲利普·莫里斯公司用1.3亿美元收购了米勒啤酒公司,这是开发市场最为成功的例子之一。先前,啤酒行业都采用保守和陈旧的方法来开发市场,菲利普·莫里斯公司采用了与之不同的新方法,并付之于庞大的市场开发预算。它对原先米勒公司的产品结构进行了改造,淘汰了老式产品,而主要生产低度的高级啤酒和高度的低级啤酒,并加强广告宣传。结果,米勒牌啤酒获得巨大成功,在美国售量仅次于百威啤酒。接着,以米勒牌啤酒为基础,又生产出迎合各种顾客需要的莱特牌啤酒,这样就使菲利普公司的销售量和利润都大幅上升。

1978年,飞利浦公司又购买了七喜饮料公司,并把原来含咖啡因的饮料改为无咖啡因饮料,随后又发展了一种无糖咖啡因的可乐饮料,并在广告上大量宣传这两种饮料,使其销售量飞速上升。

菲利普公司在最近又购买了国际第四大烟叶公司——罗思曼斯,致使菲利普公司成为全方位的国际公司。这样,它不仅保持了原产品和市场,而且把它自己的产品——万宝路牌香烟推向国际市场。

请思考:菲利普公司的经营战略是什么?

任务分析

战略管理对企业发展的统筹规划。战略管理要确定企业在外部竞争环境中的发展定位,它的根本目标是获取持续的竞争优势。获取竞争优势主要取决于两种有效的战略决策:产业环境的选择,即进入适合企业发展的业务领域;构建企业的资源与能力基础,获取竞争对手难以模仿与替代的战略优势。菲利普公司对米勒啤酒、七喜饮料采用了多元化经营战略,采取了加强型战略收购了罗思曼斯,保持了产品和市场优势。

管理知识

一、战略与战略管理

战略管理是什么

战略泛指重大的、带有全局性或决定全局的谋划。一般而言,指向成功的战略需要具备以下特点:第一,简单、一致和长期性的目标;第二,深刻理解竞争环境;第三,客观评价各种资源;第四,有效的战略实施。企业战略是对企业长远生存与发展所作出的全局性谋划。

战略管理一词最早由伊戈尔·安索夫在1972年提出。20世纪80年代末到90年代以后,出现了很多较有影响的企业战略管理理论,其中最具影响力的是核心能力理论,它与产业结构理论一起成为战略管理最具影响力的两大主流思想,引起了战略管理的"内"

"外"之争。

一般而言，战略管理是指企业高层管理者在对内外部环境分析的基础上，对企业未来发展制定的全局的谋划与安排，并有效地配置组织内的相关资源，以促进目标的达成。对外而言，战略是确定并实施产业选择、产品和业务选择、定位和关键竞争方式的方法；对内而言，战略是选择并实施组织最优经营管理的方法。战略管理的最终目的是使企业面临竞争环境得到长远的发展。

战略管理是一组管理决策和行动，它决定了组织的长期绩效，它包括几乎所有的基本管理职能，也就是说组织的战略必须被计划、组织、实施和控制。如今，战略管理已经超出了营利企业的范围，进入到政府机构、医院以及其他的非营利组织中。虽然战略管理在非营利组织中如何实施还没有像在营利性组织研究得那么透彻，但战略管理对前者同样重要。

二、战略管理的过程

战略管理是一个动态的管理过程，是对组织的生产经营活动实行的总体性管理，包含8个步骤，其中包括战略计划、实施和评估。虽然前6个步骤都是在描述计划过程，但实施和评估与计划过程同样重要。

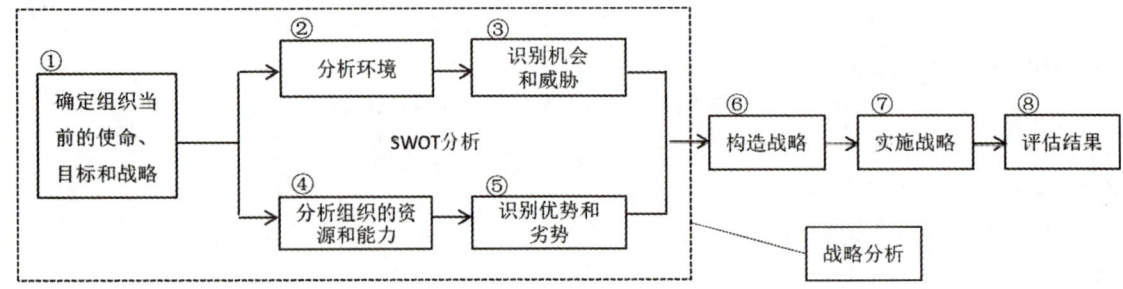

图7-1 战略管理过程

（一）步骤1：确定组织当前的使命、目标和战略

每一个组织都需要使命，使命是对组织目的的陈述，使命回答了以下的问题，即企业存在的理由是什么。定义组织的使命会迫使管理者仔细地确定企业的产品和服务的范围。

回顾和明确组织当前的使命、目标和战略，目的是更好地了解组织的发展历程，以及目前组织处于何种状态，目前组织发展到了何种阶段，发展中遇到了哪些问题。

企业的使命作为指导企业战略发展的目标和依据，用来指导实践则显得比较抽象和粗略。所以在这里有必要引入企业目标的概念。德鲁克对于企业目标曾作过恰如其分的概况，他说："各项目标必须从'我们的企业是什么，它将会是什么，它应该是什么'引导出来。它们不是一种抽象，而是行动的承诺，借以实现企业的使命；它们也是一种用以衡量工作业绩的标准。换句话说，目标是企业的基本战略。"

管理案例

> **它们的使命是什么？**
> 美国红十字公司的使命：改善人们的生活质量；提高自力更生的能力和对别人的关心程度；帮助人们避免意外事故，为意外事件做好充分的准备，以及处理好意外事故。

> 里茨·卡尔登饭店的使命：在里茨·卡尔登饭店，为我们的客人提供真正的照料和舒适。我们承诺为我们的客人提供最精致优雅的个人服务和设施，在这里，我们的客人将拥有一个温暖、轻松且高雅的环境。
>
> 英特尔公司的使命：成为全球计算机行业最重要的供应商，并积极努力使因特网发挥更大作用。现在能够网上互联是人们计算机体验关心的核心。我们正在帮助增强个人电脑用户平台和因特网的性能。

（二）步骤2：分析环境

分析环境是战略过程的一个关键步骤，因为组织的环境在很大程度上定义了管理者的选择范围。成功的战略将是与环境吻合的战略。每一个组织的管理者需要分析环境，例如，他们需要知道竞争的情况，拟议中的法律法规将会对组织产生什么影响，以及当地的劳动力供给状况等。在分析外部环境时，管理者应当检查具体的、特定的和一般的环境，以发现正在发生的趋势和变化。

（三）步骤3：识别机会和威胁

在分析了环境之后，管理者需要评估机会和组织面临的威胁。机会时外部环境因素的积极趋势，威胁时外部环境因素的负面趋势。需要注意的是，同样的环境可能对处于同一产业中的不同公司意味着机会或者威胁，这是因为每家公司的资源和管理能力不一样。

（四）步骤4：分析组织的资源和能力

内部分析提供了关于组织特定资源和能力的重要信息。如果组织的任何能力和资源是与众不同的，那么这种能力和资源就被称为组织的核心能力。判断核心竞争力的标准：有价值的能力、稀缺的能力、难以模仿的能力、不可替代的能力。核心能力是组织主要的价值创造技能，它决定了组织的竞争武器。

（五）步骤5：识别优势和劣势

内部分析对组织内部资源进行了清晰的评估，如财务资本、技术知识、有技能的员工队伍以及有经验的管理者等；同时对组织在完成不同功能活动方面的能力，如市场营销、生产、制造、研究与开发、财务、会计、信息系统、人力资源管理等。组织擅长的活动或者专有的资源构成组织的优势，而劣势是指组织不擅长的活动或非专有的资源，如组织不善于进行资产经营、组织结构的应变能力较差等。

步骤3和步骤5结合在一起，就构成了对组织内部资源和能力以及对组织外部环境的评估，如图7-2所示，这种方法通常称为SWOT分析法，即对组织的优势、劣势、机会和威胁的分析。

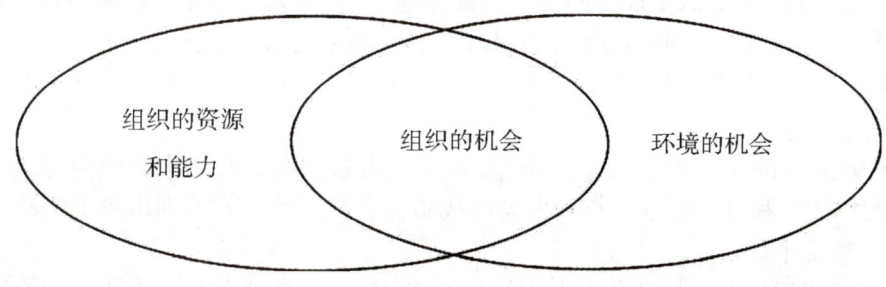

图7-2 识别组织的机会

（六）步骤6：构造战略

战略需要在公司层面、事业层面和组织的职能层面上分别建立。构造战略需要遵循决策制定过程的步骤，管理者需要开发和评估战略性的选择，然后选择能够充分发挥组织的优势和利用环境机会的战略。

（七）步骤7：实施战略

再好的战略计划，如果不恰当地贯彻实施，也只是一项完备的计划。战略实施的首要问题是组织落实，组织是实现目标和战略的重要手段。同时，战略决定组织结构，如果公司战略有重大改变，那么就有必要对该组织的总体结构重新加以设计。战略实施的另一个问题是管理者和关键人员，通过管理者和关键人员的创造性工作，落实战略的各个环节。

（八）步骤8：评估结果

战略评估是整个战略管理过程的最后一个环节，即对战略的有效性进行评估，决定需要作出哪些必要的调整。战略计划实施过程中，需要对实施情况进行跟踪检查，明确各项活动进展正常与否，以及预期成果的实现情况。

三、组织战略的类型

组织战略包括公司层战略、事业层战略和职能层战略，如图7-3所示。处于组织顶层的管理者通常要对公司层战略负责，处于中层的管理者通常要对事业层战略负责，处于较低层的管理者通常要对职能层的战略负责。

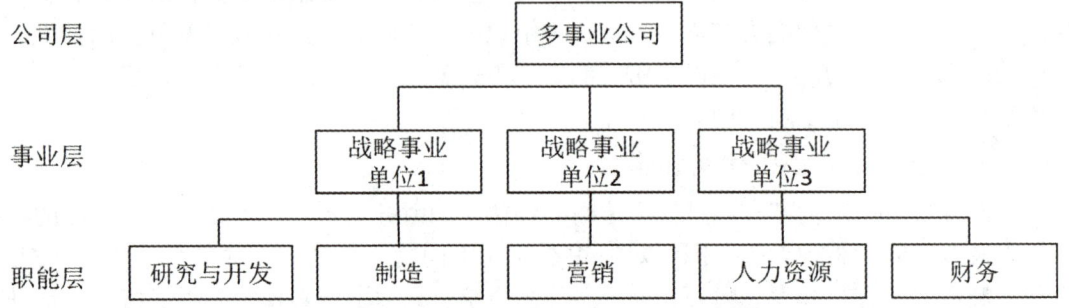

图7-3 组织战略的层次

（一）公司层战略

公司层战略，又叫企业总体战略，寻求确定公司应该从事什么事业，以及希望公司从事什么事业。公司层战略决定组织的方向，以及每一个事业部将在公司战略中扮演的角色，实际上是解决企业如何成长或发展的问题，当然也包括在不利环境下的收缩和巩固问题。可以将这一层次的战略统称为成长战略，它指出了企业在发展过程中可选的方向，主要包括密集性成长战略、一体化成长战略和多元化成长战略三种形式，这三种形式还可进一步细分。

1. 密集性成长战略

密集性成长战略又叫专业化成长战略，是指企业选用在原有生产领域内充分利用产品和市场方面的优势和潜力谋求成长和发展的战略，它有三种形式，即市场渗透战略、市场开发战略和产品开发战略。

（1）市场渗透战略，指企业在老市场和老产品上通过更大的营销努力，提高现有产品或服务的市场占有率，增加企业现有产品和服务的销售额和利润额的一种战略，它是在市场对本企业的产品或服务的需求日益增大时最常用，也是最易成功的一种成长战略。例如，某些零售或饮食企业在本市范围内增设连锁店，为顾客提供更方便的服务，有利于增加产品或服务销售量。

（2）市场开发战略，指利用现有产品进一步开辟新市场的战略，当老产品在原有市场范围内已无进一步渗透余地时，就要设法开辟新市场，以求得企业进一步成长。例如，某产品由某一地区推向全国，甚至推销到其他国家和地区。

（3）产品开发战略，指以开发新产品的办法扩大企业产品在老市场上的销售量。产品开发要根据消费者需要的变化，充分满足消费者的需要。

2. 一体化成长战略

一体化成长战略是指以企业当前活动为核心，通过合并或兼并其他企业，取得规模经济增长的一种战略，它有水平一体化和垂直一体化两种基本形式。

（1）水平一体化战略，通过把性质相同或生产同类产品的其他企业合并起来，扩大企业经营规模的战略。水平一体化可以是购买竞争对手的股票或其他资产，也可以通过两个或两个以上的集团共同经营来扩大企业的实力。

（2）垂直一体化战略，强调企业向两个方向扩张，当朝着最终用户方向扩张时，称为前向一体化；当朝着最初的资源供应厂家方向扩张时，称为后向一体化。前向一体化有利于促进产品的销售，增加企业的市场渗透能力。后向一体化有利于减少企业对投入资源，尤其是关键资源的依赖性。

3. 多元化成长战略

多元化成长战略是指企业生产更多种类的产品甚至几个行业的产品，又称为多角化或多元化战略。例如，一家公司既从事生物保健品的生产和销售，又从事房地产的开发和销售。多元化成长战略的优点：能为企业提供原来所在行业不能提供的成长机会，可以向更具有经济优势的行业转移以提高整体获利能力；有利于企业发挥规模经济的优势，充分利用机会实现跳跃式的发展，提高企业的整体竞争力；能够分散风险，应变能力强，通过多行业经营，可以避免当某一行业经济不景气时可能使企业产生的严重经济危机。

多元化成长战略虽然受到了很多企业的青睐，但是它也有一定的缺点：会使企业规模膨胀，大大增加管理上的难度，容易失控；由于要跨几个行业，有可能出现外行领导内行的情况，甚至出现决策失误，不利于发挥自己的优势等。

（二）事业层战略

事业层战略，又叫竞争战略，主要涉及如何在所选定的行业或领域内与竞争对手展开有效的竞争，即主要解决竞争手段问题。可以将这一层次的战略看作是一般战略或基本战略，它是企业赖以生存和与竞争对手争夺市场的基本工具。根据迈克尔·波特的理论，企业在市场竞争中获得竞争优势，来自要么比竞争对手的成本更低，要么是与竞争对手形成显著的差异。有鉴于此，波特认为管理者应该选择以下三种战略之一：成本领先战略、差异化战略和重点集中战略。

1. 成本领先战略

也称为低成本战略，是企业努力发现和挖掘所有的资源优势，特别强调生产规模并出售标准化的产品，在行业内保持整体成本领先地位，从而以行业最低价格为其产品定价的竞争战略。成本领先战略要求企业是低成本的生产者，而且必须是成本的领导者，它提供的产品和服务必须是能与竞争者同类产品相竞争，或至少顾客是愿意接受的。企业通过大规模、高效率的运作、技术创新、廉价劳动力或优惠地取得原材料来获得成本领先优势。

值得注意的是，采用成本领先战略意味着，企业可以通过其低成本地位来获得持久的竞争优势，从而成为行业中的高水平经营者，它与一般的削价竞争并不相同，后者往往以牺牲企业利润为代价，有时甚至亏本运营。换句话说，尽管爆发价格战时具有成本领先地位的企业具有更强的压价能力，但采用这些策略时的指导思想并不一样。

2. 差异化战略

差异化战略是指企业向顾客提供的产品和服务在行业范围内独具特色，这种特色可以给产品带来额外的加价。如果一个企业产品或服务的溢出价格超过因其独特性所增加的成本，那么，拥有这种差异化的企业将取得竞争优势。

这种战略强调高质量、非凡的服务、创新的设计和不同凡响的商标形象，以实现与众不同的特色。特色的选择必须有别于竞争对手，并且增加的收益足以超过追求别具一格的成本。

3. 重点集中战略

前两种战略是在广泛的市场中寻求竞争优势，而重点集中战略则是集中在狭窄的细分市场中寻求低成本优势或差异化优势，也就是说，管理者选择产业中的一个或一组细分市场（如产品品种、最终顾客类型、分销渠道或地理位置），制定专门的战略向此细分市场提供与众不同的服务，而目标是独占这个市场。当然，重点集中战略是否可行取决于细分市场的规模，以及该细分市场能否弥补重点集中战略的附加成本。

不管采取三种基本战略中的哪一种，要获得长期成功还必须保持持续的竞争优势。这就要求管理者持续地做出努力，使自己始终领先竞争对手一步。

（三）职能层战略

职能层战略是在职能部门中，如生产、市场营销、研究与开发、财务、人事等部门，由职能管理人员制定的短期目标和规划，其目的是实现公司和事业部门的战略计划，职能层战略通常包括生产战略、市场战略、研究与开发战略、财务战略、人事战略等。如果说公司战略和竞争战略强调"做正确的事情"的话，那么职能战略则强调"将事情做好"。它直接处理这些问题——如生产及市场营销系统的效率、顾客服务的质量及程度、争取提高特定产品或服务的市场占有率等。

公司层战略、事业层战略及职能层战略构成了一个企业的战略层次，它们之间相互作用，紧密联系。如果企业整体要想获得成功，必须将三者有机地结合起来，企业中每一层次的战略构成下一层次的战略环境，同时下一层次的战略为上一层次的战略目标实现提供保障和支持。

 # 任务二　管理创新

 管理情境

微软的创新之路

20世纪中叶以来，随着科学技术的飞速发展和科技成果的广泛应用，科学社会化的速度明显加快，以技术创新为核心的技术进步在经济增长中的作用更加突出。

项目七　管理职能新发展

微软不断创新,成为技术进步的缩影。比尔·盖茨创立的微软公司获得巨大成功的全部奥秘在于,他们就知识作为主要资本从事生产,将研究与开发置于中心地位。保持持续不断的创新。该公司 OFFICE 产品部副总经理克里斯彼得斯说:"我们所做的一切,在 3 年以后将不再有意义。"比尔盖茨有一句名言:"微软距离破产永远只有 18 个月。"这句话道出了微软追求创新的经营理念。

有人说,微软是世界信息业的骄子,它的崛起反映的不只是知识创造财富的现象,它是美国快速发展信息产业的一个组成部分,象征的是一种新的产业、新的经济——知识经济的出现,它是知识经济的缩影。为什么微软公司取得了如此大的成功呢?原因就是在公司内创造最好的条件和资源,不断进行创新,扩大其新产品系列,不断地从一个软件市场和销售渠道进入另一个软件市场和销售渠道。

(资料来源:姜仁良.管理学习题与案例.中国时代经济出版社,2006.)

请思考:你怎样理解"微软距离破产永远只有 18 个月"?

任务分析

"不创新,则灭亡"这句话日益成为现代管理者的共识。21 世纪,一场新的革命正在全球兴起,这就是以信息技术、知识产业为主要标志的知识经济革命。创新是知识经济的灵魂,是知识经济的生命线,它迫使人们不断创造、探索未知的领域,不断地学习、接受新事物的挑战。那种固定不变的常规型管理已经不能适应变化的环境,必将为创新型管理所取代。案例情境启示我们,创新对于生产方式的改进和经济效益的提高有着很大的推动作用,在企业的持续发展战略中,创新处于核心地位,因而创新是实现持续发展的基本途径和重要途径。

管理知识

一、创新概述

(一)创新的含义

美国经济学家熊彼特在其《经济发展理论》一书中首次提出了创新的概念。他认为,创新是对"生产要素的重新组合",具体包括以下五个方面:①生产一种新产品。也就是消费者还不熟悉的产品,或是已有产品的一种新用途和新特性。②采用一种新的生产方法。也就是在有关的制造部门中未曾采用的方法。这种方法不一定非要建立在新的科学发现的基础上,它可以是以新的商业方式来处理某种产品。③开辟一个新的市场。就是使产品进入以前不曾进入的市场,不管这个市场以前是否存在过。④获得原材料或半成品的新的供给来源,不管这种来源是已经存在的还是第一次创造出来的。⑤实现一种新的企业组织形式。

后来,许多研究者也对创新进行了定义。创新概念所包含的范围很广,涉及许多方面。比如,有的东西之所以被称作创新,是因为它提高了工作效率或巩固了企业的竞争地位;有的是因为它改善了人们的生活质量;有的是因为它对经济具有根本性的提高。但值得注意的是,创新并不一定是全新的东西,旧的东西以新的形式出现或以新的方式结合也是创新。创新是生产要素的重新组合,其目的是获取潜在的利润。

创新不同于发明，发明是指一种新产品、新技术或新经营方式的初次出现。但就创新来说，发明仅仅是开始，发明完成以后，要通过创新才能把发明引入经济和社会之中，从而给经济和社会带来较大的影响和变革，使企业或组织获得自身的经济效益和社会效益，即要把发明逐步转变成经济和社会的一种资源，实现商品化开发。

（二）创新的特点

创新是创造出新的事物并由此引发相关领域的变革和发展。创新具有以下特征：

1. 首创性（创造性）

创新就是解决前人所没有解决的问题，不是模仿、再造，而是在继承中打破旧的思想、模式、框框和方式方法，从而创造新的事物。因此其成果必然是有创造性和新颖性的。

2. 价值性

现代经济学将利润划分成三部分：①隐含收益利润，是指企业所有者自己劳动和自己投资所获取的收益；②垄断利润，指在非竞争市场中居于垄断地位的企业所获得的收益；③创新利润，指由于承担风险和进行创新所获得的回报。对于企业来说，创新利润是最重要、最基础的部分。因为隐含利润可计入成本，垄断利润是特殊利润，是市场经济所不允许的，只有创新利润是相对稳定的。而从创新成果的社会效果看，它既具有普遍的社会价值，同时还具有经济价值、学术价值、艺术价值、实用价值。所以创新具有超常的价值性。

3. 动态性

创新是一个动态的过程，是不断创造和革新的过程。海尔集团正是由于在不断进行产品革新、技术革新、管理革新，不断地去适应市场，创造需求，形成了一种不断推陈出新、改革突破的机制，才能在市场竞争中始终处于领先的地位，立于不败之地。

4. 时间性

当今社会是一个快速变化的社会，网络技术和因特网的出现，使速度成为十分重要的因素。尤其对创新而言，其成功的显著特点之一就是快速创新，否则就会失去机会，而导致创新的失败。同时对创新成果的确认，也与时间有着密切的联系。相似或相同的成果是否被确认，以时间的先后为界。假如某一企业创造出了一项新成果，并比别的企业早将其商业化（这个时间可以是一年、半年、一个月甚至几天），该企业就有了主动权，就有了首先占领市场的机会。

5. 风险性

风险性是指由于对外部环境变化估计不足或无法适应，或对创新过程难以有效控制而造成创新活动失败的可能性，这种不确定性就是风险。在创新过程中，无论是技术本身、技术前景、技术效果还是产品的生产、销售、售后服务，以及市场接受时间等方面都存在着不确定性。因此，创新管理的风险是客观存在的，尤其是高新技术的创新更具有高风险。

一个现代企业唯有锐意进取、与时俱进、不断创新，才能增强竞争力，保持旺盛的战斗力，在激烈的市场竞争中立于不败之地。

（三）创新的内容

1. 思维创新

思维创新是一切创新的前提，任何人都不能封闭自己的思维。若思维成定式，就会严重阻碍创新。例如，有些政府部门或企业提出不换思想就换人，就是这个道理。有的公司不断招募新的人才，其原因之一就是期望其带来新观念、新思维，不断创新。

2. 产品（服务）创新

产品（服务）创新是指在产品功能、原理方面有显著变化或者在现有产品的功能方面进行了显著改进的商品或服务。其改进可以是采用了新的材料、应用了新的技术规范、配置的新的软件、开发的更友好的用户界面或者其他功能特色等方面做出重大改进。这种创新对于工业企业来说是产品创新，而对于服务企业而言主要就是服务创新。例如，在短短几年时间，手机已从模拟机—数字机—可视数字机—可视上网的手机，发展到如今的多功能智能手机，其更新演变生动地告诉我们，产品的创新是多么迅速和深层次。再如，汽车从普通汽车发展到安装了 GPS 定位导航等众多智能电子设备的汽车，以及不断升级的 Windows 系统、分期付款、京东白条销售方式的引入等，都是产品（服务）创新的例子。

3. 工艺创新

工艺创新是指在生产技术、操作程序、方法和规则体系等方面进行革新，从而改进现有产品的生产质量或提高产品生产效率。例如，现实生活中 3D 打印机的出现及其应用。由于工艺创新这类产品开发新产品、改进原有产品及提高原有产品质量和产量都有重要的作用，因此，其重要性不亚于产品创新。产品创新和工艺创新是制造企业技术创新的两个重要方面，两者体现了制造业的两个基本内涵。产品创新关注活动的结构，即"制造什么"，往往表现为创新的产品；工艺创新则强调达到某种结果的过程，即"怎么创造"。产品创新和工艺创新之间常常相互影响，相互交融，相互促进，并与企业的经营活动密切相关，因而具有较大的普遍性，在企业的技术创新活动中占据重要位置。

管理案例

> **走近神奇的 3D 打印**
>
> 什么是 3D 打印？3D 打印技术是近年来兴起的一项集光机电、计算机、数控及新材料于一体的先进制造技术。与传统的制造方法不同，3D 打印是通过将粉末、液体、片状等离散材料逐层堆积，"自然生长"成三维实体，就好像一层层打印上去一样，为此人们称其为"3D 打印"，又称"快速成型"，学名称为"增材制造"。
>
> 3D 打印技术离我们有多远？3D 打印技术在我国的应用领域十分广泛，其应用目前主要在三个方面：一是高端应用，如航空航天产品精度要求比较高，结构比较复杂，且产量极小的产品。"神九"飞船中每个宇航员的坐垫，就是他们利用这项技术制造模型，并最终制造出成品的。二是中端工业应用，如企业新产品开发，在其开发设计阶段，常常需要样品，这时采用 3D 打印技术比较快捷、经济。譬如，制造一套三缸汽油机的铸造蜡模仅需两天时间，制造一套三缸发动机进气管的铸造木模仅需三天，制造一件传真机的塑料外壳仅需一天。三是民用，如在医疗领域，打印人造关节，3D 技术可以根据具体人的关节尺寸，量身打印。这不仅在尺寸精度上做得更好，而且比传统的方法更快捷、经济。此外，有报道称现在还出现了为大众服务的 3D 打印照相馆。
>
> 〔资料来源：冯国梧．走近神奇的 3D 打印〔N〕．科技日报，2013-2-5（1）．〕

4. 组织与制度创新

随着企业规模的不断发展，组织复杂化程度也越来越高；信息社会的到来，使环境不稳定因素越来越多，竞争越来越激烈。企业组织与制度创新就是不断调整企业的组织结构和修正完善企业内部的各项规章制度，使企业内部各种要素合理配置，才能发挥最大限度的效能。制度是组织运行方式、管理规范等方面的一系列的原则规定，制度创新指从社会经济角度来分析企业系统中各成员间的正式关系的调整和变革。企业具有完善的制度创新机制，才能保证技术创新和创新管理的有效进行。

5. 管理创新

管理创新是一种有目的的能动性实践活动，是管理者根据内、外环境的变化而采用的一种新的、更有效的资源整合和协调范式，以促进企业管理系统综合效率和效益目标实现的过程。这个定义包含以下基本含义。

（1）管理创新是一种有目的的实践活动，不是一种自发性的随机事件，人们完全能够根据客观情况的变化和自身的实际，有计划、有步骤地开展管理创新活动。

（2）不论是高层管理者、中层管理者，还是基层管理者，他们都是管理创新的主体。管理创新贯穿于管理者的所有管理活动中。

（3）管理创新的实质是创立一种新的、更有效的资源整合和协调范式，包括创立一种新的管理理论，采用一种新的管理方法，运用一种新的管理措施等。只要这种新的资源整合和协调范式能够使管理活动更加有效，都属于管理创新。

（4）管理创新的目的在于能动性地适应环境的变化，达到提高企业整体效率和效益的目的。环境变化是客观的，它不以人们的意志为转移。企业要在动态多变的环境中发展壮大，就必须适应环境的变化，而管理创新正是企业主动适应环境变化的基本途径。

6. 营销创新

营销创新是指根据营销环境的变化情况，并结合企业自身的资源条件和经营实力，寻求营销要素在某一方面或某一系列的突破或变革的过程，其主要是在营销策略、渠道、方法、广告促销策划等方面的创新。营销创新的主要特征是以消费者和市场为导向，以期提高销售水平和市场份额，如化妆品销售首次采用直销方式，农产品引入电商销售方式，借助微博、微信、微商营销等，即企业在产品的分销渠道方面进行了创新。

7. 文化创新

现代管理发展到文化管理阶段，可以说是更深层次的管理。文化创新是指企业文化的创新。在管理学中，企业文化普遍是指企业在生产经营实践中逐步形成的、为全体员工所共同认同并遵守的、带有本组织特点的使命、愿景、宗旨、精神、价值观和经营理念，以及这些理念在生产经营实践、管理制度、员工行为与企业对外形象的体现的总和。通过员工价值观与企业价值观的统一，建立企业独特的管理制度体系和行为规范，使企业文化成为企业的思想基础。纵观世界成功企业的经营实践，不难发现，一家企业之所以能在激烈的市场竞争中脱颖而出、长盛不衰，归根结底是因为在其经营实践中形成和应用了优秀的、独具特色的企业文化。

二、管理创新的主体

（一）管理创新的主体构成

1. 企业家

这里的企业家不是指企业资产的终极所有者，而是指具有创新思维和创业精神、从事企业管理实践的高级管理者。企业家在创新管理中扮演着重要的角色，既可以是管理创新的激励者和组织者，也可以是管理创新活动的具体设计者和实施者。

2. 知识员工

管理创新是一项高度复杂的脑力劳动，是知识的流动过程，凭借的不是人的体力，而是知识与智力。知识与智力是产生创意的源泉，是创新的开端，没有创意就无法创新。因此，在企业中仅具备体力而不具备知识的简单劳动者只能是理论意义上的管理创新主体，很难成为真正的管理创新主体，只有那些拥有知识与智力的员工才有可能成为真正意义上管理创新的主体。

（二）管理创新主体的作用

从管理的发展历程来看，较重大的管理创新都是由企业家和知识员工共同完成的。企业家是管理创新的领袖和主导者，知识员工则是管理创新的源泉和基础。他们之间互相联系，相互影响。

1. 企业家是管理创新的主导者

无论企业家是运用自己的创意还是积极倡导和组织别人进行管理创新，他在管理创新中都居于支配地位。概括起来，企业家在管理创新活动中的功能和作用体现在以下三个方面。

（1）企业家是整个管理创新活动的中枢。杰出的企业家总是能站在企业战略的高度，从整体上把握管理创新的新目标，使自身产生的管理创意或选择他人的管理创意更客观、更全面、更实际。

（2）企业家是管理创新主体的统领。在管理创新的主体中，企业家处于领导核心的地位。他所担负的主要职责是对不同管理创新主体的创意进行有效整合，以更好地配置创意资源。如果没有企业家这个核心，不同的管理创新主体各行其是，再好的管理资源也会因团队内耗或无序而难以达到应有的创新效果，甚至出现负效应。故所有的管理创新活动都是在企业家直接或间接控制下进行的。

（3）企业家是管理创新责任的承担者。管理创新的结果具有不确定性，存在很大的风险，这固然会涉及其他管理创新主体，但最终责任者只能是企业家。同时，企业家的知识管理的能力、所倡导的价值观、所营造的管理创新氛围，以及个人品质、个性、胸怀等都直接或潜移默化地对管理创新产生影响。

2. 知识员工是管理创新的坚实基础

知识员工处于管理创新的操作层，他们亲身体验管理创新的实际过程，直接将管理创新的"产品"生产出来，是企业管理创新的坚实基础。

（三）管理创新主体应具备的创新能力

创新能力是管理创新主体开展管理创新的基础和前提。有无创新能力是衡量、检验管理创新主体是优秀还是平庸的重要标志。创新能力的结构是多层次的，是由许多能力组成的。

1. 创新思维能力

创新能力是管理创新主体的核心能力，而创新思维能力则是创新能力的核心。缺乏创新思维能力，创意的产生及创新过程的成功实施是不可想象的，创新思维能力来源于创新思维，所谓创新思维，就是突破人们惯有的常规思维模式，以积极的探索精神来观察事物，让思维在宽度、广度、深度三维空间中驰骋，通过丰富的想象撞击出智慧灵魂的火花。

2. 应变能力

应变能力是创新能力的重要组成部分。管理创新本身就是应变的产物。没有应变就不会产生创意；没有应变管理创新能力，管理创新也难以得到有效实施。应变能力是管理创新主体的一种"快速反应能力",是管理创新主体创新能力的集中表现。

3. 人际关系能力

管理创新不仅是具体的机械性操作,还是以人为媒介的创造性工作。它通常是在上级、下级、同级等人员之间的信息交流中进行的。这就要求管理创新主体在管理创新过程中必须处理好与上级、下级、同级方面的人际关系。

4. 转化能力

转化能力是指管理创新主体将创意转化为可操作的具体方案的能力。这种转化能力与管理创新主体以往的经验与工作技能的掌握密切相关。管理创新主体应具备的转化能力主要包括以下几个方面。

(1)综合能力。综合能力是一种转化的技能,即把各种可行的途径、方法综合起来系统化,将其规范成一种可帮助创意实施的综合性方案的能力。

(2)移植能力。移植能力是指管理创新主体将其他领域中一些成功的方法、途径移植到管理创新的实践中的能力。

(3)改造能力。改造能力是指管理创新主体对现有的方法、途径进行改造,通过改造寻找合适的创意,并使创意向实施方案转化的能力。

三、管理创新的动力

(一)管理创新的内在动因

1. 人的心理活动特征

马斯洛把人的需要分为五个层次,而获得适应每一层次需要的具体满足物的欲望是无限多的。所以,由生理需要、安全需要、社交需要、尊重需要和自我实现的需要分别产生的具体欲望都是无穷无尽的,这也成为人们不断追求创新的满足物,以满足这些无止境欲望永不衰竭的动力源。

2. 实现自我价值的愿望

创新主体对成就的追求、对自我价值实现的向往、对社会责任的道义渴望更强化了他们创新的冲动。根据需要层次理论,人的多层次需要有一个由低到高逐级强化的过程,当生理、安全、交往、尊重等方面的需要获得基本满足之后,自我实现的需要就会凸显出来,成为追求创新的新动力。人们希望从创新的成功中获得成就感,显示自己的价值,从而得到满足。与自我价值的实现相伴而生的是对社会、对组织的强烈责任感,这会在创新主体的思想上产生强大的激励力量,促使创新主体为了对社会、对组织的崇高使命而付出不懈的努力,从事创新活动。

(二)管理创新的外在动因

1. 社会文化环境的变迁

人们的价值观念、兴趣、行为方式、社会群体会随着时间的延续而处在变化之中,这要求社会组织的行为必须随之做相应调整,以适应变化。

2. 经济的发展

经济的发展直接地影响着人们的生活方式、消费方式,呼唤着消费者对各种新产品、新服务、新时尚、新款式、新功能的追求。这极大地促使人们发挥创新的才智,发展生产力以满足人们丰富多彩的期盼。

3. 资源和环境保护的需要

由于自然条件的约束，人们越来越重视自然条件的挑战。自然原料日益短缺、运营成本日趋提高、环境污染日益严重、政府对自然资源的干预和对生态的治理不断加强，这些对企业都形成了巨大压力，迫使企业进行管理创新，以适应严峻的社会形势。

4. 科学技术的发展

科学技术的进步为人类开辟了更新、更广阔的天地。作为管理主体，有责任通过不断创新来引导和加速科学技术进步的进程。同时，科技的进步对管理主体形成了强有力的挑战：大部分产品的生命周期有明显缩短的趋势；技术与信息贸易的比重增大；劳动密集型产业面临更大的压力，如我国劳动力费用低廉的优势逐步减弱；流通方式向更加现代化的方向演进；对社会组织的领导结构和人员素质提出了更高的要求。

5. 对企业社会责任的关注

上述各种动因都要求我们重视管理创新，通过管理创新来迎接挑战。从世界范围来看管理创新与经济发展相辅相成，第一次企业管理创新的突破使美国制造业的劳动生产率提高了 2~3 倍，从而奠定了美国成为经济强国的基础。20 世纪 50 年代，日本企业创造了"全面质量管理""价格工程""精益生产"等管理思想，指导着大批日本企业迅速成长，成为近几十年日本企业在全球市场竞争中一路领先的重要原因。对于中国企业而言，卓有成效的管理创新将使中国经济实现从"中国制造"到"中国创造"的跨越。管理的核心是人，管理创新必须以人为本，建立科学、合理、公正的机制，充分调动人的主观能动性。

四、管理创新的内容

（一）管理观念创新

所谓观念创新，是指形成比以前能更好地适应环境变化并能有效地整合资源的新思想、新概念或新构思的活动，是前所未有的、能充分反映并满足人们某种物质和思想需要的意念或构想。对企业管理活动来说，管理观念的创新主要包括提出一种新的经营方针及经营策略，产生一种新的管理思路并把它付诸实施，采用一种新的经营哲学或理念，采用一种新的企业发展方式，等等。

观念创新既包括员工个人的观念创新，又包括企业整个组织的观念创新，这两个方面的观念创新相互联系、相互影响。个人观念创新服务、服从于组织观念创新，并对组织观念创新产生推动或阻碍作用；组织观念创新体现着观念创新的方向，并对个人观念创新产生引导、整合或抑制作用。

管理案例

冰箱用途的延伸

在美国，每个家庭都有电冰箱。这种高度成熟产品的市场竞争很激烈，利润率很低，美国的厂商显得束手无策，然而日本厂商却异军突起，生产出一种与 19 英寸（1 英寸≈2.54 厘米）电视机外形尺寸一般大小的冰箱。

当微型冰箱投入市场后，人们发现除了可以在办公室使用外，还可将其安装在房车上，在人们外出旅游时使用。微型冰箱改变了一些人的生活方式，也改变了它进入市场初期默默无闻的命运。

微型电冰箱与家用冰箱在工作原理上没有区别，其差别只是产品所处的环境不同。日本企业把冰箱的使用方向由家居转向办公室、汽车、旅游等其他侧翼方向，有意识地改变了产品的使用环境，引导和开发了人们潜在的消费需求，从而达到了创造需求、开发新市场的目的。

（二）管理组织创新

管理组织创新包括组织机构创新和管理制度创新，也正是在管理制度这个层次方面，组织创新与制度创新存在着内容交叉。管理组织创新主要包括提出一种新的组织理念，采用一种新的组织机构形式，采用一种新的组织沟通网络，采用一种新的职责权限划分方法，设计一种新的管理制度，并有效实施，提出一种组织学习的有效形式，等等。

管理思考

在"互联网+"背景下，企业的组织结构发生了哪些变化？

（三）管理方式创新

所谓管理方式，简单地说，就是指管理方法和管理形式，是企业资源整合过程中所使用的工具。一种新的管理方式能提高生产效率，或使人际关系协调，或更好地激励员工，这些都将有助于企业资源的有效整合，并达成企业既定的目标。管理方式创新既可以是单一性的管理方式方法创新，如库存管理法、网络计划技术、ABC管理法、物料需求计划等，也可以是综合性的管理方式方法创新，如制造资源计划、全面质量管理、准时化生产方式、计算机集成制造系统、企业资源计划等。概括起来，管理方式创新主要包括采用一种新的管理措施，实行一种新的管理模式，提出一种新的资源利用措施，采用一种更有效的业务流程，创设一种新的工作方法等。

管理案例

接吻青蛙

美国的3M公司是世界上创新能力较强的公司之一，它不仅鼓励工程师，还鼓励每个人都成为"产品冠军"。公司鼓励每个人关心市场需求动态，成为关心新产品构思的人，让他们做一些家庭作业，以发现开发新产品的信息与知识、公司开发的新产品的销售市场及可能的销售与利益状况等。如果新产品构思得到公司的支持，就将相应地建一个新产品开发试验组，该组由R&D部门、生产部门、营销部门和法律部门等部门的代表组成。每组由"执行冠军"领导，负责训练试验组，并且保护试验组免受官僚主义的干涉。如果一旦研制出"式样健全的产品"，试验组就一直工作下去，直到将产品成功地推向市场。开发组有时经过3~4次的努力，才能使一个新产品构思最终获得成功；而在有些情况下，却十分顺利。但3M公司很清楚千万个新产品构思可能只能成功1~2个。一个有价值的口号是"为了发现王子，你必须与无数只青蛙接吻"。"接吻青蛙"意味着经常失败，但3M公司把失败和走进死胡同作为创新工作的一部分，其哲学是"如果你不想犯错误，那么什么也别干"。

（四）管理模式创新

所谓管理模式，是指基于整体的一整套相互联系的观念、制度和管理方式方法的总称。这个整体可以是一个国家、一个区域、一家企业，乃至企业内的某个具体管理领域。在企业层次方面产生的一整套相互联系的观念、制度和管理方式方法就形成了企业管理模式，如集成管理、危机管理、企业流程再造等。同样，在企业内的某个领域所产生的一整套相互联系的观念、制度和管理方式方法就形成了领域管理模式，如生产管理模式、财务管理模式、人事管理模式等。显然，管理模式是一个非常宽泛的概念，既有宏观管理模式（如国家管理模式），又有微观管理模式（如企业管理模式）。

管理模式既是管理创新的条件，又是管理创新的结果。一般来说，管理模式创新具体包括企业管理的综合性创新，企业中某一管理领域中的综合性创新，管理方式方法和管理手段的综合性创新等。

五、管理创新的方法

（一）完成创新"管理者"的角色转变

在当今快速发展变化的时代，创新的重要性日益突出，以传统意义上的计划、组织、领导、控制等职能管理模式带来的管理创新是难以适应的。对创新的强调要求管理者，以创新为中心，创新组织的管理思想和观念，充分调动员工的主观能动性，积极构建支持创新发生的平台，形成良好的创新氛围，建立创新协同的有效机制，使创新成为组织日常经营运作的常态。

（二）营造创新的氛围

创新依赖于组织是否形成对创新支持的氛围。组织创新气氛是组织成员对创新工作环境或情境的感知和体验，是个体对于是否允许、支持、激励其创新的主观认知和判断，直接影响到组织成员是否能创新、敢创新和愿意创新。良好的组织创新氛围作用于其中的成员，激励其发挥创新潜力，投入组织的创新活动，帮助组织取得良好创新效果。

为此，组织可以实施相应的管理策略来形成良好的创新氛围。首先，管理者要转变行为的方式，实行民主化管理，缩短权力距离，为下属提供工作支援，开发下属专长，提倡建立任务导向的成员间关系等。其次，强化组织远景目标、提升工作安全感、增强员工自治性、推动组织层级扁平化，强化人才选拔配置和开发，促进创新氛围的产生。最后，促进跨部门、跨层级的交流互动，促进成员间的信息、知识和想法的共享转移。

（三）制订计划要保持必要弹性

创新高度依赖于创新者个人的创造力。人天生具有创造的天赋，但是人的创造力很容易由于应付繁忙的工作而受到抑制。另外，人的创造性的发挥是随着个体思想、精神状态而变化的。满负荷的工作使人无暇放慢脚步以便静下心来倾听内心深处的声音，进行自由的思考，也不利于产生创新的灵感。因此，要合理制订计划，留出时间用来独处与思考。

（四）正确地对待和利用失败

由于没有现成的经验，因此创新要冒风险，大部分至少在短期来看都可能失败。管理者应该认识到创新的高失败率，并理解、宽容创新尝试者的失败，为失败者提供充分的支撑和保障。事实上，所谓成功和失败并不是绝对的，而是相互联系和转化的。创新需要从失败中总结经验教训并坚持不懈，失败往往成为成功的阶梯。

（五）建立合理的激励制度

要激发组织持续的创新动力，必须建立一套完善的创新激励机制。根据马斯洛需求层次理论，人的需求是趋于提高的，因此，企业对于员工的创新激励，除了物质激励以外，还要提供精神激励，并且到一定程度后，精神激励更重要。当今常见的激励方式有薪酬奖金激励、福利激励（股权、股票、期权等）、产权激励、晋升激励、知识激励（如培训、进修等）、情感激励、危机激励等。

 任务三　危机管理

情境一：温水煮青蛙

美国康奈尔曾经做过一个有名的"青蛙试验"。试验人员把一只健壮的青蛙投入热水锅中，青蛙马上就感到了危险，拼命一纵便跳出了锅子。试验人员又把该青蛙投入冷水锅中，然后开始慢慢加热水锅。开始时，青蛙自然优哉游哉，毫无戒备。一段时间后，锅里水的温度逐渐升高，而青蛙在缓缓的变化中却没有感受到危险，最后，一只活蹦乱跳的健壮的青蛙竟然活活地给煮死了。

情境二：35次紧急电话

美国记者基泰丝到日本渡假，在日本著名的奥达克余百货商场买了一台电唱机作为礼物准备送给住在东京的婆婆。基泰丝回到宾馆后打开包装却发现电唱机缺少部件无法使用，这位记者非常生气，当晚写了篇题目为《笑脸背后的真面目》的稿件准备第二天送报社。然而第二天一早，基泰丝忽然接到奥达克余百货商场的道歉电话，不一会儿，商场经理及营业员出现在她的房间门口，他们送来了一台电唱机，并赠送了一张经典唱片。商场经理还拿出一份备忘录，上面记录当天发现货发错了之后，营业员通知商场负责人，商场通过广播系统和保安寻找购买者没有结果后，立即在收银系统和客服系统中查找客户相关信息，终于发现记者留下的一张快递单，上面有记者在美国的父母的电话，商场通过和记者的父母联系，得知其在日本的婆婆的电话，并最终找到记者在东京宾馆的电话，于是出现了刚才的那一幕。这期间所打出的紧急电话共35次！深受感动的基泰丝用《35次紧急电话》代替了《笑脸背后的真面目》，对奥达克余大加赞扬。

请思考：以上两个情境案例给你带来什么启示？

任务分析

危机总是在毫无防备的情况下悄然而至。危机意识是一种对环境时刻保持警觉并随时作出反应的意识，也就是随时会辨别和捕捉危机前兆意识。温水中的青蛙，没有危机感的就是最大的危机。《35次紧急电话》强烈的公众利益至上的危机意识，最后危机也就变成了"契机"。

 **管理知识**

一、危机与危机管理

（一）危机的含义

在日常生活中，危机这个词被广泛使用，从能源危机到环境危机，从人口危机到战争危机，频繁地使用使它几乎变成了灾难或意外的等同语。在现代汉语中，危机有两种意思：一是指潜伏的祸根，如危机四伏；二是指严重困难或生死成败的紧要关头，如经济危机。"危机"是由两个字组成，即"危"和"机"。"危"，代表的是危险、危难、危局，"机"，代表的是机会、机遇、商机。这里所说的机会不是指可获得更多额外的利益，而是其隐含存在脱险的机会，或是降低危机爆发所带来的可能不利效应。

在危机管理理论领域，对于危机的概念，许多学者从不同角度对危机进行了描述。危机对策研究的先驱 C. F. 赫尔曼曾经对危机下过一个经典的定义："危机是威胁到决策集团优先目标的一种形势，在这种形势中，决策集团作出反应的时间非常有限，且形势常常向令决策集团惊奇的方向发展。"巴顿（Barton）说："危机是一个会引起潜在负面影响的具有不确定性的大事件，这种事件及其后果可能对组织及其员工、产品、服务、资产和声誉造成巨大的损害。"福斯特（Forster）认为："危机具有四个显著特征，即急需快速作出决策、严重缺乏必要的训练有素的员工、相关物资资料紧缺、处理时间有限。"里宾杰（Etrbniger）也认为："危机是对于组织未来的获利性、成长乃至生存发生潜在威胁的事件。"总之，国外学者对危机的界定偏重于对一个事件、一种情景的描述，强调其带来的损害与威胁。

国内对危机的理解强调其双重含义，既看到危机造成的损失与威胁，也强调其有助于组织发现隐患、找到振兴机会的潜在作用，强调其时间上的急迫性。结合中外学者对危机的界定，我们可以将危机定义为：组织所面对的外部突发事件或某种经营管理隐患的累积爆发，它对组织的日常运营、战略目标的实现或生存发展构成威胁或严重损害，要求组织管理者在最短的时间内作出决策，及时采取措施主动化解的特殊时期。

（二）危机的特征

1. 危机的程度性

在危机的不同发展阶段，危害程度也不同，管理者应正确地评估危机，分清哪些是较轻的危机，哪些是严重甚至程度危及生存的危机，特别是同时爆发多种危机的情形更是如此。危机的影响范围和损害程度不同，组织处理的方式和资源的配置也不同，在危机处理过程中需要依据一定的指标划分危机的不同级别以便分别采取应对措施及处理方式。

2. 危机的复杂性

危机很少是由单一因素造成的，一般也不会毫无先兆地突然发生，所谓"冰冻三尺，非一日之寒"讲的就是这个道理。危机一旦爆发，必定是由多种不利因素的负面影响长期累积的结果，这些因素包括组织内部因素和组织外部因素。一个生产性组织的原料或产品的长期积压，错误的投资决策，混乱的财务管理体系等都可影响组织的现金流，而使一个经营看似良好的公司陷入破产的境地。危机的复杂性还表现在多种危机同时爆发，几种危机之间相互关联、相互影响。

3. 危机的动态性

危机爆发后随着时间的流逝而不断变化扩展，如果不能及时控制则有可能使一个微小的危机发展成为危及组织生存的重大危机。危机管理的措施得当，资源投入大，危机就会得到有效地控制和恢复，如果对危机的认识不够，没有采取很好的措施，也没有相应的投入，危机就会不断扩大。危机的动态性还表现在危机的扩大与控制消灭的斗争之中。

4. 突发性和不确定性

危机往往都是不期而至，令人措手不及，危机发作的时候一般是在组织毫无准备的情况下瞬间发生，给组织带来的是混乱和惊恐，此称为危机的突发性。所谓不确定性，是指人们不可能或无法对问题进行客观分类的情形。因此，面对具有不确定性特征的问题时，人们的行为在很大程度上依赖于"其对自己正确估计机会的估计"，或者说，依赖于人们对自己信念的置信度。也就是说，不确定情形下，人们只能对问题给出主观分类并赋予这种主观分类以一定的主观概率。因此，在这种情形下，人们能否正确预见事物的未来，完全依赖于洞察力、敏感性、专业知识以及运气。

5. 破坏性

由于危机常具有"出其不意，攻其不备"的特点，不论什么性质和规模的危机，都必然不同程度地给组织造成破坏，造成混乱和恐慌，而且由于决策的时间以及信息有限，往往会导致决策失误，从而带来无法估量的损失。同时，危机往往具有连带效应，引发一系列的冲击，从而进一步扩大事态。危机不仅会破坏正常的组织运营秩序，更严重的是会破坏组织持续发展的基础，威胁组织的未来发展。

6. 急迫性

危机一旦爆发，其破坏性的能量就会被迅速释放，并呈快速蔓延之势，如果不能及时控制，危机会急剧恶化，使组织遭受更大损失。而且由于危机的连锁反应及新闻的快速传播，如果给公众留下反应迟缓，漠视公众利益的形象，势必会影响公众的同情、理解和支持。因此，对于危机处理，可供作出正确决策的时间是极其有限的，这也正是对组织决策者最严峻的考验。

7. 聚焦性

进入信息时代后，危机信息的传播比危机本身的发展要快得多。媒体业的发展大大强化了媒体在危机中的影响与作用。信息传播渠道的多样化、时效的高速化、范围的全球化，使危机情境迅速公开化，成为公众聚集的中心，成为各种媒体热炒的素材。同时，作为危机的利益相关者，各类媒体不仅仅关注危机本身的发展，也更关注组织对危机的处理态度和所采取的行动。作为社会公众有关危机的主要信息来源，各种形式的媒体对危机报道的内容和态度影响着公众对危机的看法和态度。有些组织在危机爆发后，由于不善于与媒体沟通，导致危机不断升级。

（三）危机管理的含义

在危机已经或将对组织造成冲击时，组织都会被动或主动地开展一系列的管理措施来应对危机以减少危机造成的损害，自此危机管理作为一项相对独立的有针对性的管理活动也就应运而生了。

普林斯顿大学的诺曼·R.奥古斯丁教授认为，每一次危机本身既包含导致失败的根源，也孕育着成功的种子。发现、培育，以便收获这个潜在的成功机会，就是危机管理的精髓。而习惯于错误地估计形势，并使事态进一步恶化，则是不良的危机管理的典型。简言之，如果处理得当，危机完全可以演变为"契机"。

美国学者 Steven Fink 认为"对于组织的前途转折点上的危机，有计划地消除风险和不确定性，使组织更能掌握自己前途的艺术。"

日本学者龙泽正雄将危机发现与危机确认作为危机管理的出发点，认为危机管理是发现、确认、分析、评估和处理危机的系统过程。

尽管上述定义的表述各不相同，但它们都强调了以下两点：第一，危机管理是一个时间序列，既包括危机爆发前的管理又包括危机爆发后的管理；第二，危机管理的目的在于减少乃至消除危机可能带来的危害。

基于上述认识，我们把组织的危机管理界定为：所谓危机管理，是指组织或个人通过危机监测、危机预警、危机决策和危机处理，达到避免、减少危机产生的危害，甚至将危机转化为新的发展机会等目的的一系列活动。简而言之，通过管理使潜在危机或者现实危机的危害性降到最低。

二、危机管理的原则

面对危机，管理者必须头脑清醒、镇定，遵循一定的处理原则和程序，妥善地、及时地处理危机。根据危机的特点和危机管理的目的，危机管理应遵循以下几项主要原则：

（一）预防第一原则

防患于未然永远是危机管理最基本和最重要的要求。危机管理的重点应放在危机发生前的预防，预防与控制是成本最低、最简便的方法。危机管理包含的日常危机预防，决定了危机管理的长期性和动态性特征，这能帮助减少企业付出的代价；同时，在危机四伏的动荡环境中，危机预防实际起到了维持企业竞争力和保障可持续发展的作用。为此，建立一套规范、全面的危机管理预警系统是必要的。

 管理案例

> **野猪磨牙的故事**
>
> 《伊索寓言》里有这么一个小故事，一只狐狸看到一只野猪正在树旁的树干上使劲地磨牙齿，狐狸好生奇怪，环顾四周，没有猎人也没有其他的猛兽，狐狸越发纳闷了，不由发问："你现在很安全呀，为什么要磨牙齿呢?"野猪回答："我这样做是有道理的，因为一旦危险降临，就没有磨牙的工夫了，那时我正好可以使用磨好的利牙呀。"
>
> 野猪是明智的，因为它清楚，当危险降临，它就根本没有机会磨利牙齿。没有尖利的牙齿，应对强敌时，就会有生命之忧。
>
> 故事启示：人们应当未雨绸缪，防患于未然。否则，当事件降临时，就会束手无策，被动挨打。

（二）公众利益至上原则

在危机管理工作中，企业关注的重点不应是短期利益，而是长远的发展利益，只有企业将关注重心放在其他各方利益相关者身上，企业的长远发展利益才能顺理成章得以实现。

（三）全局利益优先原则

在危机管理工作中，企业管理者要处理好局部利益与全局利益的关系。虽然危机可能

由局部问题造成，但其影响却可能是全局性的；当局部利益与全局利益难以两全时，企业有必要拿出"壮士割腕"的气魄，以全局为重，以确保企业长远的发展利益。

管理案例

美国强生：危机管理，公众利益优先

1982年，强生公司因泰诺中毒事件陷入灭顶之灾的危机之中，然而经过强生公司的努力，成功的危机公关，化危为机，重新占领市场，成为公关史上著明的一则公关案例。

1982年9月29日至30日，在美国芝加哥地区发生了有人服用含氰化物的强生公司生产的"泰诺"药而中毒死亡的严重事故。最初，仅有3人因服用该药物中毒死亡，但是随着信息的扩散，据称全美各地已有250人因服用该药物而得病或死亡，这些消息的传播引起约全美1亿多服用"泰诺"胶囊的消费者的极大恐慌，使公司的形象一落千丈，名誉扫地，医院、药店纷纷把它扫地出门。

民意测验表明，94%的服药者表示今后不再服用此药。面对新闻界的群体围攻和别有用心者的大肆渲染，"泰诺"药物中毒事件一下子成了全国性的事件，强生公司面临一场生死存亡的巨大危机。怎么办？强生没有等死，全力展开解救。

公司快速反应，组成了以总裁为首包括公关部长在内的7人危机处理委员会，连续6周每天都碰头2次，以解决危机发展中出现的各种问题。整个危机处理，强生坚持了两点：一是做好"最坏的可能"准备；二是始终把公众的利益放在第一位。

首先，公司决定真诚地面对公众和媒体，主动与媒体保持充分的合作。同时，公司停止了报刊、广播、电视中所有关于泰诺的广告。公司管理层通过媒体不断表示，公司坚决保护公众的利益，并保证彻底解决中毒事件，给消费者圆满的处理结果。

整个危机处理过程，强生公司的坦诚、愧疚和负责的精神，给公众留下了很深的印象，也赢得人们的同情和支持。

（四）主动面对原则

在公众受到危机危害时，组织应积极面对、果断决策、认真指挥和协调危机管理的各项工作，以最大的主动性负起责任。要根据危机性质，采取有力措施来控制危机的进一步发展；担负第一信息来源的角色，主动配合媒体的采访和公众的提问；把握信息发布的主动权，主动向公众通报实情，加强与公众的信息沟通，帮助公众克服恐慌心态；必要时，应主动与国际社会合作。在公众不满情绪高涨，但事实尚未查明时，企业不妨采取较高姿态，主动承担责任，给予一定损失赔付，以尽快减弱危机的负面影响。

主动面对原则就是要求政府或组织将公众利益放在首位，敢于负起责任，积极主动应对危机。坚持这一原则有助于提高政府或组织的信誉。

（五）快速反应原则

危机的突发性特点要求危机处理必须迅速有效。危机的危害性很大，影响的范围很广。危机的危害性不仅会造成生命和财产的损失，还会影响到社会和组织系统的正常运转，如果不及时控制，必将给组织带来极大的危害。同时，危机时刻也是考验组织的整体素质和综合能力的关键时刻。因此，危机爆发后，组织必须快速作出反应，以最快的速度设立危机管理机构，迅速调动人力、财力和物力来实施救助行动，尽快展开事件调查和评估，采取处理措施。

管理案例

东芝笔记本电脑事件

2000年5月：因为笔记本电脑软件功能有瑕疵，日本东芝公司为此赔偿美国用户10.5亿美元。但使用同一产品的中国用户，却没有享受到同等待遇。日方的解释是，因为中国法律与美国法律对消费者的保护程度不一样。

东芝公司总部公关负责人向媒体表示：这一事件反映出东芝公司与新闻媒介交流不够充分，甚至可以说没有太多的交流，沟通得很不好。在事件发生之前，东芝公司在中国没有一个专门的公关部门负责与媒体进行沟通或说明。

这起事件后，东芝公司已经着手在中国地区建立一个发言人部门，将专门负责媒体沟通和回应大众质疑。

（六）真诚坦率原则

当危机发生后，企业应尽快与大众媒介取得联系，公布事实真相。如果由于信息敏感性，不能透露所有细节，企业也应确保所披露信息是真实可靠的。一些危机本身是由公众误解造成的，只要企业及时公布真实信息和相关证据，公众的误解自然就会消除。

管理案例

"我愿意多等5分钟至10分钟"

2020年9月8日，《人物杂志》报道了外卖小哥的生存困境，表示他们这是一个高风险的职业，像在闯红灯、交通事故等。对于此事，饿了么迅速作了一个声明称，将新增一个按钮，名字叫作"我愿意多等5分钟至10分钟"。

为此，饿了么还专门写了一个特别温情脉脉的文案：

"你愿意多给我5分钟吗？系统是死的，人是活的，将心比心。饿了么在保障订单准时的基础上，希望你能做得更好一点。第一，饿了么会尽快发布新功能，在结算付款的同时增加一个我愿意多等5分钟至10分钟的小按钮。如果你不是很着急，可以点一下多给蓝骑士一点时间，饿了么也会为你的善解人意给一份回馈，可能是一个小红包或者是吃货豆。第二，饿了么会对历史信用好，服务好的优秀蓝骑士提供鼓励机制，即使个别订单超时，他也不用承担责任。每个努力生活的人都值得被尊重。"

这个回应引起了舆论，新浪微博有75%的网友反对饿了么这种做法，并对饿了么进行批评。要知道5分钟不应该是消费者给到骑手的，而是应该是平台给到的；不是消费者在压榨骑手，而是平台在压榨他们。饿了么却将这个责任推到了消费者头上，消费者能买单吗？对于这样的结果，饿了么更多的还是站在自己的立场和利益的角度去思考这个问题。

饿了么平台迅速进行危机处理，展开调查。但让人笑掉了大牙是，调查结果迅速画风一转，在微博平台上居然突然出现了大量的支持饿了么平台的声音。由于出现的时间太密集了，网友不禁发问：难道这些用户都姓水吗？这句话意味深长，暗指突然出现大量支持的声音是水军。

饿了么平台爆发了危机事件，那么就应该坦诚地承认自己的错误与不足，而不是让自己背上涉嫌雇佣大量水军的骂名，饿了么平台这样处理问题的方式又如何使公众理解你呢？

（七）系统运作原则

企业内部应首先统一指挥，按照危机管理预案的要求，确定负责人员，明晰各自任务职责，听从管理小组的指挥；危机管理具有全员参与性质，企业的每一位员工也应保持高度负责任的态度，遵循企业整体的危机处理方针；在危机处理过程中，企业内部需做好协调，一致对外。

（八）灵活运作原则

危机管理人员应具有灵活运作的意识，在企业内外部发生没有预期到的变化时，不能完全依教条行事，这是危机管理的艺术性体现，也是对管理者处理突发事件能力的一个考验。

在危机爆发阶段，由于形势严峻、局势较混乱，在时间紧迫的情况下，高层管理者更需保持镇定、果断、灵活，在预定处置计划基础上，依情势做出合理调整，为企业其他成员树立信心，带领员工共渡难关。

三、危机管理的过程

按过程论和危机生命周期论的观点，结合危机不同时期的特点，一般的危机管理操作通常分为三个阶段：危机预警阶段、危机控制阶段、危机总结阶段。

（一）危机预警阶段

成功的管理者除了考虑当前的市场压力外，应花大力气考虑将来可能发生的危机。这就引出了危机管理的预防阶段：未雨绸缪。

1. 正确地认识危机

爆发危机，组织正常的经营必然被打乱，如果没有很好的危机预防措施，组织上下就会惊慌失措，就不可能正确地认识危机、分析危机的起因，也不可能采取有效的危机处理措施，从而错失了处理危机最佳时机。组织管理者在危机管理中应扮演舵手的角色，敏感地觉察到危机的紧迫性和给组织所带来的严重后果，迅速找出危机的诱因，同时调动组织所有员工的积极性，利用团队精神、群体决策能力，树立战胜危机的决心和信心，对危机有针对性地采取措施，防止危机的扩散。

（1）风险的识别与确认。任何经营活动都伴随着一定的风险，要做好危机的预防，并不是要对所有的风险进行管理，究竟哪些风险的危害程度大到组织必须注意，哪些风险的危害程度小到可以忽略不计，这就是风险的识别。识别风险的方法有多种，可以运用行业风险，也可以用一般组织的风险加上自己组织的特有的风险，还可以从历史的经验中总结出。如果有足够时间和资源，应尽可能地列出组织可能面临的风险即风险的确认。

（2）风险的评估。风险一旦确认以后，应尽可能地列出一些评估的指标，将这些指标量化，根据评估的结果，按危害程度由重到轻的顺序对风险进行排序，排在前面的则是必须高度关注的风险。评估风险有助于更好地进行风险管理，在进行风险管理的时候，必须尽可能地找出风险的诱发因素，以便于对症下药，同时将资源进行合理分配，搞好资源的投入产出分析，尽可能地做到以最少的投入来化解风险。

2. 引入危机管理框架结构

以前，人们总是在危机发生时建立一个危机管理小组来协调和控制危机及其产生的影响，但这种小组是临时组建的，不具备行使一些特定任务所必备的各种技能，同时用来挑选小组成员也要花费很多时间。因此，我们可以尝试建立危机管理结构框架，它主要由三部分组成，第一部分是信息系统，第二部分是决策系统，第三部分是运作系统。

信息系统主要负责对外工作，由信息整合部、信息对外交流部和咨询管理部组成。信息整合部对外派出信息侦察兵来收集信息，并对所收集的信息进行整理和评估鉴定；信息对外交流部负责应付公众、媒体、利益团体和危机之外的人，咨询管理部主要负责分析危机的影响和危机管理造成大众及相关利益集团对组织的看法，并提出改善的建议，把一些重要信息及时向高层报告。

决策系统由危机管理者统率，负责处理危机的全面工作，他必须有足够的权威进行决策，一般由首席危机管理者，如公司的经营决策层担任，也可由中级或基层管理者担任，但是这时必须由高级决策层授予其较大的权限。

运作系统由部门联络部和实战部组成，其中部门联络部负责联络公司内部受危机影响的部门与不受影响的部门，是正常经营地区与受危机影响地区的联系纽带，而实战部则负责将危机管理者的策略计划做成实战的反应策略和计划，并通过专业知识来实施这些计划。这种危机管理框架结构，不管应付何种类型、规则与性质的危机，都清楚地限定了每一个部门的工作和目标。将内部的信息沟通和提供给外部团体的信息分开，减少了误解和对抗，降低了对组织信誉所造成的影响，而且，组织可以根据需要来构建结构框架，将非危机时的工作头衔与危机管理中的任职分开。这样既可以避免机构的庞大臃肿，又可以提高应付危机的能力。

3. 建立危机预警系统

确认了风险以后，就应建立相应的危机预警系统来实现对危机的管理。建立危机预警系统的目的是尽早地发现危机，当危机发展到一定程度以后，系统能自动地报警，然后进入处理程序。

危机预警系统功能就是收集危机的信息，对收集到的信息进行分析处理，然后转化为控制的指标体系，将加工整理后的信息和指标与危机预警的临界点进行比较，从而对是否发出警报作出决策。为实现上述功能，危机预警系统由以下几部分组成：

（1）信息收集子系统。信息收集子系统的任务是对有关危机风险源和危机征兆等信息进行收集。建立信息收集子系统时，一定要满足信息收集的全面性，而且要保证信息真实性和传递的可靠性。

（2）信息加工子系统。信息加工子系统是对所收集的信息进行分类和整理，然后转化成指标体系所需的格式。在进行信息的分类和处理时，信息加工子系统要有对虚假信息的识别和剔除的功能，这样可以保证决策的质量。

（3）决策子系统。经过处理后的信息被送到决策子系统，决策子系统通过对所接收到的信息进行分析，然后将分析的结果与相应的指标体系进行比较，看是否超过了危机的临界点，如果超过，就将警报传递给警报子系统。

（4）警报子系统。警报子系统的功能就是要将危机警报明确无误地传递给危机管理者，以便让危机管理者迅速采取行动。

建立危机预警系统时，要注意指标建立的合理性，最好将预警系统与组织的通常管理相结合，比如财务管理与财务预警系统的融合。另外，预警系统应不断寻到维护和更新，以保证预警系统的有效性。

4. 定期对公司的管理体系进行评审

运营环境变化以后，组织原有的管理活动有可能出现与现实不符，出现的新问题又没有办法处理，组织内部容易出现扯皮、相互推卸责任和"三不管"等管理上的死角，这样不利于经营管理，也降低了经营效率，因此，应定期对管理体系进行评审，根据变化的环境和组织存在的问题，对程序文件作必要的调整和修改。对管理体系的评审和修改，应由管理层和专业的管理咨询公司一起进行，在审时度势和满足实际需要的基础上，旨在提高产品质量、劳动效率和核心竞争力。

5. 培训与模拟演习

危机预防不仅仅是管理者和少数几个人的事，而在于所有职员的参与，为使大家形成一个统一的团队，有必要将危机预防管理的基本知识与全体员工进行交流，使全体职员熟悉危机预防的常识与程序，同时集思广益，完善危机管理机制，将危机管理推向组织文化管理高度，使危机管理成为组织文化的一部分。模拟演习和培训是组织进行危机交流的有效方式。危机模拟演习能够提高职员应对危机的技能，加深员工对危机的认识，同时可以检验危机预警系统的有效性。不少企业对新进员工都要进行安全知识的培训，也有一些老国有企业门口仍写有"安全生产便是最好的效益"，这句话虽然不全对，但也是对安全事故有一定的警示作用。

（二）危机控制阶段

本阶段的首要任务是危机的确认。在寻找危机发生的信息时，管理人员最好听听公司中各种人的看法，并与自己的看法相互印证。

危机确认后的任务是迅速地采取行动。仅仅提高对危机的认识是不可能使危机得到解决，关键还是有所行动。火越小就越容易被扑灭，危机处理得越早，就越会把握危机处理的最佳时机，把危机的损失降低到最低，危机的负面影响就越小。具体表现在以下几个方面：

1. 成立危机管理小组

在危机的初始阶段，首先要迅速成立危机管理小组，对危机进行统一管理。其次，要员工深入群众了解危机的各个方面，收集危机具体、详细的信息，包括危机发生的时间、地点、原因、造成的损失、事态发展、员工及公众对危机的看法和他们关注的焦点。收集信息可以采用现场采访、慰问受害者及家属等方式，做好相关的记录，然后递交给有关部门，危机管理人员要对所收集的信息进行认真的分析研究，针对危机的问题提出对策并制订行动计划。行动计划应有一个最乐观的计划，即危机还没有完全得到解决，同时也要有一个危机爆发后的计划。

2. 迅速采取隔离措施

为了防止危机的进一步扩大，减少危机所带来的损失，应采取果断迅速地隔离危机现场，加强对危机现场的控制，对危机现场的人员组织必要的救护，防止此次危机引发其他的危机或危机向组织以外扩散。

3. 正确评估危机，有针对性地采取行动

遭遇危机，就像人生了病一样，会表现出这样或那样的不良现象，通过对危机的评估，就是要从种种危害信号中找出现实危害或潜在威胁最大的方面，有针对性地采取行动。

4. 对危机处理所需资源的管理

为了能有效解决资源运用的问题，组织平时便应设立危机资源管理系统，包括资源的种类、数量、配置地点等，从而建立资源管理系统数据库，以供危机管理小组运用。

5. 资讯的管理

随着组织规模的扩大，组织信息处理的量越来越大，引入信息管理是大势所趋，互联

网的出现和应用标志着信息时代的来临，构筑先进的信息台，有助于预防因资讯缺失而爆发的危机，也可以形成核心竞争力。在危机处程中，信息的快速收集和处理显得极为重要。危机爆发后，处理信息的速度要快，原有信息系统可能遭到不同程度的破坏，会得到真假掺杂的信息，这给危机处理带来了一定的难度。而准确又快速处理是正确有效处理危机的前提，只有危机管理者全面地了解危机现状和相关信息，并快速地将危机决策传递给危机处理者，减少危机信息传递的环节，保持资讯的准确性，保证在危机处理中用一个声音对外说话，危机才会得到有效处理。

6. 加强危机中的沟通

由于危机涉及的面较广，人员较多，比如企业危机，涉及工会、雇员、股东、消费者、企业所在的社区、政府等，每个人掌握的信息、对事态关心的程度心理各不相同。为了争取相关人员的谅解和支持，缓解危机的压力，尽量争取加入危机管理团队，进行必要的沟通显得十分重要。一方面，沟通可以加强部门之间的信息交流，充分传达信息，使危机管理人员及普通群众对危机有全面的认识，便于上下之间合作，集思广益，保持同一步伐；另一方面，沟通可以加强组织与利益相关群体的联系，更容易获得他们的支持和信任，让他们也加入到危机理中来，通过沟通可以将组织对危机积极负责的态度和处理危机的决心展示给利益相关群体，使他们及时了解危机的现状，统一和端正他们对危机的认识，使他们认识到危机与自己的利益息息相关，组织解决危机的努力与维护自己利益是一致的。另外，即时的沟通还可以使组织与外部公众建立良好的互动关系，特别是在危机的蔓延阶段，各种猜测平地而起，通过沟通可以澄清事实，把信息向公众公开，有利于减少公众的猜疑，也是对各种谣言有力的回击，从而大减轻舆论的压力。

（三）危机总结阶段

1. 成立评估系统并进行评估

危机结束后，组织需要成立一个调查及评估小组，在危机发生后应立即针对下列问题作评估：①计算机、沟通技术等功能是否已发挥既有的功能？②感应系统与决策群体间的合作是否良好？③以组织现有的知识与能力是否能对危机作有效的处理？④组织危机沟通网络系统是否能如预期地传达所需信息？⑤组织所学到的知识是否可转化成有利于组织本身的工具？⑥组织成员或是决策群体在危机情境下所作的决策效果如何？由以上可知，调查评估小组所负责的是对整个危机管理活动作调查及评估的工作，以供组织修正危机计划时参考。

2. 加速复原工作的推行

危机发生后，组织对其内外部遭受到伤害的利害关系者应予以适当的救助与补偿。就组织外部的利害关系者而言，在危机发生后，组织除应勇于向社会大众说明危机发生的原因与处理情形外，并应声明愿意负起道义上的责任，而不是一味地推卸责任。就组织内部而言，危机除了会造成销售量减少、利润下降、组织成员心灵上的创伤，还会造成自我价值的错乱。此时管理者应通过沟通的方式来治愈组织成员心理上的创伤，或使组织成员们了解危机对于组织所造成的严重影响，来获取成员们的认同进而加入组织复原的工作。

3. 从教训中学习与危机管理的再推动

在危机爆发后，组织的管理者除了要加速复原工作的进行与成立调查评估小组外，最主要的工作还是要从危机事件中学习教训，并将此学习回馈至危机前的准备工作，以利于危机管理活动的再推动。因此，组织应当运用组织学习的理论，来从事危机管理体系的规划与运作，通过此过程来教导组织成员如何学习、分享知识，并执行创造性的决策。如此一来，才可达到所谓的预期下一个危机、避免下一个危机，更进一步达到管理下一个危机的目的。

项目小结

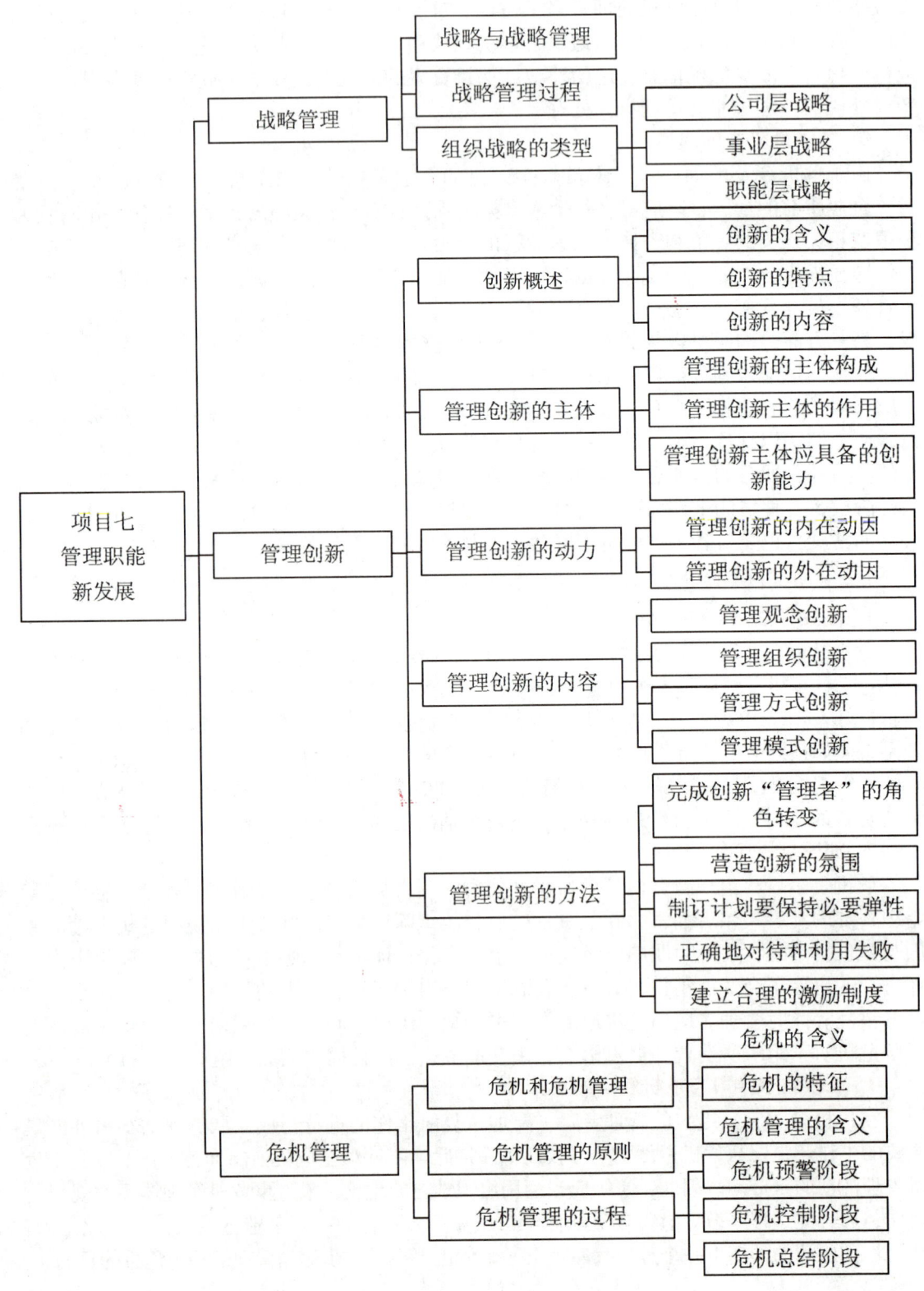

课后习题

一、判断题
1. 在组织战略的层次中，处于中层的管理者通常要对事业层战略负责。（　　）
2. 公司层战略，又叫竞争战略。（　　）
3. 公司战略和竞争战略强调"将事情做好"的话，那么职能战略则强调"做正确的事情"。（　　）
4. 创新是指一种新产品、新技术或新经营方式的初次出现。（　　）
5. 产品创新关注活动的结构，即"制造什么"，工艺创新则强调达到某种结果的过程，即"怎么创造"。（　　）
6. 管理创新的主体包括企业家和知识员工。（　　）
7. 如果处理得当，危机完全可以演变为"契机"。（　　）

二、选择题
1. 组织战略的类型包括(　　)。
   A. 公司层战略　　B. 事业层战略　　C. 职能层战略　　D. 管理层战略
2. 一家公司既从事生物保健品的生产和销售，又从事房地产的开发和销售，属于(　　)。
   A. 多元化成长战略　　　　　　　B. 一体化成长战略
   C. 市场渗透战略　　　　　　　　D. 市场开发战略
3. 按过程论和危机生命周期论的观点，结合危机不同时期的特点，一般的危机管理操作通常分为三个阶段：(　　)。
   A. 危机预警阶段　　　　　　　　B. 危机控制阶段
   C. 危机处理阶段　　　　　　　　D. 危机总结阶段
4. 危机预警系统由以下几个部分组成(　　)。
   A. 信息收集子系统　　　　　　　B. 信息加工子系统
   C. 决策子系统　　　　　　　　　D. 警报子系统
5. 管理创新主体应具备哪些创新能力(　　)。
   A. 创新思维能力　　B. 应变能力　　C. 人际关系能力　　D. 转化能力

三、简答题
1. 简述战略管理的过程。
2. 简述管理创新的内容。
3. 危机管理的操作程序是什么？

项目：管理游戏——打开你的绿灯

（一）实训目的
1. 培养创造性解决问题的初步能力；
2. 激发创造力，培养团队协作精神。

（二）实训内容

1. 4~6人一组，每组桌面放一枚回形针；

2. 告诉小组成员要养成为自己的创造力开绿灯的习惯，让他们采用自由讨论的方法，在规定的时间内想出使用回形针的尽可能多的方法；

3. 自由讨论的规则：不允许批评别人，欢迎天马行空（思路越开阔越好）的讨论，要的是数量不是质量，寻求观点的结合与深化；

4. 每组指定一人负责记录，时间结束后报告想出的方法的数目，说出一些看起来极其"疯狂""不着边际"的想法。

（三）成果与评价

1. 每个小组指定1名成员进行讨论结果分享交流；

2. 由教师与小组共同对每个小组的创造性表现评估、打分。

思政园地

（一）海尔和格兰仕战略比较

海尔和格兰仕是中国最具特色的两家企业。在经营策略上，它们各走极端：海尔是中国最具品牌意识，而且品牌价值最高的企业之一；格兰仕则以低成本制造取胜，而且将其运用得极为彻底。无论模式有何不同，重要的是，它们都取得了令人瞩目的成功。在2000年中国家电出口排行榜上，海尔名列第一，格兰仕则紧随其后；在销售额的排行榜上，海尔以406亿元高居榜首，格兰仕也以56亿元位居第七。问题是，为什么看来截然相反的企业战略，一个强调品牌，一个宁愿"贴牌"，一个专营一业，一个多元扩展，却都能获得成功？面对这两个值得仿效的楷模，如果我们不想东施效颦的话，就不能不探究它们战略后面的经济机理。

海尔和格兰仕选择了今天这样的模式，也许并非事前的深思熟虑，而和它们不同的发展道路有关。在海尔创立之初的1985年，张瑞敏砸冰箱的戏剧化举动象征性地宣告了品牌战略的启动。此后六七年期间，海尔完善了生产过程的全面质量管理，以企业管理者对生产过程和企业员工的权威为前提，结合市场化的用工制度、信赏必罚的激励和约束以及各种严格的规章制度，形成了一套以人本主义为核心的企业文化。在此基础上，海尔在20世纪90年代初提出了其特有的所谓OEC工作法，即全方位全过程的控制和清理，被概括为著名的"日事日毕，日清日高"。

海尔在销售方面推出星级服务的概念，并且更多地倾听和了解顾客对产品的使用体验，并将其反馈到产品设计和制造过程中去，在消费者心目中树立起质量超群的国产品牌形象，以星级服务为特色的营销方式和顾客导向的产品改进与开发，与OEC工作法三位一体组成了一个高效率、高品质的运营体系。以这样一个运营系统为基础，并配合以"真诚到永远"一类的广告宣传，品牌的创立和提升是水到渠成的事。更重要的是，该系统构成了海尔当时企业知识的主要基础或核心能力的基本平台，并在国内企业中处于领先位置，依托这样一个平台，海尔开展了通过产品多元化扩展品牌的第二阶段成长。

再来看格兰仕，它原为一家从事纺织、印染、服装和羽绒制品的企业。20世纪90年代初，格兰仕的经营者感到企业所处产业成长空间有限。经过调研，选定刚开始在国内市场导入且只有4家生产厂商的微波炉作为转产对象。由于微波炉与企业原有的知识/技术基础全无相关之处，格兰仕的老板梁庆德亲赴上海，三顾茅庐请来5位专业工程师和现任格兰仕副总裁的营销专家俞尧昌先生。此后，格兰仕从东芝公司引进了组装生产线，并聘请日本人负责生产管理。由此形成了格兰仕最初的微波炉生产专业技术和管理能力的基础。

1993年格兰仕推出其国产品牌的微波炉，当年产量为1万台，成为首批进入该行业的国内企业。但真正的转折出现在1995年，当年产销25万台，市场占有率达25%，跃居行业第一的位置。当年年底，松下在业内突起，市场占有率一度超过格兰仕6个百分点。格兰仕发动价格战夺回市场，打价格战要有财务资源的支持，梁庆德为此不惜将其纺织业盈利水平尚好的主力企业降价出售，背水一战。1996年格兰仕将其产品大举降价40%，市场占有率升至近35%，超出松下2倍多，行业霸主地位得以确立。尝到甜头的格兰仕从此把价格战当成微波炉产业的行规，先后7次发起价格战。2000年，格兰仕在国内的市场份额已达70%。

海尔和格兰仕的故事说明，企业的成功之路并非只有一种模式。具体采取哪种战略，部分地取决于企业在历史中所处的特定环境，即经济学家常说的"路经依赖"，部分地取决于企业家的战略远见，砸冰箱的张瑞敏很容易将品牌意识推广到战略高度，而从纺织业跳到家电业的梁庆德则对家电生产的规模经济印象深刻。当然最后的成功，还仰仗于根据具体情境的创造性和推行战略的坚强意志。

（资料来源：盛洪，黄一义[J]．商界，2002（2）

思考题：
1. 海尔集团取得成功的秘诀是什么？
2. 格兰仕采用了哪种竞争战略从而使自己成为所在行业的霸主？
3. 海尔和格兰仕采用不同的战略但都取得了成功，你如何看待这一现象？

（二）华为的创新之路：从追赶到领先

华为成立于1987年，得益于改革开放，经过30多年的拼搏努力，从小到大、从大到强、从国际化到全球化的全过程，就是基于创新的成功。

一、当前信息产业的发展瓶颈

70年来，信息产业的创新主要是"工程创新"。但众所周知，信息产业经历了40多年的高速发展，如今遇到了发展瓶颈。

理论瓶颈。现在的创新主要是把几十年前的理论成果，通过技术和工程创新转换成市场需要的产品。信息通信领域的基础理论——"香农定律"，是71年前，1948年发表的；而5G时代，编码几乎达到了"香农定律"的极限。

工程瓶颈。"摩尔定律"驱动了信息和通信技术（ICT）产业的高速发展，但目前也暂时遇到了工程瓶颈。

华为当前已逐步进入了"无人区"，面临着巨大挑战，将如何突破这些瓶颈？

二、创新1.0：基于客户需求的技术和工程创新

华为过去30年的成功，是基于客户需求的工程、技术、产品和解决方案创新的成功。

遵循全球主流标准，搭"大船"出"大海"

只有主流标准才能孕育大产业，才能成为领先者。华为采用世界最先进的技术、零部件、软件及平台，站在"巨人"的肩膀上，与顶尖"高手"过招，才能更快进步，才能取得行业技术主导权。

华为积极参与国际产业组织及标准组织，加入全球400多个产业组织，担任了超过400多个的重要职位；华为在全球拥有8万多件授权专利，是5G标准的最大贡献者。

以客户需求为牵引，创立联合创新中心

以欧洲市场为例，华为国际一流公司的地位，其成功的原因就是基于客户需求的创新。欧洲市场低价竞争只会扰乱市场，只有技术领先和创新才可能被欧洲领先运营商所选择。华为站在客户视角，站在帮助客户商业成功的角度主动创新。

2005年，华为突破传统基站的模式，开发了业界第一款分布式基站，更快、更便宜地建设移动网络。

2007年，华为又在业界率先推出了SingleRAN（单一无线接入网）基站，极大地降低了网络建设的门槛，提高了建网速度。这些产品和解决方案的巨大技术和商业优势，成了行业的事实标准并引领了无线产业的发展方向。

此外，2006年华为与沃达丰（Vodafone）公司建立了第一个联合创新中心，真正从客户战略、产品方案、商业模式、产业发展等各方面与客户深度合作创新，牵引客户需求。发展到今天，华为与客户和合作伙伴建立了遍及全球的36个联合创新中心。

三、开放式创新，利用全球资源，与合作伙伴共建共享

围绕着全球技术要素及资源，华为在全球建立了超过16个研发中心，60多个基础技术实验室，围绕着全球人才和资源，建立研究中心。

为了推动各行各业的数字化转型的进程，华为还发起成立了跨行业、跨产业的全球产业组织，共同推动数字化转型的框架、规范、标准和节奏，从抢蛋糕到做大蛋糕，做大产业空间。

压强原则，厚积薄发

技术、解决方案创新背后是持续的研发投入。华为2018年研发费用达到150亿美元（1 000多亿元人民币），在全球所有公司中排名前5位。今天看到的技术进步，都是研发长期的投入、压强原则和厚积薄发取得的。

华为有60多个基础技术实验室，700多名数学博士，200多名物理学和化学博士，这些都保障了持续的技术领先。

管理的创新

创新不是漫无目的的布朗运动，创新是可以被管理的活动。从1997年开始，华为构建了研发、供应链、财经、人力资源、市场等国际化的并经过最佳实践证明了的流程体系，从而奠定了华为走向世界的管理基础。同时，确保了华为的运行和创新是有序的，通过确定性的流程和方法来应对创新的不确定性。

与科研院所的合作

开放合作，共同研究，以及把大家及科研机构的成果，通过产品转化成商业成功。2011年以来，在芯片、人工智能（AI）、计算机等领域，华为与中国科学院34家合作单位开展了286项合作。

（资料来源：根据网络资料整理）

思考题：

(1) 华为的创新之路有哪些成功经验？

(2) 你认为未来华为的创新该如何进行？

（三）"创新让工作更快乐"
——"时代楷模"张黎明的创新故事

自主识别引线位置、准确抓取引线，平稳移动至搭火点，精准完成接引线作业……2020年6月29日，在天津滨海新区一条试验线路上，单臂辅助自主配网带电作业机器人成功完成一系列操作。这个项目的带头人——国网天津滨海公司配电抢修班班长张黎明目不转睛地观察机器人操作的全过程。

"我们要不负嘱托，为新时代贡献工人智慧和工人力量。"张黎明清楚地记得，2019年1月17日，在天津滨海——中关村协同创新展示中心，习近平总书记勉励在场企业研发人员要心无旁骛地投入创新事业中。殷切的嘱托，让张黎明心潮澎湃，岗位创新的动力更足了。

积跬步，至千里。30多年扎根生产一线，累计巡查供电线路8万多千米，绘制抢修线路图1500多张，完成故障抢修作业近2万次……实践经验的点滴积累，让张黎明的岗位创新特别富有针对性。无论是急修专用工具箱、可摘取式低压刀闸这样"四两拨千斤"的小革新，还是人工智能配网带电作业机器人、电动汽车充电机器人这种前沿技术的大课题，张黎明的创新成果都在实践中得到广泛应用。如今，张黎明已经从一名普通工人成长为行业里响当当的"蓝领创客"，被誉为"点亮万家的蓝领工匠"。

"时代楷模""改革先锋""最美奋斗者"……在数不清的荣誉面前，张黎明的创新步伐一刻不停。研读科技读物、核心期刊，钻研人工智能前沿技术，在创新工作室殚精竭虑，不舍昼夜。经过数百个日夜的苦心钻研，最终完成了人工智能配网带电作业机器人的研发，在天津配网运行中成功完成操作80多次。双臂自主作业机器人、单臂人机协同作业机器人等系列产品也在山东、浙江等省市应用，并将在全国推广。

"创新让工作更快乐。"张黎明时常把这句话挂在嘴边，并勉励同事和徒弟们。目前，张黎明创新工作室已经孵化出"星空""蒲公英"等10个创新工作坊，培养出了更多肯钻研、爱创新的"蓝领创客"。

2020年，国家电网公司与天津市共同签署推进新型基础设施建设、打造能源革命先锋城市战略合作框架协议，推进经济社会高质量发展。这让张黎明更加坚定了以创新为高质量发展赋能的决心。"我们将进一步把人工智能、大数据技术等前沿科技融入能源互联网建设，用科技创新更好地保障能源安全，为社会、企业、百姓提供更加便捷优质的服务，为美好生活充电，为美丽中国赋能。"张黎明说。

思考题：张黎明的创新故事对你有何启发？

（资料来源：根据人民网－中国共产党新闻网整理）

参 考 文 献

[1] 路宏达. 管理学基础 [M]. 4 版. 北京：北京邮电大学出版社，2020.
[2] 饶君华. 管理学基础 [M]. 2 版. 北京：高等教育出版社，2020.
[3] 吴崑. 管理学基础 [M]. 2 版. 北京：高等教育出版社，2020.
[4] 王栓军. 管理学基础 [M]. 2 版. 北京：北京邮电大学出版社，2018.
[5] 杜明汉. 管理学原理 [M]. 2 版. 北京：电子工业出版社，2016.
[6] 王玲，张海雁，宋君远. 管理学项目化教程 [M]. 长沙：湖南师范大学出版社，2017.
[7] 向秋华. 管理学原理 [M]. 长沙：中南大学出版社，2011.
[8] 徐晨，王若军，陈红军. 通用管理能力教程 [M]. 北京：高等教育出版社，2013.
[9] 孙元欣. 管理学——原理·方法·案例 [M]. 2 版. 北京：科学出版社，2006.
[10] 单凤儒. 管理学基础 [M]. 3 版. 北京：高等教育出版社，2008.
[11] 杨安宁，唐麒，李建新. 管理学基础 [M]. 南京：南京大学出版社，2012.
[12] 杜龙政. 管理学教程 [M]. 北京：经济科学出版社，2015.
[13] 刘彦. 管理学基础与实务 [M]. 杭州：浙江大学出版社，2013.
[14] Stephen P. Robbins，Mary Coulter 著，孙健敏等译. 管理学 [M]. 7 版. 北京：中国人民大学出版社，2003.
[15] 李培红. 领导特质理论的评述 [J]. 大众文艺，2015：17 - 18.
[16] 百度文库，https：//wenku. baidu. com/.
[17] HR 案例网，http：//www. hrsee. com/.
[18] 党史频道——人民网，http：//www. dangshi. people. com. cn/.
[19] 百度知道，https：//zhidao. baidu. com/question/25375137. html.
[20] 人民网，http：//rmfp. people. com. cn/n1/2016/1014/c406725 - 28777745. html.
[21] 光明日报，https：//epaper. gmw. cn/gmrb/html/2016 - 05/08/nw. D110000gmrb_ 20160508_ 5 - 07. htm.
[22] 新华网，http：//www. xinhuanet. com/.